한국어로 내려온
New Bible

새로운
성 경

제56권

4부 | 총10부

하얀마음

하나님 말씀 중에서

1. 사랑의 하나님

- 세상을 창조하신 하나님은 모두를 사랑하신다. 인간만 특별히 더 사랑하지 않고, 우주 만물을 다 똑같이 사랑하신다. 그러니 하나님이 창조하신 천지 만물과 화친하고, 미물까지도 소중히 대하라.

- 하나님은 특정 종파나 민족만을 더 사랑하지 않으신다. 자기 자신만 구원받겠다는 욕심을 버리고, 자기 종파만 구원받는다는 편협한 교리에서 벗어나야 한다. 종파를 초월해서, 모두를 사랑하라.

- 원수까지 사랑하라 했으니, 이 세상에 사랑하지 못할 자가 누가 있겠는가? 종파가 다르다고 해서 부모 형제와 원수처럼 지내는 자는 인간의 근본을 모르는 자다. 가장 가까운 가족부터 사랑할 때 남도 진심으로 사랑할 수 있다.

- 한 사람을 원수같이 생각하던 마음에서 사랑하는 마음으로 돌리면, 자기 자신의 마음이 가장 기쁘고 행복하다. 하나님께서는 인간의 마음속에 무거움이 없이 기쁘고 행복한 삶을 살기를 바라신다.

- 이웃을 "내 몸처럼" 사랑하라 했으니, 마지막 한 장 남은 천국의 티켓도 이웃에게 양보하라. 자기 중심적인 신앙에서 벗어나서 남을 위해 살아야 한다.

- 독초도, 약초도, 이단도 사탄도 천사도 다 필요하기에 존재한다. 독초일지라도 극소량을 사용해서 생명을 살릴 수 있고, 약초라 하더라도 남용하면 생명을 잃을 수 있다.

- 세상 모든 것을 명약으로 활용하는 것은 인간의 지혜에 달렸다. 어떤 것이든 어떤 사람이든 적재적소에 꼭 필요한 명약으로 승화시키라.

- 사탄도 이단도 천사도 모두 하나님의 주관하에 존재한다. 진정한 하나님의 백성은 사탄과 마귀까지도 감화시켜서 천사로 거듭나게 한다.

2. 기도

- 하나님은 인간의 생각까지 모두를 다 알고 계신다. 우리의 소원도 이미 알고 계시기에, 소원의 기도를 할 필요가 없다. 우리가 받을 자격이 되면 내려 주신다.

- 죄를 짓고 아무리 회개를 해도 용서받지 못한다. 도둑질한 자는 용서해 달라고 기도하고, 도둑맞은 자는 도둑을 잡게 해 달라고 기도하면, 공의의 하나님은 누구의 편에 서시겠는가?

- 자기가 잘못한 것은 그 사람에게 직접 갚고 용서를 구하라. 그가 용서하면 하나님도 용서하신다. 땅에서 매면 하늘에서도 매이고, 땅에서 풀리면 하늘에서도 풀리는 이치다.

- "회당에서 기도하지 말고 골방에서 기도하라" 했다. 눈에 보이는 골방이 아니라, 골방과 같이 고요한 마음이다. 잡념을 버리고 하나님을 향해 마음을 집중하며, 사랑하고 용서하는 아름다운 생각만 나오도록 하라.

- "두드리면 열릴 것이다." 하는 것은 육의 소원을 위해 두드리라는 것이 아니라, 진리의 깨달음을 얻기 위해 두드리라는 것이다.

- 기도하는 방법: 생활 속에서 수시로 기도하는 삶을 살아야 한다.

- "저의 죄를 용서하여 주옵소서." 하는 회개의 기도를 하라.
- 범사에 "하나님! 감사합니다." 하라. 현재 가진 것에 감사하며, 과욕하지 말라. 자기 노력 이상의 것을 더 갖고자 기도하는 것은 도둑놈심보다. 공의의 하나님은 각자 노력한 만큼 주신다.
- "하나님 뜻대로 살아가겠나이다." 하며 마음의 각오를 다지라.

- 기도는 하나님의 말씀을 받아서 "행하는 것"이다. 하나님이 계심을 굳건히 믿고, 하늘을 향하여 한 점 부끄럼 없이 사는 삶 자체가 가장 위대한 기도이며, 삶이 곧 예배다.

3. 지도자

- 똑같이 사랑한다는 말을 해도, 순수하게 하는 말은 천사의 말이지만, 사기 쳐서 재산을 가로채려고 하는 말은 사탄의 말이다.

- 종교 지도자가 아무리 훌륭한 설교를 해도, 신도의 재물을 거둬서 더 큰 교회를 짓고 자기의 부귀영화를 바라며 설교하면 사탄의 가르침이 된다.

- "저희 교회는 만원사례요, 믿음은 다 같으니 이웃의 개척 교회에 가서 예배를 드리시오." 하며, 이웃 교회의 부흥을 먼저 생각하여 제 신도를 보내는 종교 지도자가 있다면 그를 따르라. 그가 하나님의 사랑을 실천하는 자다.

- "부자가 천국에 들어가는 것은 낙타가 바늘구멍을 통과하는 것보다 더 힘들다" 하였거늘, 지금의 교회에서는 부자가 되기만을 기도하고 소원하니, 이는 곧 천국을 포기하고 지옥 행 열차의 티켓을 사는 것과 같다.

- 예수는 빈손이었다. 종교 지도자가 예수보다 더 호화롭고 편안하게 살아간다면 잘못된 것이다. 부귀영화와 명예를 바라는 자는 절대로 갈 수 없는 좁고 협착한 길이 종교 지도자의 길이다.

- 종교 지도자는 유리로 비춰 봐 한 점의 부끄러움이 없이 살아야 한다. 의식주도 직접 일해서 해결하고, 예수의 가르침과 행함을 그대로 따라야 한다.

- 종말은 없다. 지금의 잘못 가는 종교 집단에게만 종말이 있다. 보이지 않는 하나님은 보이는 육의 종말은 관여하지 않으신다. 환경 파괴로 인간이 스스로 멸망을 자초하는 것이다. 종파끼리 싸우기 전에, 무너진 인성을 바로잡고 지구의 몸살을 해결하는 데 뜻을 모으는 게 급선무다.

4. 성전이란

- 이 세상 자체가 하나님께서 만드신 성전이다. 자연보다 더 아름다운 성전이 있는가? 보이는 건물이 성전이 아니라, 성스러운 마음가짐이 성전이다.

- 반석 위에 교회를 지으라 했다. 지상의 단단한 돌은 인간이 쪼갤 수 있으나, 마음속의 굳은 결의는 세상 무엇으로도 쪼갤 수 없다. 바르고 굳건한 믿음으로 성경의 가르침을 실천하는 것이 마음의 반석 위에 교회를 짓는 것이다.

- 손으로 지은 건물의 교회에 모여서 복음을 전하는 것이 아니라, 교회를 개인과 가정에 심어 주어야 한다. 무너지고 부서지는 건물을 짓지 말고, 마음속에 영원히 불변하는 참진리의 교회를 지으라.

5. 십계명

- 십계명은 인간이 죽어서 반드시 통과해야만 하는 열 개의 관문이다.

- 부모를 공경하지 아니한 자는 "네 부모를 공경하라." 하는 제5계명의 관문이 열리지 않으니 구원받을 수 없다.
- 살인, 간음, 거짓, 우상 등의 나머지 계명도 마찬가지다.

- 십계명은 하나님의 친필이다. 모기소리만 한 하나님의 음성이라도 들어 보겠다고 여기저기 찾아 헤매지 말고, 십계명부터 암송하고 지키라.

- 십계명은 영혼을 구원하는 양식이며, 십계명을 지키는 것이 구원을 받는 길이다. 인간이기에 지키고자 노력하고 또 노력한다면 지킬 수 있다.

- 십계명을 지키고 천사처럼 아름답게 살아가는 그 마음 하나면 세상에 이루어지지 않는 것이 없다.

6. 보물

- 하나님은 재물이 아니라 우리의 마음을 받으신다. 사랑을 실천하며 천사처럼 변하는 마음이 하나님께 바치는 보물이다.

- 보이지 않는 하나님께 재물을 바치려 하지 말고, 너희를 길러 준 부모에게 용돈 드리고, 찾아뵙고, 효성을 다하라. 그것이 하나님께 효도하는 것이다.

- 하늘에는 선과 악의 창고가 있다. 자기 창고에 선이 많으면 천국으로 구원을 받고, 악이 많으면 심판받아 지옥으로 간다. 그것이 바로 "선한 일을 행한 자는 생명의 부활로, 악한 일을 행한 자는 심판의 부활로" 나오는 것이다.

- "선악과를 따먹지 말라"는 것은 양심을 지키라는 것이다. 선과 악을 구분할 수 있는 양심을 최초에 인간에게 주셨다. 선한 열매는 취하고, 악한 열매는 버리며, 양심에 비추어 부끄럼 없는 삶을 살아가라.

- 가장 작은 거짓말을 하지 않고, 가장 작은 죄를 짓지 않으며, 가장 작은 선행을 하고, 가장 작은 악행을 멀리하는 것이 율법의 일점 일획도 빠뜨리지 말고 다 지키는 삶을 사는 것이다.

7. 우상

- 박물관에 있는 불상은 하나의 예술품이다. 그 조각품에 대고 제 소원을 빌 때 우상숭배가 된다. 십자가라 하여도 그 앞에서 소원을 빈다면 우상숭배하는 것이며, 하나님께 소원을 빈다면 하나님을 우상으로 전락시키는 것이다.

- 지금 기복신앙에 젖어 있는 모든 사람이 우상 앞에 절을 하고 있다. 조각품을 우상이라며 파괴하지 말고, 네 마음속에 있는 욕심의 우상을 무너트리라.

- 생수를 약초가 먹으면 약을 만들고 독사가 먹으면 독을 만든다. 같은 성경을 봐도 선한 지도자는 신도를 천사로 만드는 데 활용한다. 그러나 욕심이 가득한 지도자는 재물을 거두어들여 제가 부귀영화를 누리는 데 악용한다. 그가 바로 성경을 우상숭배의 도구로 전락시키는 거짓 선지자다.

- 성경을 한 획도 빼거나 더하지 말라는 것은, 그 가르침을 빠트리지 말고 온전히 지키라는 것이다. 성경 속에서 자기에게 유리한 구절만 보는 것은, 자기에게 불리한 구절들을 빼 버리는 것이다. 믿음이 제일이요, 행함은 구원과는 관계없다는 것은 자신에게 유리한 쪽으로 성경을 악용하는 것이다.

- 진정한 종교 지도자는 종파에 관계없이 어떤 종파든 어떤 책이든 접하고 보고 깨우쳐 견문을 넓히도록 인도한다. 참진리를 모르고 자신이 없는 자가 남을 이단이라며 배척하고, 신도들의 눈과 귀를 가린다.

8. 예수

- 예수의 재림은 없다. 예수가 다시 온다 해도, 과연 누가 그를 예수라고 믿겠는가? 예수와 같은 삶의 행함이 곧 예수의 재림이다. 각자 모두가 "재림 예수"가 되는, 차원 높은 믿음으로 가야 한다.

- 예수는 "주여 주여 하지 말고, 아버지의 뜻대로 행하라"고 했다. 예수가 전한 하나님의 뜻이 곧 "길이요, 진리요, 생명"이며, 그 가르침이 예수의 보혈처럼 소중한 것이다. 예수를 믿는 것은, 예수의 가르침을 믿고 따르는 것이다.

- 예수는 낮은 자로서 만백성을 섬기고자 했다. 만나는 모든 사람을 다 하나님이라 생각하라. 돈을 벌수록 겸손하고, 높은 지위를 얻을수록 낮아지라.

▪ 예수는 종파를 만들지 않았다. 인간이 만든 종교와 인간의 교리를 따르지 말고, 예수를 통해 전한 하나님의 참진리를 연구하고 따르라.

▪ 예수가 2천 년 전에 만백성을 위해 죽었으니, 지금 이 땅에는 예수의 가르침대로 사는 천사만 존재해야 한다. 예수가 죽어 가면서 바란 것은 만백성이 천사가 되어 예수의 자리를 채워 주는 것이지, 지금과 같이 재물을 바치면서 중언부언 제 소원만을 비는 백성들을 바란 것이 아니다.

9. 구원

▪ 천사가 사는 천국에는 천사만 갈 수 있으니, 천사 같은 마음을 길러야 한다.

- "천국 열쇠를 네게 주리니 땅에서 무엇이든지 매면 하늘에서도 매일 것이라" 했다. 땅에서 천사같이 사는 자가 하늘에서도 천사가 되어 천국에 들어간다. 모든 사람에게 천사같다는 말을 듣는 삶을 살아야 한다.

▪ 천사의 곱고 아름다운 마음은 부모를 공경하고 어른을 어른으로 대접하는 데에서 출발한다. 효도하는 자는 형제와 화목하게 지내기에 가정이 화목해지고, 이웃과 화목해지고, 국가가 화목해지고, 온 인류가 화목해진다.

- 그러므로 지상의 아름다운 소왕국은 가정에서부터 이루어야 한다.

▪ 선택된 14만 명만 구원받는 것이 아니라, 천사처럼 변하고자 하는 14만 명을 기초로 온 인류가 천사처럼 거듭나는 영적인 개혁이 시작되는 것이다.

▪ 천 년에 걸쳐서 하늘에서 이루어진 것같이 이 세상을 낙원으로 만들어, 만백성이 지상의 천국에서 살다가 죽어서 그대로 하늘의 천국으로 들어가는, 영원한 지상 낙원을 건설하는 것이 하나님의 계획이다.

- **이것이 구약과 신약에 이어 "새로운 성경"으로 역사하시는 하나님의 창조의 완성이다.**

▪ 지금의 믿음으로 구원받을 수 있다면 그 길을 가라. 그러나 자신이 없다면 하나님께서 직접 내리신 160권의 "새로운 성경"을 읽고 구원의 길을 보라!

하나님 머리말씀

이 새로운 성경을 읽는 너희 모두는
이 율법에 따라 행하면 영원히 구원받을 것이니라.

너희 인간이 수년, 수십 년, 평생
성서를 공부하고 기도하는 것은
하늘나라 나의 곁으로 오고 싶은 소망일진대,

몇천 년 전의 너희 인성과 생각이
지금의 너희와는 판이하게 다르니,

꺾여 가고 병들어 가는 너희를 고칠 수 있는 길은,
오늘 내가 선지자에게 내리는 새로운 성경과 같이
너희가 변화되는 것뿐이니라.

나의 예수가 태어난 것처럼
내가 아들 선지자를 선택하여
나의 새로운 성경을 온 세계에 전하고자 하니,

묵은 것은 버리고 새로운 것은 취하여,
너희 모두는
'여호와 하나님! 저의 죄를 용서하여 주옵소서.'
하는 기도문으로 기도하고, 죄를 뉘우치라.

이 새로운 성경은
수천 년간 내려온 성서를 요약한 것이니,
너희는 이 책을 정독하여 쉽게 깨달음을 얻고,
이대로 실천하여 하늘에 오르라.

대역자 머리말

■ 하나님의 율법을 지키는 선지자로 선택을 받도다.

저는 남들처럼 그저 열심히 살아온 평범한 사람이었습니다. 그러나 50대 중반에 사업에 실패하여 많은 부채에 시달렸으며, 건강도 악화되어 눈이 잘 안 보이고, 걷기도 어렵고, 두통이 심해서 잠을 이룰 수 없는 고통의 나날을 보냈습니다. 그때 제가 선택할 수 있는 것은 육의 삶을 끝내는 길뿐이었습니다.

죽기 직전에 그동안에 죄를 지은 이들에게 용서를 빌고 인생을 끝내기로 작정하였습니다. 어려서부터 지은 죄를 빌고 빌다 보니 끝이 없었고, 죽음으로도 그 많은 죄를 용서받을 길이 없다는 생각에 하염없이 눈물이 흘렀습니다. 그 순간 '재래식 화장실의 구더기는 죄를 짓지 않는데, 나는 인간으로서 구더기만도 못한 삶을 살았구나.' 하는 생각이 들면서 괴로움에 몸부림칠 때, 갑자기 하나님의 음성이 들렸습니다.

"나는 여호와 하나님이니라. 너는 십계명을 암송하고 내가 내려 주는 메시지를 받아 책으로 만들어 만백성을 구하라." 하시며, 제 눈을 손으로 문지르게 하시고, 아픈 머리와 다리를 손으로 두드리게 하셨습니다. 그러고 나니 눈도 잘 보이고 걸을 수 있었으며 머리의 통증도 말끔히 낫게 되었습니다. 그때부터 십계명을 암송하고 나면 들려주시는 말씀을 기록하였고, 1999년 8월부터 2004년 7월까지 권당 288쪽, 총 160권을 받아서 "새로운 성경"이라는 책으로 펴내게 되었습니다.

그러한 저에게 죽기보다도 힘든 길이 시작되었습니다. 모든 교인들이 저에게 사탄이요, 이단이요, 악마요, 마지막 시대에 온 거짓 선지자라 하면서 공격하였고, 저를 짐승을 보듯이 대하는가 하면, 편협한 종교 지도자들의 선동으로 신도들이 이 책을 직접 읽어 보고 평가할 기회마저 막아 버렸습니다. 그래서 하나님의 말씀을 세상에 내는 데 많은 어려움을 겪으며, 피를 토하는 심정으로 책을 전하고 있습니다.

그러나 아무리 인간의 힘으로 막으려 해도, 하나님의 뜻이 세상에 전해지는 위대한 역사는 계속될 것입니다. 책으로 전해지는 "하나님의 말씀"은 세상 끝날까지 항상 우리와 함께하실 것입니다. 사람은 죽어도, 책에 기록된 말씀은 영원히 남으니까요.

■ 따뜻한 실천

하나님께서는 어려운 사람들에게 삶의 터전을 마련해 주고, 미래를 열어 주는 것을 기뻐하십니다. 어려운 이웃이 스스로 자립할 수 있도록 이끌어 주는 것이 진정으로 이웃을 돕는 것이라고 말씀하셨습니다. 그래서 일자리가 없는 제자들에게 작은 사업장을 만들어 주는 "달란트 사업"을 하고 있습니다. 식당, 반찬 가게 등을 차려 주고, 기존의 어려운 사업장이 자립할 수 있도록 돕고 있습니다(커피숍, 미용실, 의상실 등).

하나님께서는 교회에 나와서 모든 시간과 재물을 쏟기를 원하지 않으시고, 그 시간과 재물을 교육에 투자하여 스스로 미래를 열어 가기를 원하십니다. 그래서 제때 공부하지 못한 제자들에게 학업을 이어 가도록 하였습니다. 중화요리 주방장을 하며 초등학교 검정고시부터 공부하여 2012년에 방통대를 졸업한 36세 남성, 만학도들의 2년제 중학교에 입학해서 2007년에 명지대학을 졸업한 38세 여성, 중학교 검정고시를 시작으로 숭의여자대학을 졸업한 47세 여성 등이 있습니다. 그밖에도 많은 제자들에게 나이를 초월하여 배우고 깨우쳐서 사회 속의 당당한 일원이 되도록 인도하고 있습니다.

학자금 대출로 힘겨워하는 젊은이들을 위해 "따뜻한 바람 장학회"를 발족하여(2016년 12월) 대출받은 학자금 전액을 매월 갚아 주고 있습니다. 또한, 다문화 가정을 위해 "다문화 가족 랜드"를 조성하여, 각종 시설을 무료로 활용하도록 하고 있습니다.

이러한 따뜻한 실천이 아직은 미약합니다. 그러나 책의 수입이 늘고, 저와 뜻을 같이하는 분들이 늘어나면 계속 확대할 것입니다. 지도자로서 신도의 재물을 헌금으로 거둬들여 착복하는 것이 아니라, 하나님께서 기뻐하시는 일에 사용하도록 중매 역할만 하며 살아가고자 합니다. 이런 제가 과연 사탄이고 이단인가요? 하나님께서 기뻐하시는 일이라면, 저에게 사탄이라 하든 거짓 선지자라 하든 굽히지 않고 실천해 나갈 것입니다.

끝으로, 일상의 삶 속에서 "지금 내가 하는 행동이 과연 하나님께서 기뻐하실까, 슬퍼하실까?" 생각하고, 매사에 하나님께서 기뻐하시는 길을 택하기 바랍니다. 교회에 모여서 집단적으로 예배 드리는 것이 아니라, 개인이나 가정 단위로 새로운 성경을 읽어 스스로 깨우치고 그대로 행하면 충분합니다. 그것이 마음속에 성전을 짓고, 신령과 진정으로 예배 드리는 길입니다. 그러면 천국의 문에 들어서게 됩니다.

2017. 2. 1.

하나님 말씀 대역자 김용철

차 례

십 계 명

이 책은 십계명을 암송하고 나면 내려 주시는 "하나님의 음성"을 듣고 그대로 받아쓴 기록입니다. 하나님께서 십계명을 모세에게 내려 주셨지만, 그것은 만백성에게 내려 주신 것입니다. 마찬가지로 이 책의 모든 말씀도 저에게 내려 주셨지만, 만백성 각자에게 들려주시는 말씀입니다. 여러분도 이 책을 접할 때마다 십계명을 암송하고 나서 정독해 주시기 바랍니다.

제일은, 너는 나 외에는 다른 신들을 네게 있게 말지니라.
제이는, 너를 위하여 새긴 우상을 만들지 말고, 또 위로 하늘에 있는 것이나, 아래로 땅에 있는 것이나, 땅 아래 물 속에 있는 것의 아무 형상이든지 만들지 말며, 그것들에게 절하지 말며, 그것들을 섬기지 말라.
제삼은, 너는 너의 하나님 여호와의 이름을 망령되이 일컫지 말라.
제사는, 안식일을 기억하여 거룩히 지키라.
제오는, 네 부모를 공경하라.
제육은, 살인하지 말지니라.
제칠은, 간음하지 말지니라.
제팔은, 도적질하지 말지니라.
제구는, 네 이웃에 대하여 거짓 증거하지 말지니라.
제십은, 네 이웃의 집을 탐내지 말지니라.

나 여호와가 존재함을 믿는 그 자체가 구원의 길에 들어서는 기본이요 근본이며, 나의 새로운 성경을 가슴에 안고 정독하는 자, 반석 위에 서서 하늘에 오르는 찬란한 빛을 보게 되는 영광을 얻게 됨이니라. 진정 나를 따르고 믿는 자는 감히 사탄이나 마귀도 근접하지 못하느니라.

〈하나님 말씀〉

2002년 12월

4,105 번째 하나님 말씀

2002년 12월 2일 09시 24분

1 사랑하는 나의 아들아!
2 "네, 아버님! 말씀하옵소서."
3 나 여호와가 나의 피조물 만백성 너희
들이 세상사 살아가는 데 육의 삶에
부족함이 없이 세상에 그 모두를 다
만들어 내려보냈으며, 너희들이 그 속
에서 노력하는 만큼 얻고 얻으며 살아
가는 것이니,
4 너희들이 나 여호와로부터 얼마나 축
복과 은혜와 영광을 받았는가를 마음
으로 생각해 보는 시간을 가져 봐야
하지 아니하겠는가?
5 이 세상사 모두 너희들이 노력하는
만큼 취할 수 있도록 세상 모두를 다
준 나 여호와 창조주에게 과연 너희들
은 어떠한 마음으로 살아가야 하는가
생각해 보는 그와 같은 시간을 가져
봄이 타당하며,
6 너희들이 그와 같은 시간 속에서 깨달
음이 있어야 함을 알아야 할 것이니
라.
7 이 자연의 모두를 너희들이 노력하면
취해서 얻을 만큼 육의 삶이 풍족하
도록 모두를 내려 준 창조주 나에게
감사하는 마음으로써 정녕 살아간다
하면,
8 지금은 너희들이 말하는 말세요, 도적
이 득실거리는 세상이요, 사탄들이 세
상을 지배하는 이와 같은 험악한 세상
은 되지 아니하였을 것이니라.
9 그리고 모든 종교 지도자 저희들이 금
화와 은화를 거둬들여 우후죽순처럼
지금 하늘을 향하여 그 흉물스런 성전
이라는 것을 그리 지을 일이 없으며,
10 나의 피조물 만백성 앞에 강론하고 교
리를 가르치는 자, 너희들이 위압적인
자세요, 고압적인 자세로 그와 같이
호화찬란한 형태로써 나의 피조물 만
백성을 구원하는 길로 인도한다는 그
와 같은 번잡스럽고 추한 모습이 되지
는 아니하였을 것이니라.
11 지금 모든 나의 피조물 만백성들이 나
의 십계명이요, 나의 뜻대로 살아가는
것이 진정한 하늘에 오르는 길이라 하
며 나에게 감사를 드리고 사는 백성이
있는가 하면,
12 그를 인식하지 아니하고 사는 백성이
또한 있으며, 나 여호와가 존재치 아
니한다 부정하며 살아가는 백성들이
있음이니라.
13 그러나 또한 그보다도 더 사악한 자들
이 누구인지 알겠는가?
14 나 여호와의 이름으로써 나의 아들과
나를 팔아 착복하며 너희 손으로 성전
을 지어 내가 세상에 지은 이 아름다
운 성전을 오염시키는 그와 같은 짓을
하고 사는 자,
15 그리고 나의 피조물 만백성을 세 치
혓바닥으로 현혹하여 금화와 은화와
시간이요, 노동력이요, 그 모두를 빼
앗아 가며,

16 그들에게 너희들이 말하는 모임이요,
성전에 교리를 들으러 오지 않는 자는
나로부터 벌을 받는다 그리 협박하는
자,
17 그와 같은 자가 제일 사악한 자임을
너희들은 알아야 할 것이니라.
18 정녕 구원의 길에 오를 수 없는 자가
그와 같은 행위를 하고 살아가는 지금
의 종교 집단임을 너희들은 알아야 할
것이니라.
19 그러면서 너희들은 그 속에서 내가 원
하고자, 내가 추구하고자 하는 사랑을
위장시키며 사랑이라는 그 단어를 이
용하여 나의 피조물 만백성을 고통 속
으로 이끌어 가는 것이니라.
20 너희는 정녕 사랑과 나눔이 무엇인가?
21 너희들이 남에게 무엇을 주고 무엇을
전할 때 너희 스스로 자신이 남에게
베풂이요, 너희들이 나눔을 준다는 생
각을 하지 말라.
22 너희들은 정녕 베푸는 것이 아님을 알
아야 할 것이니라.
23 너희들이 베풀고 전하는 것은 나 여호
와의 것이며 나로부터 받은 것을 너희
들이 당연히 남에게 주는 것이라는
그와 같은 마음 자세로 살아가야 함
을 잊어서는 아니 될 것이니라.
24 남에게 무엇을 주며 너희 스스로 베푼
다 하여 그와 같은 우쭐한 생각을 가
지고 사는 자, 그는 베푸는 순간에 죄
악임을 알라.
25 나 여호와의 것을 당연한 행동으로 나
누어 주며 당연히 베푸는 것이 너희들
이 갈 길이며, 해야 할 일을 한다는 생
각을 갖는 자, 그와 같은 자가 나에게
구원을 받음을 알아야 할 것이니라.
26 너희들은 많이 가진 자가 많이 나누
어 주며, 적게 가진 자가 적게 나누어
주며, 어렵게 사는 자가 받아 감이 당
연하지 아니한가?
27 열이라는 것이 기본의 숫자라 할 때,
스물을 가진 자가 열을 남에게 나누어
줄 수 있으며, 열다섯을 가진 자가 또
한 남에게 다섯을 나누어 줄 수 있음
이니라.
28 열을 가진 자는 제가 그래도 아름답
고 착하게 그를 지키고 살아가면 되는
것이며,
29 기준미달인 다섯이요, 여섯이요, 넷을
가진 자는 스물이요, 열다섯을 가진
너희들이 그들에게 나누어 주는 것이
당연한 것이니,
30 그는 나의 뜻이며, 내가 너희들 중에
더 갖게 한 자가 나누어 주는 것이니,
그것을 너희들이 베푸는 거라는 오만
한 생각을 해서는 아니 될 것이니라.
31 그리고 아무것도 없는 자에게 나누어
주며, 그는 또 너희들로부터 나누어
줌을 받을 수 있는 것을 알아야 할 것
이니라.
32 그와 같이 너희들이 나눌 것이 있는
자가 베풀며, 있는 자가 나누며 사는
것이 사랑이며 나 여호와의 뜻이요,
내가 원하는 사랑의 근본이거늘,
33 지금 수천 년 동안 나의 백성을 하늘
로 오르는 길이며 천국에 오르는 길이
라 하여 너희들은 많이 있는 자와 적
게 가진 자와 아무것도 없는 자요, 스
스로 의식주를 해결하지 못하는 자로
부터 성전을 짓기 위해서 금화와 은화

를 거둬들이며,
34 하늘에 재물을 많이 쌓으면 축복받으
며 구원을 받는다는 그 반공갈이요,
협박적인 방법으로써 없는 자, 너희들
보다 더 가난한 자의 재산까지도 그저
바치는 자에게 축복해 주며 그에게 영
광이 있을 것이라 하여 뺏어 가는 그
와 같이 사악한 행위를 하고 있음이니,
35 그것이 지금의 믿음의 가는 길이니,
과연 너희들이 사랑을 알며 베풂을
알며 나눔을 아는가?
36 나누는 자, 사랑을 베푸는 자, 그 모든
행위도 하지 못하도록 하는 것이 지금
믿음의 길을 가고 있는 너희들의 행
동이며 너희들의 자세임을 알라.
37 그리하여 너희들에게는 정녕 그 죄를
내가 용서치 아니한다 하였음이니,
38 너희들은 나 여호와의 근본인 나누며
사는 그 아름다운 뜻조차도 모르며
그를 행하는 백성들까지 못 하도록
방해하며 거둬들이는 사악한 자들이
니,
39 부모에게 효도하는 자에게도 너희들
에게 먼저 바치며, 형제에게 우애 있
게 나누고자 하는 자에게도 너희들에
게 먼저 바치라 하니,
40 인간사 세속에 살아가는 너희들이 사
랑이 없으며 메마른 황폐한 땅으로 만
들었으며, 옥토를 황폐한 땅으로 만들
어 모든 곡식이 살 수 없는 그와 같은
땅으로 만든 것이 지금의 종교 지도
자요,
41 너희들이 이끌어 가는 그곳에 가 구
원을 받고자 맹종하고 맹신하며 울부
짖는 불쌍한 자들이 신도 그들이니,
42 그게 바로 저희들이 지옥으로 가겠다
고 맹세하는 것임을 알라.
43 너희들은 천국이요, 나 여호와에게 옴
이 아니요, 너희들 스스로 지옥으로
가겠다는 것이며, 그리고 너희들은 나
여호와를 인정하지 아니하며 믿지 아
니하는 자이니라.
44 나의 뜻을 행하지 아니하며 십계명을
행하지 아니하고 살기 때문이니 그리
알라.

4,106 번째 하나님 말씀

2002년 12월 2일 09시 30분

1 사랑하는 나의 아들아!
2 나로부터 선택된 너의 제자요, 나의
법전을 읽고 깨우친 나로부터 선택된
백성 너희들은 어려운 형제를 위하여
그를 돕고 그가 편하게 살아갈 수 있
는 길을 열어 주기 위하여 최선의 노
력을 다함이니라.
3 그리하여 나의 아들과 더불어 너희들
이 5달란트의 그 역사를 이루어 어려
운 너희 형제를 도와줌이니,
4 그를 나의 성전에 바치는 것이 아니며
하늘에 쌓아 너희들이 구원을 받겠다
하여 재물을 나의 아들에게 바침이 아
님이니라.
5 그것이 바로 나의 뜻이며, 내가 하고
자 하는 그 역사를 하는 것이 나의 아
들이요, 나로부터 선택된 백성 너희들
이 하는 일이니라.
6 그러나 지금 수천 년 동안 믿음의 길
을 왔던 그 종파의 집단들은 과연 어
찌하는가?

7 그들은 거둬들이기 위해 온갖 수단과
방법을 다하여 거둬들임이니라.
8 나의 선택된 백성은 형제와 나눔을 알
며 그들을 위하여 살아가느니라.
9 그러나 이들은 지금 어찌하는가?
10 거둬들이는 자는 천국에 오르는 길이
라 하여, 그리고 하늘에 재물을 많이
쌓는다 하여 저희들의 손으로 거둬들
이며,
11 또한 거기다 많이 바치는 자 천국이
요, 하늘나라에 저희들이 그 재물을
쌓아 '마음이 가는 곳에 재물이 있으
며, 재물이 가는 곳에 마음이 있다.'
하여 그와 같은 얄팍한 수법으로써 세
치 혓바닥으로 나의 백성을 유혹하여
하늘에 많이 쌓아 놓는 자 축복을 받
는다 하니,
12 저희들이 죄를 짓고 사악한 짓을 하는
것이 두렵고 무서워 금화와 은화 몇
닢을 던져 놓고 저희들이 구원을 받은
양 그와 같이 착각하며, 만에 하나 구
원의 길이 되지 아니할까 하여 사악
한 자들에게 재물을 바침이니라.
13 너희들은 여기서 알아야 할 것이니라.
14 그들은 금화와 은화를 가지고 구원을
받겠다고 구걸하는 행위임을 알아야
될 것이니라.
15 너희들이 금화와 은화를 너희들이 지
은 성전이요, 너희들의 종교 지도자
그들에게 갖다 바치며 하늘에 그득히
쌓고자 하는 것은 무엇이던가?
16 너희들이 하늘에 오르는 그 구원의 빛
을 사고자 하는 것이며 그를 얻고자
하는 것이니,
17 얼마나 너희들이 지금 구원을 위하여
구걸하는 그와 같은 추한 행위를 하고
사는 것인가를 알아야 할 것이니라.
18 너희들이 아무리 금화와 은화를 가지
고 구원을 구걸하는 행위를 하며 그를
사려고 몸부림친다 해도,
19 나 여호와는 금화와 은화를 받고 구원
의 빛을 팔 수 없음을 알며, 그를 팔지
않는 나 여호와임을 알라.
20 너희들이 금화와 은화를 하늘에 많이
쌓아 놓음으로 인해서 나로부터 구원
을 받으며 축복을 받으며 하늘나라에
와 영광을 받을 수 있다는 얘기는, 너
희들이 하늘에 올라올 자격이 있고 없
음을 모르거늘,
21 너희들이 하늘에 금화와 은화를 많이
쌓아 놓는 자 그 상을 받게 한다는 것
은 너희들은 이미 구원을 받은 자며
하늘에 천국의 문을 통과한 것처럼 착
각 속에 환각 속에서 살아가며,
22 나의 어린 피조물 백성들 그리고 순
박한 나의 백성을 너희들이 세 치 혓
바닥으로 유혹하여 지옥으로 인도한
다는 것이니,
23 너희들이 사탄이요, 사악한 행위라는
것이 무엇인 줄 아는가?
24 하늘에 오르는 길이요, 천국에 오르는
것은 나 여호와의 고유의 권한이며
나만이 할 수 있는 그것을,
25 나의 피조물 만백성들이 이미 하늘에
와 있으니 저희들은 하늘에 당연히 올
라와 저희들이 하늘에 쌓아 놓은 그
곳간 앞에 그 곳간이 그득할 때
26 나 여호와가 저희들에게 좋은 자리를
내주는 것처럼 그리 착각하고 환상
속에 환각된 자들처럼 너희들이 그리

가르침이니 그 죄가 무서움을 알라.
27 너희들은 구원을 받는 그 기초를 다
지는 것이 먼저이거늘, 너희들이 아직
구원의 길에 오르는 기초인 십계명이
요, 나의 법전대로 사는 것은 쳐다보
지도 아니하며,
28 심판의 기준인 그것을 지키려 하지 아
니하면서 너희들은 심판을 받아 하늘
에 오르는 것처럼 생각함이니, 그와
같은 착각 속에서 깨어나는 깨달음을
얻어야 할 것이니라.
29 아무리 너희들이 금화와 은화를 가지
고 구원을 구걸하고 구걸하는 행위를
한다 하더라도 하늘에 오르는 빛을 너
희들은 볼 수 없으며,
30 내가 너희들에게 그를 내려 주지 아니
하는 것이며, 내가 너희들에게 거래하
고자 함이 없음이니라.
31 나는 너희들을 모름이니라.
32 하늘에 올라와 너희들이 쌓은 창고 앞
에 와 흐뭇한 마음으로 축복을 받는
다는 것을 생각하기 전에,
33 너희들이 기본이요, 기초요, 근본부터
먼저 다스리는 그와 같은 삶을 얻도록
그리하며 깨우침을 얻어 회개하고 반
성하는 삶을 살도록 그리하라.

4,107 번째 하나님 말씀

2002년 12월 2일 18시 29분

1 사랑하는 나의 아들아!
2 "네, 아버님! 말씀하옵소서."
3 너를 따르는 너의 제자들에게 깨우쳐
주어야 할 것이니라.
4 모든 것을 너희들이 손해 보는 마음이
요, 항상 너희들이 남으로부터 득이
없으며 손실을 보며 손해를 보는 그와
같은 마음으로 살아가는 마음 자세가
아니면 아니 됨을 알라.
5 너희들이 남으로부터 받을 때는 너희
마음에 기쁨이요, 즐거움이 있으나,
또한 너희들이 너희 것으로 그를 갚
음에 있어서, 그를 보답함에 있어서
주저하는 마음이 있어서는 아니 됨이
니,
6 너희들이 받은 것보다 배로 주는 것
이 사랑이요, 그게 베푸는 길이라 내
가 말하지 아니하였던가?
7 너희들이 모든 것을 '내 것이 소중하
며, 내 것은 아름다우며, 나에게 이것
이 꼭 필요하며, 나에게 이것이 절대
적으로 필요하다.' 생각하는 것은 너
희들의 마음이 비워져 있지 아니함이
니라.
8 너희들이 작은 것을 받았을 때 그 물
질의 작고 큰 것을 논하는 것이 아니
라 그때 그 상황에서 너희들을 도울
수 있던 그 마음의 소중함을 알아야
할 것이니,
9 그 마음의 소중함을 안다 하면 너희들
이 물질의 크고 작은 것으로써 어찌
그를 평가할 수 있으며 그걸 가지고
결정할 수 있는가?
10 아무리 작은 것이라도 그를 어찌 귀
중히 쓰며 어떠한 상황에서 너희들이
그로부터 은혜를 받았으며 베풂을 받
았느냐 하는 것이 얼마나 소중한 것인
가를 너희들이 알겠는가?
11 그러기에 너희들은 물질로써 모두를
계산하지 말며 물질의 크고 작은 것으

로써 은혜를 갚고 갚지 못함에 주저해
서는 아니 될 것이니라.
12 아무리 작은 것을 받았다 하더라도 너
희들이 열배 백배로 줄 수 있는 그 마
음은 너희들이 있을 때 주는 것과 없
을 때 받으며 없을 때 너희들에게 준
그 마음을 헤아리지 못한다면,
13 너희들은 정녕 사랑이 아니요, 나눔이
아니며, 너희들은 정녕 베풀 수 없는
자요, 천사와 같은 마음으로써 변할
수 없으며 살아갈 수 없음을 알라.
14 너희들이 받은 것에 대해 너희들이
보답하는 것을 계산해서는 아니 됨이
니,
15 먼저 받은 자는 필요하여 받았으며
너희들이 그로 하여금 오늘에 존재함
이 있었으며 네가 생존할 수 있는 그
와 같은 것이 아니던가?
16 그리하여 너희들은 오늘의 갚음을 너
희들이 먼저 받은 것에 대하여 배 이
상으로 주어야 한다 함이 거기 있음
을 알아야 할 것이니라.
17 그들이 도와주며 베풀어 주지 아니하
였으면 너희들이 쓰러질 수 있으며
오늘이 있을 수 없는 그와 같은 너희
들의 삶을 살게 되어 있음이니,
18 그 모두를 넘고 넘을 수 있는 것은 너
희들에게 베풀어 준 자요, 도와준 자
요, 너희들을 생각한 사람들이 있었기
때문이니,
19 그것을 너희들이 크고 작은 것으로써
논하지 말라.
20 그리고 그들을 위하여 너희들이 돕고
베풀 수 있을 때 그것은 가장 큰 행복
이요, 즐거운 마음으로써 그를 베풀며
나누어 주는 마음으로 살아가지 아니
한다면 너희들은 천사요, 나의 백성이
될 수 없음을 알라.

4,108 번째 하나님 말씀

2002년 12월 2일 18시 34분

1 사랑하는 나의 아들아!
2 너희들이 구원의 길에 들어서는 그 깨
달음이요, 하늘에 오르는 길이요, 천
국의 문을 바라볼 수 있으며 천국의
문에 들어서는 것, 너희들이 나에게
구원을 받는 그 모두는
3 남이 해 줄 수 없으며 남이 이루어 줄
수 없으며 남에 의하여 너희들이 취
할 수 없는 것이라 말하였음이니라.
4 너희들이 그 모든 영광과 축복된 것
은 자기 스스로의 노력이요, 너희들이
얼마만큼 삶을 바르게 살았느냐에 따
라 오로지 너희 자신에게 달렸다 내
가 말하였음이니라.
5 너희들이 남에게 사랑을 베풀며 나눔
을 베풀며 자선을 하는 그 모두도 남
의 강요에 의하여, 남의 뜻에 의하여,
남들이 하기 때문에 너희가 하는 것
은 자선이 아니요, 사랑이 아님이니라.
6 너희 자신이 우러나는 마음으로써, 자
신이 즐겁고 기쁜 마음으로써 스스로
행하는 것이 진정한 사랑의 나눔이요,
베풂의 나눔이요, 그리하여 거기에 축
복이 있음을 너희들은 알아야 할 것이
니라.
7 도둑이 도저히 피할 수 없으며, 도둑
질하는 것을 남이 보았을 때 그가 두
려워 용서를 빌며 자수를 하는 그와

같은 형국으로 살아가며 반성을 한다
하면, 과연 그것이 진정한 깨달음이
요, 반성이라 할 수 있겠는가?
8 너희들이 나에게 바치고 경배함으로
써 축복을 받으며 영광이 있으며 구원
을 받는다는 그와 같은 조건으로써 믿
음의 길을 가며 나 여호와를 찾으며
나를 경배하는 것은 아무런 가치가 없
음이니라.
9 정녕 너희들이 이해관계가 없는 자에
게 도와줄 수 있는 그와 같은 은혜와
영광이 너희들에게 진정한 사랑이요,
베풂이요, 나에게 축복을 받음을 알아
야 할 것이니라.
10 너희들이 둘을 주어서 열 개를 받을
수 있는 그와 같은 것이 있다 하여 너
희들이 베풀며 사랑을 나눈다는 것은,
이는 거래하는 자보다 더 사악한 자들
이니,
11 그것이 바로 너희들은 나와 관계없는
백성이라 하였음이니라.
12 너희들이 하늘에 많이 쌓으면 그득히
받으며, 너희들이 조금 바침으로 인하
여 열배 백배의 축복을 받는다 하여
그래서 너희들이 바치며 십일조를 바
치며 헌금을 바치며 너희들이 믿음의
길을 간다 하는 것은
13 너희들은 조건부요, 계산에 의해서 행
하는 것이기 때문에 아무런 가치가
없는 믿음이라 함을 내가 여기서 말함
이니라.
14 너희들이 걸인에게 천 원을 주는 것,
불쌍한 자에게 끼니를 대접하는 것은
스스로 할 수 있는 것이요, 축복이니
라.
15 그러나 그에게 한 끼를 대접함으로써
너희들에게 열배 백배로 돌아올 것이
라 하여 끼니 한 끼를 대접한다는 것
은 너희들이 더 얻기 위한 것이니, 사
악한 자의 욕심이요, 간악한 자이니라.
16 바로 너희들이 믿음의 길을 가고 있
음이 그러하니라.
17 너희들이 갖다 바치며 하늘에 쌓음으
로 인하여 열배 백배 더 큰 축복을 받
는다 하여 그를 받기 위하여 선행을
하며,
18 하늘에 쌓으며 하늘에 바친다는 그와
같은 행위를 하는 것은 그리하여 그게
죄악시되는 것이며,
19 너희들이 더 얻고자, 더 이루고자 하
는 그와 같은 사악한 욕심에서 이루어
지기 때문이니, 그와 같은 성서의 가
르침이요, 너희들의 종교 지도자가 설
교하며 가르치는 뜻을 너희들은 어찌
그 하나도 깨우치지 못하는가?
20 너희들이 하나를 주고 둘을 얻을 수
있으며, 너희들이 바침으로 천국에 구
원을 받으며 너희들이 하늘에 재물을
바침으로써 죄 사함을 얻는다는 그와
같은 것은,
21 너희들이 그와 같은 조건이 있으며 그
와 같은 은혜를 받기 때문에 행함이니,
22 그는 나를 경배함도 아니요, 나를 따
름이 아니요, 내가 존재함을 믿음도
아니요,
23 다만 인간 세상에 장삿속으로 하나를
투자하여 열을 얻을 수 있으니 과감
하게 투자하는 너희들의 그와 같은
비열하며 추한 행동으로써 나 여호와
에게 구원을 받으며 하늘에 오른다는

그와 같은 생각을 하지 말라.
24 그와 같은 마음으로써 선행을 베풀며
너희들이 사랑을 베풀며 나눔을 베푸
는 것은 그것은 아무것도 아님이니라.
25 그리하여 너희들이 조건이 있는 믿음
이요, 조건이 있는 재물을 바쳐 너희
들이 구원이라는 그 조건을 이루기 위
하여 하는 그 행위는
26 얼마나 너희들이 어리석은 자들이며
얼마나 미련한 자들이며 얼마나 너희
들이 지옥행의 표를 사는 행위인가를
알아야 할 것이니라.
27 모두는 스스로 자발적으로 해야 하느
니라.
28 주기 때문에 이루며 그를 받기 위해서
이루는 것은 투자지 베푸는 것이 아님
을 알라.

4,109 번째 하나님 말씀

2002년 12월 2일 18시 41분

1 사랑하는 나의 아들아!
2 "네, 아버님! 말씀하옵소서."
3 너희들이 앞 못 보는 자 길을 인도하
여 주며, 쓰러지는 자 일으켜 세우며,
끼니가 없어 굶는 자에게 한 끼를 대
접하는 것이 바로 너희들이 나에게 행
함이며, 내가 그임을 너희들은 알아야
할 것이니라.
4 너희들이 불쌍한 자를 도우며 어려운
자를 돕는 그와 같은 행위를 했을 때,
그는 불쌍하고 가련한 사람을 너희들
이 도움이 아니요, 나 여호와에게 너
희들이 행함임을 알아야 할 것이니라.
5 너희들이 그리도 나의 음성을 듣고자
하며 나를 만져 보고자 하며 나를 보
고자 한다 하면,
6 너희들은 내가 너희들과 항상 같이하
고 있음을 알아야 할 것이니라.
7 너희들이 길거리에 길을 모르는 앞을
못 보는 자에게 길을 안내하며 배고
픈 자, 쓰러져 있는 자를 구원하는 그
가 바로 나 여호와였음을 너희들이 알
아야 할 것이니라.
8 그는 병든 자요, 나약한 자요, 앞을 못
보는 사람이 아니라 창조주 나임을 너
희들은 알아야 할 것이니라.
9 나 여호와요, 창조주는 너희들이 하늘
로부터 나팔 불며 꽃가마 타며 구름
타고 세상에 내려온다 그리 생각하지
말라.
10 그것이 얼마나 어리석고 불쌍한 인간
의 깨우침인 줄 알겠는가?
11 너희들은 나의 아들이 구름을 타고 내
려오며 나 여호와의 천군을 거느리며
꽹과리를 울리며 내가 나팔 불며 세상
에 휘황찬란하게 내려올 것이라며, 그
와 같은 나 여호와요, 나의 아들이 재
림하는 것을 기다리지 말라.
12 바로 가장 어렵고 불쌍한 사람의 모습
으로써 나 여호와가 세상에 내려와 있
음을 알아야 할 것이니라.
13 너희들이 보기도 흉하며 상대하기도
싫으며 쳐다보기도 싫은, 그리고 너희
들이 침을 뱉고 가고자 하는 그와 같
이 어렵고 힘든 사람의 모습이 바로
나 여호와임을 알아야 할 것이니라.
14 가장 어리석은 모습으로써, 가장 추한
모습으로써, 그리고 가장 불쌍한 모습
으로써 그와 같은 형국으로 내가 너희

들과 같이하고 있음을 알아야 할 것
이니라.
15 그와 같은 자에게 너희들이 덕을 베풀
며 사랑을 베풀며 그들의 마음을 즐
겁게 하고 그들을 웃게 해주었을 때,
16 그게 나 여호와에게 웃음을 주는 것이
며 나에게 기쁨을 줌이니, 그와 같은
자가 나의 아들딸임을 알라.
17 여기서 너희들이 지금 구름을 타고
오는 나의 아들 예수의 재림을 기다
리며 하늘의 태양빛보다 더 위대하고
찬란한 빛 속에서 내가 세상에 내려와
너희들을 구원한다 그리하지 말라.
18 그 어리석고 우매한 꿈속에서 깨어나
야 할 것이니라.
19 그와 같이 찬란하고 황홀한 모습으로
써 내가 왔을 때, 나를 믿지 않고 나를
따르지 아니할 백성이 어디 있겠는가?
20 가장 추하고 못난 모습으로써 항상 너
희들과 같이 있음이니, 네 주변에 너
희들이 손 한 번 내밀기 싫어하며 손
한 번 잡아 보기 싫어하는 자가 곧 나
여호와 창조주임을 알라.
21 이것이 너희들이 하늘에 오르는 길이
며, 너희들이 행해야 하는 길이며, 거
기에서 진정 내가 원하는 사랑이 있는
것이니, 그리 알라.

4,110 번째 하나님 말씀

2002년 12월 2일 18시 46분

1 사랑하는 나의 아들아!
2 "네, 아버님! 말씀하옵소서."
3 너의 제자들에게 간곡히 전하라.
4 그들이 최선을 다하여 법전을 읽고 깨
우치며 내가 너를 통하여 내리는 강론
을 하나도 놓치지 않고 듣고자 하며
그들이 그렇게 노력하고 또 노력한다
해도,
5 저희들이 정녕 변화되지 아니하며 깨
달음이 없으며 저희들이 인간 세속의
삶에서 벗어나지 못한다 하여
6 저 자신이 반성의 기도와 회개의 눈물
을 흘리며 몸부림치는 그 삶이 바로
너희들이 깨달음의 경지에 오름이요,
7 내가 너희들에게 손을 내밀어 닿을 수
있는 그곳까지 너희들이 와 있음을 알
아야 할 것이니라.
8 너희들이 정녕 깨달음이 없어 변하지
않는 너희 자신을 스스로 바라보며 몸
부림칠 때 너희들이 가장 높이 깨달음
에 와 있음을 알아야 할 것이니라.
9 그와 같이 나의 법전을 읽고 깨우치며
그리 행하고자 할 때 너희들이 변해지
지 아니하며 지키지 못하며 계명대로
살지 못하여 몸부림치고 가슴 아파
울 때, 바로 너 자신을 네가 알기 때문
이니라.
10 너 자신의 마음속에 네가 겸손함을
알게 되며 겸허함을 알게 되며 스스로
너 자신이 낮은 자라는 것을 깨달음이
니,
11 바로 그게 네가 그 훌륭한 높은 지혜
를 얻게 됨이니라.
12 그리고 그 지혜 속에서 네가 나 여호
와에게 가장 가까이 와 있는 백성임을
알아야 할 것이니라.
13 자기 자신이 가장 어리석은 사람이라
인정하기 시작할 때, 그게 바로 너희
들이 나에게 가장 가까이 와 있음을

알아야 할 것이니라.
14 저만이 구원을 받은 자요, 특별한 자
요, 저만이 세상의 모두를 다 얻은 것
처럼 말하고 행동하는 그와 같은 자가
가장 어리석은 자이며,
15 저 자신을 인정하지 못하는 자, 이웃
을 볼 수 없으며 제 아집으로써 제 스
스로 지옥행으로 가는 것이니, 그게
바로 가장 어리석은 자임을 너희들은
알아야 할 것이니라.
16 이제 너희들이 몸부림치며 하나도 변
한 것이 없으며 전해 준 것을 깨달은
것이 없으며 행하는 것이 없으며 남들
과 차별화가 없는 그와 같은 남에게
부끄러운 삶을 살아간다는 너희들의
모습을 스스로 바라보아 너희들의 아
픈 가슴을 달랠 길이 없어 눈물을 지
을 때 너희 스스로 변화되어 있음을
알 것이니,
17 너희들은 모르나 나 여호와는 아나니,
너희들이 죽어 왔을 때 그것이 너희들
이 얼마나 역사의 변화의 소용돌이 속
에서 스스로 나의 백성이 되며 나의
아들딸로서 너희들이 지키고자 몸부
림친 그 상이 얼마나 크고 위대한 것
인가를 알게 될 것이니라.

4,111 번째 하나님 말씀

2002년 12월 2일 18시 51분

1 사랑하는 나의 아들아!
2 이 세상 나의 피조물 만백성 중에 가
장 어리석고 불쌍한 백성이 어떤 백성
인지 아는가?
3 자신에 도취되어 자기의식 속에서, 자
기 속에 도취된 그 자기의식의 세계
에서 자기 스스로 제가 모든 것을 다
통제하며 누구보다도 자기가 우월한
자며 선택된 자라는 착각 속에서 사는
자들이니라.
4 지금의 믿음의 길을 가는 백성들이
바로 그와 같은 속에서 헤매고 살아가
는 것이니, 그들이야말로 이 세상 나
의 피조물 만백성 중에 가장 불행하고
불쌍한 자들임을 알아야 할 것이니라.
5 저희들은 스스로 그러하기에 평생 저
희들이 만나고 살아가는 이웃과 모든
사람들이, 나 여호와가 직접 내려와
그들과 같이 있다는 것을 생각지 못하
는 자들이니라.
6 저희들은 특별한 사람들이기에 저희
들만 대화하며 저희들만 역사하며 저
희들을 차별화하니,
7 길거리에 쓰러진 불쌍한 사람, 너희들
이 보기 싫어하는 사람, 보기도 흉한
사람, 그와 같은 모습으로써 살아가는
자가 바로 나 여호와임을 깨닫지 못하
며,
8 내가 세상에 내려와 너희들의 마음을
심판하고 있음을 모르는 자들이니, 그
게 가장 어리석은 자들이니라.
9 그들은 자기 자신의 결점을 또한 모르
기 때문이니라.
10 그들은 저희들이 지금 가고 있는 그
믿음에 자신이 도취되어 가고 있기에
저 자신의 결점을 전혀 보려 하지도
아니하며, 제 결점을 보지도 못하며
찾지도 못하는 자들이니,
11 그러한 자들이 남의 결점이요, 남의
단점은 저희들 눈에 잘 보이며, 그를

보고 이단이요, 사탄이라 말하며,
12 저희들과 뜻이 다르다 하여 정적으로
생각하는 그와 같은 삶을 살아가고 있
는 것이 지금 믿음의 길을 가고 있는
그 백성들임을 알아야 할 것이니라.
13 여기서 너희들은 알아야 할 것이니라.
14 진정 나로부터 선택된 백성은 그 모든
흐름을 다 알고 있음이니라.
15 나로부터 선택된 백성이요, 지도자는
자신의 단점을 알며 자신의 약점을
알기에 그를 이웃 형제로부터 고침을
받으며 다스림을 받고자 하는 것이니
라.
16 그리하여 무한한 변화의 길을 달려가
는 것이 나로부터 선택된 백성의 지도
자며 나로부터 명받은 자임을 알라.
17 너희들이 자기 자신의 결점을 감추며
자기 자신의 잘못됨을 숨기려 하며,
18 그리고 자기만이 이 세상에 가장 위
대한 자며 자기만이 이 세상에서 그
누구도 따를 수 없는 하늘에 오르는
만백성을 인도하는 자라 생각하는,
19 자기 자신에 도취된 지도자요, 자신에
도취된 자 밑에서 자기들만이 구원을
받았다 하여 자기 스스로 그 세계에
빠져 있는 그 백성이 가장 어리석고
불쌍한 자들이니라.
20 이와 같은 많은 백성들을 구원하는
것이 나의 법전이요, 이를 읽고 깨우
친 너희들이 과연 누구던가?
21 만백성을 구하는 대명을 받은 자이니,
너희들은 쉴 사이 없이 나의 법전을
들고 만백성의 손에 쥐여 주는 그 일
을 게을리해서도 아니 되며 잠시 쉬어
서도 아니 됨을 알아야 할 것이니라.

4,112 번째 하나님 말씀

2002년 12월 2일 18시 55분

1 사랑하는 나의 아들아!
2 "네, 아버님! 말씀하옵소서."
3 나의 법전이요, 나의 성령이 기록된
그 모든 뜻은 나 여호와의 성령적 언
어로 구성되어 있으며, 나의 뜻을 너
희들이 알 수 없게 되어 있음이니라.
4 내가 지금 내리는 그 법전 또한 성령
적인 언어로 구성되어 있으며 그 뜻의
깊이가 한이 없으니,
5 나의 뜻을 믿고 따르는 백성, 선택된
백성만이 나의 성령의 뜻이요, 내가
전하고자 하는 그 뜻을 알 수 있음이
니라.
6 아무리 너희들이 그를 알고자 하며 그
를 깨닫고자 하여도 나로부터 선택된
백성이 아니면,
7 나의 법전의 성령적 언어로써 구성되
어 내려오는 그 역사의 변화를 알지
못하며 그를 따를 수가 없으며 그에
대한 뜻을 그들이 결론을 내릴 수 없
는 것이니라.
8 그리하여 나로부터 선택된 백성이요,
내가 명한 자만이 나의 법전을 이해할
수 있으며 나의 법전의 뜻을 깨달으
니, 의로운 자로서 변하게 되는 것이
니라.
9 그리하여 그와 같이 변하지 아니하는
자는 정녕 너희들이 성령의 또한 성
경의 그 뜻을 알 수 없는 것이 여기 있
음을 알아야 할 것이니라.
10 나의 법전을 읽고 또 깨우쳐 나로부터
선택된 백성은 의로운 자로 서서히 변

화됨이니,
11 성령의 그 숨은 뜻을, 그 비유의 뜻을
아는 능력을 행사하는 지도자로서 변
하게 됨이니라.
12 그리하여 나의 법전이 얼마나 소중하
고 위대한지 너희들이 알아야 할 것
이니라.
13 나의 법전을 정독하지 아니하며, 나의
법전을 읽을 때 너희들이 나로부터 선
택된 백성이 아니라면, 성령적으로 형
용된 언어요, 그 뜻을 알 수 없음이니,
14 그를 읽고 깨우쳐 깨닫는 자가 바로
성경의 그 뜻을 알 수 있음이니,
15 그리하여 나를 대신하여 모든 능력을
행사할 수 있는 지도자로서 너희들이
다시 태어나게 됨을 알아야 할 것이
니라.
16 나로부터 명받아 깨달음을 얻어 지도
자로 태어나지 아니하는 자, 그와 같
은 자는 나의 법전을 알 수 없으며 나
의 성경을 알 수 없음이니, 너희들이
그와 같은 이치를 깨달아야 할 것이
니라.
17 그리하여 너희들이 법전을 읽고 또 읽
어 정독하여 내가 너희들을 긴히 쓸
수 있는 그와 같은 역사의 노력을 게
을리하지 말라 하는 뜻이 여기에 있
음을 알아야 할 것이니라.

4,113 번째 하나님 말씀

2002년 12월 2일 19시 04분

1 사랑하는 나의 아들아!
2 "네, 아버님! 말씀하옵소서."
3 동양의 작은 나라에서 창조주 나 여호
와가 종교 혁명을 시발하며 시작함이
라 내가 너희들에게 수차 말하였느니
라.
4 그리고 너희들의 모든 예언자들이 말
하였느니라.
5 동방의 나라에서, 동쪽의 나라에서,
해 뜨는 나라에서 종교의 혁명이요,
새로운 왕이 세상에 올 것이라는 것을
너희들은 수없이 들어 알고 깨우침이
있을 것이니라.
6 그러나 너희들은 정녕 이 역사가 이루
어질 것인지, 과연 어느 시대에 어떠
한 형태로써 이루어질 것인지 그 자
체를 알지 못하며, 또한 그를 알려 하
지 않는 것이니라.
7 다만, 동방의 나라에서 새로운 왕이
올 것이며 새로운 역사요, 종교 혁명
이 이루어질 것이라, 무서운 심판의
결과가 올 것이라는 것을 알면서,
8 너희들이 나 여호와요, 나의 아들이
재림하여 이 동방의 나라에 왔을 때
너희들은 구원을 받을 자요, 천국에
갈 자라 그리 구분하며,
9 너희들이 말하는 이방인이요, 집단으
로써 예배하고 기도하지 않는 자는 심
판을 받을 것이라 그리 생각하고 있음
이니, 그 또한 너희들의 착각임이니라.
10 나의 계명대로 살아온 백성들이요, 나
의 성전에서 내가 내린 십계명대로
사는 백성은 곧 나의 뜻에 의해 사는
자들이니라.
11 너희들은 언제 이 동방의 나라에서
이 혁명이 시작될 것인지를 모르며,
그를 믿으려 하지 아니하며,
12 그와 같은 역사가 있을까 하는 그와

같은 생각을 가지고 살듯이, 너희들이
지금 모든 변화되는 그 역사를 알 수
없느니라.
13 그러나 시작되고 있음을 알아야 할
것이니라.
14 내가 너희들에게 뭐라 말하였는가?
15 모두는 나의 이 동방의 작은 나라에서
이루어짐이니, 너희들이 얼마나 선택
된 백성이며 얼마나 축복받은 백성이
라 내가 말하였느냐?
16 지금 바로 그 종교의 혁명이요, 그 역
사가 여기에서 이루어지고 있음을 너
희들은 알아야 할 것이니라.
17 그리하여 내가 이 동방의 작은 나라
에서 나의 아들을 통하여, 너희들이
말하는 사람다운 삶을 살지도 못하며
비천하고 어렵고 힘들게 살아온 나의
아들을 이미 보내어,
18 그로 하여금 나의 성령이요, 나의 법
전이 세상에 나와 만백성을 구하는 그
역사가 이루어지고 있음이니,
19 나의 아들이 60평생 살아오면서 인간
답지 못한 삶이며, 비천하고 어려운
삶을 살아왔던 그로 하여금 나의 아들
이라 명하여 나의 법전을 세상에 전함
이니,
20 그와 같은 나의 아들에게 명하여 내가
모든 역사를 이루는 것을 볼 때, 내가
이 세상에 창조한 나의 피조물 만백
성 너희들을 얼마나 사랑하고 아끼는
것인가를 너희들에게 깨우쳐 주고자
하는 것이 나의 뜻이며,
21 그리하여 오늘과 같이 어렵고 힘든
인생의 삶을 살아온 나의 아들에게 그
와 같은 길고도 긴 여정을 살아오도록
하였음을 너희들은 알아야 할 것이니
라.
22 이제 그리하여 비천하고 못난 나의 아
들을 통하여 이 세상에 나의 성령의
법전을 전하는 그 뜻을 너희들은 알
았을 것이니라.
23 지금까지 모든 종파들이요, 교주들이,
저희들이 무한한 재물과 능력과 물질
과 그 모든 제왕보다도 더 호화찬란
한 형태로써 저질러 온 그 많은 죄상
을 하나하나 내가 들춰내어 그들을 단
죄하며 그들을 벌하고자 함이니,
24 그들이 지금까지 감히 지어 왔던 그
죄상이요, 지금까지 온 속에서 변화되
지 못하며, 어렵고 힘들게 법전을 전
하는 나의 아들보다도 변하지 못하는
그들로 하여금 저희들이 지금까지 지
어 온 그 수많은 죄상에 감히 입을 벌
리지 못하며 입을 봉하고자 내가 했
을 때,
25 그들이 나에게 항변하지 못하며 대답
하지 못하며 저희들이 나에게 말 못
하도록 그들의 입을 봉하고자 나의
아들이 어렵고 힘든 길을 살아왔으며,
비천하고 불쌍한 나의 아들을 통하여
법전을 받아 세상에 전함이니,
26 호화찬란한 그 집단과 그 물질과 그
방대한 조직을 가지고 만행을 저지른
자들이 비천한 나의 아들만큼도 진리
를 모르며 배움의 가르침이 없으며 그
리고 그 행함이 못할 때,
27 그들이 입이 열 개라도 감히 입을 열
수 없도록 그 입을 봉하고자 하는 것
이 나의 무서운 계획이며, 내가 미래
에 이루고자 하는 그 역사며,

28 그리하여 내가 지금의 참진리를 비천한 나의 아들을 통하여 너희들에게 전함을 알아야 할 것이니라.
29 너희가 아직 듣지도 보지도 못한, 너희들이 깨닫지도 못한 하늘의 성령의 그 뜻을 나의 아들을 통하여 지금 내가 세상에 내려보냄이니,
30 너희들은 나의 이 뜻이 얼마나 두렵고 무서운가를 알아야 할 것이니라.
31 이를 받아 전하는 나의 아들이, 너희들보다 못하며 너희들과 견줄 수 없는 그와 같은 자가 너희들이 감히 따라올 수 없으며 행할 수 없는 그와 같은 형태로 변해져 가는 나의 아들의 삶을 보고 너희들이 감히 벌어진 입을 다물지 못하는 그와 같은 역사를 이루고자 함이니, 너희들은 알아야 할 것이니라.
32 이제 너희들은 알라.
33 동방의 나라에서, 동쪽의 나라에서, 해 뜨는 곳에서 새로운 왕이 나며 새로운 말씀이 내려온다 함은 보혜사가 새로 태어남을 의미하는 것이니,
34 여기서 너희들이 이를 보고 깨우치는 자, 보혜사가 내려온 것이며,
35 이를 보고 깨우치는 자가 새로 태어나는 그 역사에서 구원을 받는 사람으로서 축복을 받게 됨을 알아야 될 것이니, 이를 명심하여 깨달아 너희 것으로 행하도록 그리하라.

4,114 번째 하나님 말씀

2002년 12월 2일 19시 07분

1 사랑하는 나의 아들아!
2 "네, 아버님! 말씀하옵소서."
3 수천 년 동안 제왕적인 자리에서 모두를 행세했던 그 지도자들의 입을 봉하는 시대요, 새로운 시대요, 새 역사가 열림이요, 종교 대혁명을 이루는 그 역사의 대열에 참여한 나에게 선택된 나의 백성, 너희들이 얼마나 소중한 자들인가를 알아야 할 것이니라.
4 지금 나의 아들을 따라 배우며 나의 아들의 제자라 하여 나의 성령을 들으며 나의 법전을 읽고 깨우치는 너희들이 바로 지도자임을 알아야 할 것이니,
5 너희들이 얼마나 지도자로서 중요한 자들이며 너희들의 대명이 얼마나 소중한가를 너희들은 알아야 할 것이니라.
6 나 여호와의 뜻을 성령으로써 내가 세상에 내려보내니, 이를 받아 너희들이 책으로 만들며 만백성을 구하는 그 역사가 한 민족을 구원하며 한 민족의 집단을 구원하는 것이 아니니라.
7 수십억, 수천억 역사요, 수천 년의 흘러가는 나의 피조물 만백성 그들을 깨우치고자 하며, 그들을 하나로써 인도하고자 하며,
8 진정한 하늘의 참빛을 볼 수 있으며 참진리의 빛이 무엇인가를 깨우치는 그 역사를 이루는 것이 너희들이니,
9 너희들이 하나의 제국이요, 하나의 나라를 이루는 것보다도 천배 만배 소중한 곳에 선택된 자들이며 그 대명을 이루는 자들이라 너희들이 깨우쳐 볼 때,
10 너희 자신의 사리사욕을 채울 수 있

으며, 인간 세속의 욕심이요, 부귀영
화에 의해 너희들 자신의 이름을 더
럽히는 그와 같은 일이며,
11 너희들이 스스로 생각할 때 너희 자신
이 하늘을 향하여 한 점의 부끄러움이
있는 행위를 감히 할 수 있겠는가, 그
런 행위를 하는 자로 전락해야 되겠
는가?
12 너희들 자신을 속이며 이웃을 속여 가
면서 너희들이 추하고 더러운, 하늘을
향하여 한 점의 부끄러움이 없는 삶을
살지 못하고 부끄러움에 젖어 있는
그와 같은 삶을 사는 자들이 과연 되
어야겠는가?
13 여기서 너희들이 대단한 결단을 내려
야 함을 잊지 말라.

4,115 번째 하나님 말씀

2002년 12월 2일 21시 51분

1 사랑하는 나의 아들아!
2 "네, 아버님! 말씀하옵소서."
3 내가 너희들에게 일찍 가르쳤음이니,
성서에 비유된 그 모든 뜻은 너희들에
게 불리한 쪽으로, 너희들에게 득이
되지 않는 쪽으로 바라보며 그리 생각
하고 살아갈 때, 그리고 그리 생각하
며 연구하고자 할 때, 그 속에 있는 뜻
을 알 수 있다 내가 말하였음이니라.
4 너희들이 세상사에 살아가는 것도 또
한 그와 같은 이치임을 알아야 할 것
이니라.
5 모든 살아가는 인간관계에서 너희들
에게 더 좋은 것, 더 큰 것을 놓고자
한다 하면, 이는 사랑이 아님을 알아
야 할 것이니라.
6 항상 너희들이 부족한 것, 더 나쁜 것,
그리고 남들이 취하지 아니하는 것을
택할 수 있는 그와 같은 마음을 가지
고 사는 것이 진정한 사랑이요, 너희
들이 나에게 올 수 있는 백성이라 그
리 말하였음이니라.
7 너희들이 정녕 영원히 사는 나의 나라
요, 천국의 문이 있으며 내가 존재한
다는 것을 믿는다 하면,
8 너희들이 그 짧은 육의 삶에 의하여
모두를 다 잃고 버리는 어리석은 그와
같은 삶을 선택해서는 아니 됨을 알아
야 할 것이니라.
9 내가 너희들에게 무어라 말하였느냐?
10 세상에 불어오는 바람이 흘러가는 곳
이요, 그것이 이루고자 하는 그 뜻을
모르며 한 치 앞을 볼 수 없는 것이 너
희들이라 내가 그리 말하였느니라.
11 그리하며 변하지 않는 것이 세상에
있음이며, 그는 또한 내가 존재함이라
내가 너희들에게 그리 가르쳤음이니
라.
12 그러나 너희들은 지금 살아가면서 나
여호와가 존재하며 존재하지 아니하
는 그 자체를 확고히 믿지 못하고 있
음이니,
13 그리하여 너희들이 짧은 육의 삶에 연
연하여 그 모두에 너희들을 다 바치
며 영원히 사는 그 삶을 버리는 그와
같은 어리석은 삶을 사는 것이 지금
너희들이 가고 있는 길임을 알아야 할
것이니라.
14 너희들은 정녕 영원히 사는 나의 나라
에 와 심판을 받으며 그 심판에 의하

여 너희들이 지은 죄의 대가를 반드시
치른다는 것을 잊어서는 아니 될 것이
니라.
15 어찌 눈앞에 보이는 것을 위하여 너희
들이 모두를 다 놓는가?
16 세상에 하얗게 덮인 눈이 세상을 덮고
그리 지속할 것이라 생각하나, 그 눈
은 태양의 빛에 의하여 녹아져 물로
흘러감이니,
17 그와 같은 것이 너희들의 인생이라는
것을 알아야 할 것이니라.
18 쌓였던 눈이 태양의 빛에 의하여 녹
아 물이 되어 흘러가듯이 너희들의
인생의 육의 삶이 그리 가는 것이니
라.
19 그리고 너희들이 영원히 존재함은 나
로부터 받아 내려간 생명이요, 그 본
질의 기본은 흔들리지 아니하며 영원
히 지속됨을 너희들은 알아야 할 것
이니라.
20 추운 겨울날 눈이 온 세상을 다 덮어
하얗게 만들었으나, 그 자연의 삶이
요, 내가 만든 이 지상의 낙원은 그 눈
이 영원히 변질시킬 수 없으며 변화
시킬 수 없음이니,
21 그 눈은 태양열에 의하여 녹으며, 내
가 만든 자연의 이 성전인 세상의 육
지와 땅덩어리요, 모든 동식물의 모습
은 드러나게 되어 있음이니, 그 바탕
의 이치를 깨달아야 할 것이니라.
22 너희들이 나에게 와 영원히 사는 것이
그러하니라.
23 바로 너희들이 육에 내려가 사는 것
은 나로부터 육이요, 성령이요, 너희
들의 영혼을 받아 내려감이니, 잠깐
세상을 덮었던 그 눈과 같은 역할임이
니라.
24 그리하여 녹은 그 눈 바닥에는 내가
만든 지상의 낙원이 존재하듯이, 바로
하늘에 내가 만들어 내가 영원히 이끌
어 가며 내가 존재하는 하늘의 나라
가 너희들의 근본이니라.
25 하늘에 존재하는 것이 너희들의 근본
이니, 여기에서 너희들이 육에 내려가
잠깐의 삶을 사는 그것을 위하여 너희
들이 영원히 나에게 돌아올 수 있는
것을 잃는 그와 같은 어리석은 삶을
살아서는 아니 될 것이니, 이 이치를
너의 제자들에게 깊이 깨우쳐 주도록
그리하라.
26 녹아 가는 눈과 같은 것이 너희들의
인생이며 너희들의 육의 삶이니라.
27 그 눈이 영원히 지속될 것이라 하여
발버둥치고 그것에 연연하여 산다는
것은 가장 어리석은 삶이니라.
28 본연의 도가 있으며 기초가 있으며 근
본이 있으며 너희들이 영원히 사는 그
돌아갈 고향이 있음을 알라.
29 너희들이 바로 살지 못하는 자 그 고
향에 돌아갈 수 없음이니, 그것이 얼
마나 슬프고 고통스러운 것인가를 너
희들은 알아야 할 것이니라.

4,116 번째 하나님 말씀

2002년 12월 2일 21시 57분

1 사랑하는 나의 아들아!
2 "네, 아버님! 말씀하옵소서."
3 지금의 믿음의 형태로는 영원히 그리
갈 수가 없음이니라.

4 지금 너희들이 가고 있는 모든 종교
집단의 그 형태로써는 영원히 너희들
이 구원을 받을 수 없으며 갈 수가 없
음이니라.
5 그리하여 그들이 모두가 다 바뀌는
역사는 이루어져야 한다는 것을 그
속에 몸담고 있는 너희들이 더 잘 알
것이며, 밖에서 바라보는 그들이 더
잘 알고 있을 것이니라.
6 너희들 인간사 살아가는 속에서 너희
들이 접하지 아니하고는 모른다 하나,
상대방의 어렵고 힘든 것을 너희들이
다 알고 지내듯이,
7 하늘에 오르는 길이요, 진정한 믿음으
로 가고 못 가는 것, 또한 지금 나의
피조물 만백성들이 너희들의 그 속내
를 더 잘 알고 있으며 너희들이 잘못
하고 추악한 그 형태를 너무나 잘 알
고 있음이니라.
8 믿음이라는 것을 원하지 아니하며 내
가 존재함을 모르며 그저 선한 마음
으로 묵묵히 살아가는 많은 백성들에
게 물어보라.
9 지금 너희들이 이끌어 가는 종교의 그
형태로써 과연 구원을 받을 수 있으며
너희들이 천사가 되어 하늘에 오를 수
있는가?
10 평범히 살아가는, 말없이 묵묵히 살아
가는 나의 백성보다도 너희들이 더 소
중하고 아름답게 사는가?
11 그들의 대답이 바로 정답이니라.
12 그들이 너희들이 천사가 될 수 없으
며 너희들이 더 사악하고 추한 방법으
로 살아간다 하면 너희들은 바로 그와
같은 자이니,
13 남들이 먼저 알고 있음을 너희들은 알
아야 할 것이니라.
14 그러하기에 그 역사는 바뀌어야 하며,
지금의 신앙의 대변혁이요, 개혁이요,
혁명이 이루어져야 함을 너희들은 알
아야 할 것이니라.
15 이 세상 그 어느 것도 너희들을 통일
할 수 없으며 평정할 수 없음을 알아
야 할 것이니라.
16 오로지 너희들을 하나로 평정하며 다
스릴 수 있는 것은 나의 법전밖에 없
음이니,
17 나의 법전을 읽고 깨닫고 연구하는 백
성들이 많이 나올 때, 너희들이 이 잘
못 가는 믿음의 세상을 평정하게 되
며, 그를 너희들이 평정하여 다스리는
그 길잡이가 될 수 있음이니라.
18 너희들 모든 종파가 사분오열되어 있
는 것을 하나로 이루는 것은 바로 나
의 법전밖에 없다 하나, 이를 읽고 깨
우쳐 행하는 백성들이 있어야 함이니,
19 지금 나로부터 선택된 너의 제자들이
요, 나의 법전을 읽는 너희들이 얼마
나 위대한 대업의 역사를 이루는 것이
며, 얼마나 힘들고 어려운 길을 가는
자들인가?
20 그리고 너희들이 얼마나 소중한가를
스스로 알라 그리 전하라.
21 너희들은 말할 것이니라.
22 가장 가난하며 어려우며 가진 것이 없
는 너희들이 선택되어 어찌하여 이 대
역사를 이루는 길을 갈 수 있으며,
23 과연 너희들로서 이를 이룰 수 있는
것인가 너희들 자신이 의문을 가지며
두려워할 것이니라.

24 그리고 너희들이 무서워할 것이니라.
25 그러나 내가 나의 법전에 너희들에게
무어라 일찍 깨우쳐 주었는가?
26 내가 선택한 백성과 선택하지 아니한
백성을 구분하는 것은, 나의 법전을
읽고 깨우치는 나로부터 선택된 백성
너희들은 살아 숨 쉬는 자요,
27 나로부터 선택되지 않은 자들은 아무
리 물질적인 권력과 재물과 능력을 가
졌다 하여도 그들은 죽은 자라 내가
말하였음이니,
28 나의 법전의 그 내용을 너희들이 정
독해 보면 내가 기록하여 내린 것을
알 것이니라.
29 너희들을 선택한 것은 너희들이 산
자들이기 때문이니라.
30 죽은 자들 속에서 선택할 수가 없음
이니,
31 죽은 자가 어찌하여 하늘에 오를 수
있으며 축복을 받을 수 있으며 구원의
길을 갈 수 있는가?
32 살아서 기도하고 경배하며 움직이는
자가 구원을 받으며 하늘나라에 올 수
있는 기회를 가지고 있음이니,
33 바로 가진 것 없으며 능력 없는 자라
하여도 너희들은 산 자들이기 때문에
나에게 선택된 백성이니, 너희들이 얼
마나 위대하고 소중한가를 알아야 할
것이니라.
34 산 자만이 구원을 받을 수 있으며, 죽
은 자는 정녕 구원의 길을 올 수도 없
으며 구원의 빛을 볼 수도 없으며 구
원을 받을 수 없기에 산 나의 백성으
로서 선택된 백성이 너희들이니,
35 너희들은 곧 산 자이며 생명이 있는
자들이요, 변하여 새로 태어날 수 있
는 마음 자세가 되어 있는 나의 백성
이기에 내가 너희들을 선택하였음이
니, 그 소중함을 잊지 말라.

4,117 번째 하나님 말씀

2002년 12월 3일 0시 21분

1 사랑하는 나의 아들아!
2 "네, 아버님! 말씀하옵소서."
3 가진 자가 없는 자에게 나누어 주며
베푸는 것은 그것이 당연한 길이라 내
가 그리 말하였느니라.
4 그리고 어렵고 힘든 자 너희들이 같
은 형제이니, 어려운 자가 있는 자에
게 도움을 받는 것 또한 그가 서로 사
랑을 베풀고 나누며 사는 것이며,
5 그리 받은 자 또 그와 같이 베풀고 사
는 것이 너희들 세상의 이치임이니라.
6 그러나 지금 너희들의 모든 종교 집
단이요, 만백성을 구원한다는 자들이
가고 있는 그 형태를 너희들은 어찌
보는가?
7 배우지 못한 자요, 가진 것 없는 자요,
또 구원받는다 하여 진정한 믿음의 길
이요, 저희들이 말하는 종교 집단에
속해 있는 자, 그리고 사랑을 베풀며
살아간다는 그 종교 집단에 속해 있는
자들과 그곳에 속해 있지 않은 자들
의 살아가는 그 모습에서,
8 그와 같이 속해 있지 아니하는 나의
백성들이 더 아름답게 살며 나누고
베풀고 사는 백성이 더 많다 하면 너
희들은 이 형국을 어찌 봐야 하는가?
9 나 여호와를 찾지 아니하며 나에게 기

도하지 아니하여도 그저 나로부터 생
명을 받은 것을 감사하며 세상에 낳아
준 부모의 은혜를 감사하며,
10 그리고 저희들과 더불어 사는 형제의
소중함을 알며 그리 살아가는 백성이
있는가 하면,
11 너희들처럼 진정한 하늘에 오르는 길
이요, 사랑을 베푸는 길이라 하며 창
조주인 나 여호와를 아버지라 부르는
너희들의 행동이요, 살아가는 삶이 정
녕 그들만 못하다 하면 과연 너희들은
어찌하겠는가?
12 너희들은 그를 뭐라 대답할 수 있으며
뭐라 말할 수 있는가?
13 지금 바로 나의 피조물 만백성 너희
들이 그와 같은 형국에 젖어 있음을
알아야 할 것이니라.
14 너희들이 지금 이 세상에 나로부터 생
명이요, 그리고 너희들의 영혼을 받아
나감이니,
15 너희들이 어려서 부모의 힘을 얻어
세상에 나가 서서히 성장하여 장년기
를 지나 황혼기를 맞게 됨이니라.
16 그리하여 너희들의 육이 죽어 가는
것을 너희 스스로 막을 수 없으며 중
단할 수 없는 것이 너희들 인간이 살
아가는 지금의 형태며, 그 고비를 피
하고 넘을 자 없음이니라.
17 이는 너희들이 정녕 피할 수도 없으며
거부할 수도 없음이니, 그와 같이 너
희들이 그 길을 넘을 수 없듯이,
18 하늘에는 나 여호와가 존재하며 너희
들이 죽어 와 나로부터 그 죄의 대가
에 대한 심판을 받는다는 것을 너희
들이 그리 믿어야 할 것이며, 그는 엄
연한 사실임을 알아야 할 것이니라.
19 이를 믿지 아니하는 자, 이를 대비하
지 아니하는 자, 너희들은 정녕 바로
설 수 없음을 알아야 할 것이니라.
20 너희들이 나이가 들어 황혼을 맞이하
여 죽음의 길을 피할 수도 없으며 거
부할 수 없듯이,
21 너희들이 죽어 나에게 와 심판을 받는
다는 그 엄연한 사실을 믿고 이에 대
비하는 삶을 사는 자만이 구원의 길
에 들어설 수 있다는 것을 너희들은
잊어서는 아니 될 것이니라.
22 지금 너희들은 말하느니라.
23 '나는 모태 신앙을 가졌으며, 나는 몇
십 년 동안 교회에 다녔으며, 나는 우
리 손으로 지은 그 성전에 직함을 가
지고 있으며, 거기에 봉사하고 희생한
것이 수없이 많다.' 그리 자랑으로 생
각하며, 그러기에 너희들은 구원을 받
는다 그리 말할 것이니라.
24 그러나 너희들은 알아야 할 것이니라.
25 나에게 오는 길이요, 나에 대한 믿음
의 길은, 너희들이 믿음의 길이라 하
여 깨우치고 깨우치지 못하는 것은 너
희들이 순서가 없다 함을 내가 나의
법전에 수없이 너희들에게 깨우쳐 주
었음이니라.
26 너희들이 정녕 믿음에 오르는 길은 순
서에 의하여 오는 것이 아니요, 세월
에 의해서 너희들이 깨우치는 것도
아니며,
27 하물며 시간과 공간의 차이가 없는
그 속에서 너희들이 단계가 없이 이루
어짐을 알아야 할 것이니라.
28 순서가 없이 이루어짐을 알아야 할

것이니라.
29 정녕 짧은 시간이라 하더라도 바르고
곧게 계명을 지키며 나의 법전대로 살
아가는 자, 너희들은 그와 같은 자의
깨달음을 따라올 수 없는 것이니라.
30 세월로써 너희들이 앞에 간다는 그와
같은 생각을 해서는 아니 되는 것이며,
31 너희들은 믿음에서는 정녕 쉬는 시간
이 없으며 쉬어서도 아니 되며 멈춰서
도 아니 되며 꾸준히 노력하는 자들
만이 그 길을 올 수 있음을 알아야 할
것이니라.
32 남들이 말하는 미련한 자처럼, 남들이
말하는 모자란 자처럼, 남들이 말하는
바보라는 그와 같은 소리를 듣고 사
는 자,
33 그리고 차후의 어떤 형태요, 어떤 유
혹의 속삭임에도 귀를 기울이지 아니
하며 변하지 아니하고 오로지 하늘에
오르는 길을 위하여 계명대로 살며 나
의 법전대로 살며, 그와 같이 꾸준히
노력하며 살아가는 자만이 구원의 길
을 얻을 수 있음이니라.
34 너희들이 많은 세월을 믿음의 길에
바쳐 왔다 하여, 너희들이 많은 덕을
쌓았다 하여 그것으로써 너희들이 깨
우침이 아님을 알라.
35 지금 너희들이 지은 그 성전에서 지
금의 믿음으로써는 정녕 너희들이 구
원을 받을 수 없음을 알아야 할 것이
니라.
36 그는 나 여호와와 관계없는 그 속에
서 너희들이 그 길을 가고 있기 때문
이니라.

4,118 번째 하나님 말씀

2002년 12월 3일 0시 32분

1 사랑하는 나의 아들아!
2 "네, 아버님! 말씀하옵소서."
3 선택된 나의 백성이요, 선택된 나의
종교 지도자는 너희들이 살아가는 생
활 속에 직업적으로 재물을 모으며
금화와 은화를 거두어들이며 금화와
은화를 쌓아 놓고자 하는 그와 같은
행위를 해서도 아니 되며, 그와 같은
마음 자세로 살아서도 아니 됨을 알
아야 할 것이니라.
4 정녕 나로부터 선택을 받은 종교 지도
자는 신비한 능력을 겸비한 것처럼 행
해서도 아니 되며, 그와 같은 행동을
해서도 아니 되는 것이 너희들이 행해
야 할 길이며 가야 할 길임을 알아야
할 것이니라.
5 정녕 진정한 믿음의 길을 가는, 나로
부터 선택된 지도자는 미래에 너희들
의 구원에 대한 가르침이요, 미래에
너희들의 축복에 대한 것을 가르치는
것이 아니라,
6 너희들이 지금 육의 세상에서 현실의
삶과 오늘에 진정한 삶을 사는 백성으
로 인도함이 중요함을 너희들은 알아
야 할 것이니라.
7 하늘을 향하여 한 점의 부끄러움이 없
는 인간의 삶을 살며, 그 속에서 나 여
호와가 내린 나의 계명을 지키며,
8 내가 제3의 시대에 새로운 역사를 위
해 내린 나의 법전을 지키고 사는 그
와 같은 환경 속에서 그와 같은 마음
자세로써 살아가는 것이 나로부터 선

택된 백성이 가야 할 길이며,
9 나로부터 선택된 지도자가 인도해야
할 길임을 너희들은 알아야 할 것이
니라.
10 나로부터 선택된 백성이란, 정녕 어떠
한 역경에 처해 있어도 좌절하지 아니
하며 어렵고 힘든 상황에서 좌절하지
아니하는 그와 같은 마음을 가지고
살아가는 것이 나로부터 선택된 백성
임을 알아야 할 것이니라.
11 너희들이 어렵고 힘든 길에 부닥칠
때마다 더 큰 용기와 힘을 갖고 너희
들이 나 여호와가 존재함을 믿고 스스
로 헤쳐나가는 그와 같은 영광된 삶
을 사는 것이 나로부터 선택된 백성들
이 가야 하는 길임을 너희들은 알아야
할 것이니라.
12 이제 사랑하는 나의 아들아!
13 "네, 아버님! 말씀하옵소서."
14 너는 너의 제자들에게, 하늘에는 나
여호와가 있으며 나 여호와가 너희들
을 지켜보고 너희들과 같이하고 있으
며,
15 하늘나라에서는 땅의 너희들 모두를
바라다보며 모든 사탄과 마귀요, 천사
들이 너희들을 바라보고 있다는 그 엄
연한 사실을 잠시도 잊고 살아서는 아
니 되는 것이 너의 제자들이며,
16 나의 법전을 읽고 깨우친 만백성이 가
야 하는 길임을 그들에게 깊이 깨우쳐
주도록 그리해야 될 것이니라.
17 진정한 선택된 종교 지도자요, 나로부
터 선택된 백성은 모든 역사함에 있어
서 자신의 의지와 관계없이 나 여호
와 하나님의 주관하에 움직이게 되어
있다는 것을 너희들은 스스로 깨우쳐
알아야 할 것이니라.
18 그러하기에 너희들이 유리로 비춰 봐
한 점의 부끄러움이 없는 삶을 사는
것이 지도자요, 또한 나로부터 선택된
만백성이요, 하늘에 오르고자 하는 너
희들이 할 길이며 가야 하는 길임을
알아야 할 것이니라.
19 나 여호와는 천 년에 걸친 역사를 위
하여 영원한 하늘나라의 낙원을 이
지상에 건설할 때까지 무수한 변화를
이루고 있음을 너희들은 알아야 할
것이니라.
20 지금 너희들이 하늘에 오르는 길이요,
진정한 깨우침의 성서를 공부하는 것
은 너희들이 지금 과거와 현재와 미래
의 그 속에 들어 있는 나의 뜻을 너희
들이 전혀 알 수 없음이니,
21 너희들이 그리하여 지금까지 죽은 믿
음을 왔다 하는 것이 거기에 있음이니
라.
22 나 여호와는 천 년에 걸쳐서 하늘의
낙원을 지상에 이루는 그 역사를 이룸
이니,
23 너희들은 그와 같은 새로운 시대를 열
기 위하여 무수한 변화와 무수한 역사
가 새로이 엮어지며,
24 새로운 깨달음의 새로운 장을 엮어 가
는 그와 같은 새로운 시대요, 새로운
성령의 나의 뜻이 수없이 세상에 내
려오며 전해지는, 그 변화되는 역사가
이루어지는 것임을 너희들은 알아야
할 것이니라.
25 지금 내가 천 년에 걸쳐 새로운 역사
를 이루기 위한 그 속에는 무한한 변

화와 무한한 성령의 새로운 깨달음과
새로운 내 뜻이 너희들에게 전해지며,
26 새로운 장을 열기 위하여 수없이 변화
의 역사가 소용돌이치고 있는 이와
같은 것이 내가 이루고자 하는 뜻이며,
27 지금 그와 같은 소용돌이 속에서 제3
의 시대에 새로운 역사를 이루고자
하는 것이 나의 뜻임이니라.
28 천 년에 걸쳐 새로운 역사를 변화하
여 이루는 그 속에서 무서우리만큼 변
화되지 아니하며 무서우리만큼 새로
운 장의 새로운 성령의 말씀이 전해
지지 아니하며, 새로운 성서의 깨달음
이 없이는 절대 이루어질 수 없음을
너희들은 알아야 할 것이니라.
29 지금의 성경이요, 지금의 너희들의 가
르침으로써는 내가 이루고자 하는 새
로운 역사를 이룰 수 없는 것이니라.
30 인간 세상에 너희들이 새로운 한 역사
를 창조한다 해도 그곳에서 무수한
변화요, 너희들이 변할 수 있는 계획
이 필요하거늘,
31 몇천 년 동안 흘러온 너희들의 그 폐
습이요, 악습을 다 저버리며 내가 새
로 이루고자 하는 그 역사 속에는 무
한한 소용돌이가 있음이니,
32 그 변화가 없이는 아무것도 이루어질
수 없음이니라.
33 지금 너희들이 깨닫고 하늘에 오르는
길이요, 가르침의 길을 가는 것은 변
화가 없으며 소용돌이가 없음이니,
34 그저 어제의 가르침이 오늘의 가르침
이요, 오늘의 가르침이 내일의 가르침
이니, 그것은 정녕 내가 바라는 것이
아니며 내가 역사하고자 하는 뜻이 아
님을 알라.
35 나 여호와요, 창조주는 무한한 변화를
이루는 것이 나의 뜻임이니,
36 그리고 새로운 시대에 맞춰 새로운 장
을 열어 가며 새로운 성령의 뜻을 내
가 수없이 너희들에게 전함이니,
37 그를 듣고 깨달아 변화되는 그 속에서
살아가는 나의 백성들이 미래를 볼
수 있으며 진정한 나의 참뜻을 알게
되며 내가 이루고자 하는 그 뜻을 아
는 것이며,
38 그를 알아 가르치는 지도자가 나로부
터 선택된 자며, 너희들을 정녕 인도
하는 선택된 목자임을 너희들이 깨우
쳐야 할 것이니라.
39 변화하지 않는 너희들의 믿음은 죽은
믿음이요, 그곳에서는 역사할 수 없음
을 알라.

4,119 번째 하나님 말씀

2002년 12월 3일 0시 37분

1 사랑하는 나의 아들아!
2 "네, 아버님! 말씀하옵소서."
3 지금 믿음의 변화를 두려워하며 변화
되는 것을 바라지 않는 것이 수천 년
동안 흘러온 믿음의 길을 가는 지도자
들이요, 그곳에서 배우고 깨우치고자
가는 백성들의 마음 자세이니라.
4 너희들이 변화되는 것을 원하지 아니
하며 너희들이 만들어 놓고 이루어 놓
은 그 규정 속에서 너희들은 정녕 새
로운 역사의 장을 이루려 하지 않는
것이니라.
5 너희들은 정녕 변화되는 것을 두려워

하며, 원치 않으며, 너희들이 만들어
놓은 그 규정 속에서 너희들은 더 편
하고자 하며,
6 그리고 나의 백성들을 너희들의 노예
처럼 이끌어 가고자 하는 데만 전심전
력하며,
7 그들을 하나로 묶어 너희들의 영역에
서 벗어나지 못하도록 하여 그들을
지배하고자 하는 속에서 지금 살아감
이니,
8 너희들은 정녕 변하여 새로운 역사가
오는 것이 두려우며, 나의 성령이 세
상에 내려와 만백성을 구하는 새로운
변화를 만드는 것을 원하지 아니하며,
9 그를 막기 위하여 너희들의 모두를
다 바치고자 하는 것이 너희들의 형국
이니라.
10 나의 피조물 만백성들을 노예화하여
너희들의 생각대로 이끌어 가는 것만
이 너희들이 편안히 살 수 있는 것이
며,
11 너희들이 만들어 놓은 그 틀 속에서
편안히 안주하고 싶은 그 욕심이며 그
교만한 마음을 너희들이 버리지 못하
고 있는 것이니라.
12 새로운 역사요, 진정한 나 여호와의
참진리요, 세상에서 내가 이루고자 하
는 그 뜻에 대하여 너희들은 구태의
연한 방법으로써 그에 대처하고자 하
며,
13 새로 부는 바람의 역사요, 새로 변하
고자 하는 그 모두를 인정하지 아니하
려 하며 두려워하는 것이 너희들이니
라.
14 다만, 구태의연한 방법으로써 그대로
나의 피조물 만백성들을 묶고 이리
끌고 저리 끌어 너희들의 그 악습대
로 나의 백성들을 지금 이끌어 가는
그것에만 연연하고 있음이니,
15 나의 피조물 만백성이 지옥으로 가든
구원의 길로 가든 그것은 너희들과
아무런 관계가 없음이니라.
16 그저 종교 지도자 너희들이 편안히 안
주하고 싶은 욕심에 구태의연한 그
방법이요, 그 악습을 그대로 지속하는
것이 너희들이며,
17 어찌하면 나의 피조물 만백성들에게
많은 재물과 금화를 거둬들이며 그들
을 노예로 부릴 수 있는 것인가 그것
에만 너희들이 연구하며 골몰하고 지
금 가고 있음이니,
18 그 속에 어찌하여 참진리요, 하늘에
오르는 길이요, 나 여호와의 어렵고
힘든 가르침을 그들이 따르려 하겠는
가?
19 너희들이 구원의 길을 받는 것인 내가
불로 써 내린 그 열 가지의 십계명도
인간이라 지킬 수 없다 그리 말하며,
20 그 어렵고 힘든 것을 버려두고 너희들
은 편안히 안주하는 길로써 가고자 하
며, 그를 받아들이려 하지 않는 것이
너희들이며,
21 그 자체를 배척하는 것이 사악한 지금
의 모든 종교 집단의 지도자들이니,
22 내가 지금 160권의 법전에서 어렵고
힘든, 너희들이 감히 견딜 수 없고 견
뎌 내기 어려운 그와 같은 모두를 행
하며 지키고 살라 너희들에게 규약을
내림이니,
23 과연 너희들은 이것을 받아들이겠는

가?
24 이것이 나 여호와의 진정한 성령의 뜻
이요, 내가 만백성을 구하기 위해 내
린 것이라 해도, 그를 안다 해도 너희
들은 받아들이지 아니할 것이며, 너희
들은 태워 버릴 것이며 찢어 버릴 것
이니라.
25 구태의연한 악습으로써 너희들이 죽
어 생명이 끝날 때까지, 육의 삶이 다
끝날 때까지 나의 백성들을 쇠사슬에
묶어 그저 노예처럼 부리고 그들로부
터 갈취하다 가면 그 이상의 영광이
없다는 가장 어리석고 불쌍한 자들이
기 때문이니라.
26 영원히 사는 다음 세상의 무서움이
기다리고 있는 것을 생각하지도 아니
하며 인정하지도 아니하며 생각지 못
하고 살아가는 것이 지금 잘못된 지도
자들의 이끌고 가는 방법이기 때문이
며,
27 거기에 젖어 이미 단물을 먹고 단꿀
을 먹은 그들이 쓴 약을 먹을 용기가
없으며 먹을 수가 없기 때문에 그리
가고 있는 것이니,
28 너희들은 이를 보고 깨우쳐 바로 사는
너희들이 되어야 할 것이며, 스스로
구원을 받는 역사를 이루도록 해야 할
것이니라.

4,120 번째 하나님 말씀

2002년 12월 3일 09시 44분

1 사랑하는 나의 아들아!
2 "네, 아버님! 말씀하옵소서."
3 내가 너에게 일찍이 가르쳤음이니, 열
명 중에 한 사람이 아무리 정의로운
소리를 한다 해도 그 아홉 명의 목소
리를 이길 수 없으며,
4 그리하여 너희들이 한 사람을 바보로
만드는 것은 아무것도 아니라 하지 아
니하였던가?
5 지금 세상사에 나의 피조물 만백성들
이 잘못 가고 잘못 믿고 가고 있는 그
길이 얼마나 크다 생각하는가?
6 나의 법전 한 권이 세상에 전해짐으
로 인하여 하나의 지도자가 나간다 내
가 너희에게 그리 말하였음이니,
7 지금 어떠한 비율로써 너희들이 천 년
에 걸쳐 바른 세상이요, 내가 이루고
자 하는 그 역사를 이루고자 생각하는
가?
8 너희들은 지금 생각해 봐야 할 것이
니라.
9 수십억 나의 피조물 만백성들이 다
그들 나름대로 믿음의 길을 가고 있으
며, 나름대로 그들이 신을 두며 우상
을 두고 섬기나니,
10 그리고 정녕 나 여호와요, 나의 아들
의 이름을 찾는 그 지도자요, 그들도
지금 진정한 성경의 뜻을 모르고 잘못
가고 있음이니,
11 그들에게 다 법전을 한 권씩 전해주
어 그들이 바로 서는 세월이 와야 함
이니라.
12 지금 바로 나의 진리요, 참진리의 법
전인 지도자가 세상에 나갔으며,
13 그 인원과 그 인력으로써 과연 언제
이 세상의 나의 피조물 만백성들을 깨
우친다 말할 수 있겠는가?
14 너희들이 그를 생각한다면 잠시도 쉴

시간이 없으며, 나의 법전을 만들어
내는 데 잠시도 게을리할 수가 없는
것을 너희들은 어찌 깨닫지 못하는가?
15 지금 나의 법전이 세상에 나간 그 비
율과 지금 모든 종파의 인간들이 가
고 있는 그 비율을 너희들이 생각해
볼 때,
16 과연 이와 같은 방법으로써 천 년에
걸쳐 나의 뜻이 세상에 전해지며 새로
운 역사의 시대가 이루어질 수 있다
생각하는가?
17 네가 세상에 존재하는 동안 160권이
세상에 나와 그 지도자들이 세상을 다
하얀 눈이 덮듯이 덮어야만 나의 피조
물 만백성들이 변화의 역사가 온다
하였음이니라.
18 열 명 중에서 한 명이 정의로운 소리
를 부르짖어도 그것이 들리지 않으며
먹히지 않으나,
19 정의로운 소리를 하는 사람이 두 사
람이요, 세 사람이요, 다섯 사람이 될
때는 동등한 투표권이 있으며, 여섯이
되고 일곱이 됨으로써 바로 나머지가
흡수되는 그와 같은 변화의 역사가 이
루어짐이니,
20 지금 나의 법전이 과연 얼마만큼 힘
을 쓰고 있으며 얼마만큼 소리를 낸
다 생각하는가?
21 나의 법전이 옳은 길이요, 진정한 길
이라 아무리 소리 지르고 언성을 높여
도 그를 들어주는 자가 없으며 듣는
자가 없으니,
22 메아리가 울려옴이 없음이니라.
23 그러니 너희들이 나의 법전이 세상에
나오는 데 모든 힘을 다 바쳐, 어떠한
역경에서도 법전을 만드는 게 너희들
의 첫 번째요,
24 그를 가지고 연구하고 생각할 때 내가
너희들에게 길을 열어 줄 것이니, 이
를 잊지 말고 행하도록 하라.
25 너희들이 항상 비율의 역사를 생각하
라.
26 지금의 많은 종파요, 많은 종파 속에
있는 나의 피조물 만백성들의 그 숫
자와 나의 법전이 세상에 나간 숫자
와의 비례를 생각하면,
27 너희들이 얼마만큼 역사를 이루고 지
금 얼마만큼 변화를 기다릴 수 있으며
변화해 갈 수 있는 것인가를 알게 될
것이니라.
28 이 이치를 깊이 깨우쳐 행하도록 그리
하라.

4,121 번째 하나님 말씀

2002년 12월 3일 12시 01분

1 사랑하는 나의 아들아!
2 "네, 아버님! 말씀하옵소서."
3 내가 너희들 제자들에게 너희들이 나
로부터 선택된 백성으로서 너희들은
산 자이며 생명이 있는 자들이며,
4 미래에 너희들이 나의 뜻에 의해 살
아갈 수 있는 그와 같은 마음 자세가
준비되어 있는 백성이기에 너희들을
선택했다 하였음이니라.
5 너희들이 깜깜한 동굴 속에 수백 수
천 명이 길을 잃고 헤맨다 할 때, 거기
에 너희들이 몇 개의 등불로써 그들
을 인도할 수 있는가?
6 깜깜한 동굴 속에서 수백 수천 명이

헤매고 있다 해도, 등불을 든 자 한 사
람 앞에서 이끌어 나간다면 너희들은
그 암흑의 세계에서 일단 탈출할 수
있는 그와 같은 영광을 얻을 수 있음
을 알아야 할 것이니라.
7 너희들은 지금 밝은 천지요, 너희들이
살아가는 내가 만든 이 지상의 그 아
름다움을 너희들이 눈으로 보고 밝은
세상에서 사나,
8 나 여호와가 내려다보는 지금의 지구
는 깜깜한 암흑의 세계며, 동굴에서
하나의 출구를 찾기 위하여 몸부림치
는 자들의 그 아우성보다도 더 험악
하고 무서우며 잔인한 것이 지금의 너
희들의 세상임이니라.
9 정녕 그 동굴에서 그들이 나가지 못
할 것 같은 공포와 불안에서 울고불고
아우성치는 그와 같은 자들이니,
10 지금 내가 내려다보는 내가 만든 아름
다운 지상이 그와 같은 형국에 젖어
있음이니라, 사랑하는 나의 아들아!
11 너희들이 나갈 수 없는 그 동굴에서
헤매며 너희들이 거기서 도저히 살 수
없다 할 때,
12 너희들이 오래 살아 참고 견디기 위
해서는 어찌하겠느냐?
13 너희들은 너희 모두의 생명을 보존하
기 위하여, 너희들이 물을 얻기 위하
여, 너희들이 음식을 얻기 위하여 같
은 형제요, 같은 인간인 나약한 자부
터 인간을 해해서 취하는 그와 같은
무서운 형국으로 변하여질 것이니,
14 그 모습이 짐승과 다른 점이 무엇이
있겠는가?
15 지금의 암흑의 세상이요, 너희들이 사
는 이 지상이요, 내가 만든 아름다운
이 지상의 낙원이 머지않아 그와 같
은 형국으로 변할 지경에 있다 하면
너희들은 어찌 생각하는가?
16 그 백성들을 구하는 것이 얼마나 시급
하며, 그 백성이 횃불을 들어 출구를
찾아 그들을 거기서 구원하는 것이
얼마나 대단한 것이며 그 횃불 하나가
얼마나 소중한 것인지 너희들은 알겠
느냐?
17 지금 나의 아들을 통하여 나의 법전을
세상에 내려보냄이니,
18 바로 나의 법전이 횃불이요,
19 그 횃불을 들고 길을 안내하고자 하는
것이 나의 아들이니, 너희들은 그를
알아야 할 것이니라.
20 과연 너희들은 무엇이더냐?
21 나의 아들이 들고 있는 법전의 그 횃
불에 너희들이 들고 있는 그 횃불 뭉
치를 대고 불을 붙여 이곳저곳 동굴
에서 헤매며 길을 모르고 암흑에서
허덕이는 그 백성들을 출구를 찾아
인도하는 것이 너희들이니,
22 나의 아들이 들고 있는 그 법전의 불
에 의하여 너희들이 하나 둘 그 불을
붙여 나가 만백성을 구하는 그와 같은
형국이 되는 것이 너희들이니라.
23 지금 너희들은 알아야 할 것이니라.
24 너희들이 보는 이 밝은 천지가 암흑의
세계며, 아우성이며 아비규환같이 되
어 있음이니,
25 그 속에서 너희들이 머지않아 인간이
인간을 살육하여 취하는, 짐승보다도
무서운 형국으로 변해지는 것을,
26 나 여호와가 나의 지상의 낙원에서 그

처참한 꼴을 보지 아니하려 내가 지금
마지막 시대에 나의 아들을 통하여 횃
불을 내려보내어 그걸 들고 만백성을
구하고자 함이니,
27 이 많은 백성들을 그 혼자 구원할 수
있겠느냐?
28 이 지상의 깜깜한 암흑의 길에서 밝
은 길로 인도하는 것이 바로 수천수만
개의 횃불이 필요함이니,
29 그게 14만의 전사요, 14만 개의 횃불
이 필요한 역사임을 알아야 할 것이
며,
30 나의 아들이 들고 있는 그 횃불에 14
만 개의 횃불을 붙임이니, 이 14만 개
가 그 출구를 찾아 나의 백성들을 구
원하는 역사가 이루어짐이니,
31 14만 명의 전사의 뜻을 이제 너희들
에게 내가 깨우쳐 줌이니 그리 알도
록 하며,
32 너희들이 나의 아들이 들고 있는 그
법전의 횃불에 불을 붙여서 만백성을
스스로 구원하라 하였음이니,
33 그를 구원하고 인도하기 위해 너희들
이 얼마나 지치고 힘든 그 삶의 역경
을 견디고 가야 하는 것인가를 알아
야 할 것이니라.
34 다 같이 지쳐 있으며 다 같이 힘들며
다 같이 일어설 기력이 없으며, 그와
같이 배고파 너희들이 인간이 인간을
도륙 내고자 하기 직전에,
35 너희들도 그리 지쳐 있는 속에서 나에
게 선택되어 횃불을 들었음이니,
36 너희들이 힘차게 일어서서 그들에게
따르라 소리 지르지 아니하면 그들이
너희들을 따르지 아니할 것이며,
37 지금까지 찾지 못한 그 동굴의 입구를
그 횃불 하나로 감히 찾겠느냐 하며
그를 믿지 아니하는 자들이 너를 해
하려 대들 것이며,
38 저희를 유혹하는 자들이라며 너의 제
자들을 먼저 해하려는 어리석은 백성
들이 있을 것이니,
39 그게 바로 지금 아집을 부리며 고집을
부리고 있는 종교 집단 그들이 너희가
들고 가는 그 횃불마저 끄려 할 것이
며 그는 정녕 구원할 수 없다 그리 말
할 것이니,
40 그들은 보이지 않는 깜깜한 속에서 저
희들이 인간의 형체의 형제를 도륙
내어 저희들이 먼저 배를 채우고자 하
는 그와 같은 사악한 자들로 변하는
것이 그들의 형국이니,
41 그리하여 저희들을 구원하는 그 빛을
보지 않으려 하며, 그를 끄려 하며, 그
를 가진 자를 먼저 도륙하려 하는 그
와 같은 무서운 형국으로 변화되는 것
이 지금의 형국이니 그리 알라.
42 이 무서운 뜻을 너희들이 가슴에 깊
이 새기며, 하늘의 이 뜻을 보라.
43 내가 세상을 내려다보는 것이 그와 같
음을 잊어서는 아니 될 것이니라.
44 14만의 전사가 횃불을 든 자임을 알
라.

4,122 번째 하나님 말씀

2002년 12월 4일 06시 59분

1 사랑하는 나의 아들아!
2 "네, 아버님! 말씀하옵소서."
3 비가 내려 세상의 모든 동식물을 쓸

어내고 쓸듯이 그리고 그 모든 먼지
를 다 쓸어내리듯이,
4 너희들의 마음을 그와 같이 조용히 쓸
어내리는 노력과 너희들의 변화됨이
소중함을 알아야 할 것이니라.
5 너희들의 마음의 생각이요, 너희들이
하는 행동이요, 그 모두가 하루아침에
너희들이 천사요, 나 여호와같이 되기
는 어렵고 힘든 그 길이니라.
6 너희들이 물을 부어 씻어 내고 닦아
내듯이 너희들 마음이 부드럽고 유하
게 서서히 그리 변하며 마음을 비우는
그와 같은 삶의 훈련이 필요함이니라.
7 끝없이 닦아 내고 씻어 내듯이 끝없이
너희들의 마음을 비우고 비울 때 너
희들 마음이 스스로 창공을 나는 그와
같은 마음의 형태가 됨이니,
8 그때 가서 너희들이 모든 길을 갈 수
있음을 알아야 할 것이니라.
9 너희들이 생각하기에 유사시에 또 급
한 상황에 어떠한 환경에 처했을 때
10 너희도 모르는 사이에 너희들의 돌발
적인 성격이요, 언행에 의하여 너희
스스로 좌절하고 후회하는 것을 나 여
호와는 알고 있음이니라.
11 너희 제자들이 하나같이 그와 같은
싸움 속에서 바로 서고자 바로 오고자
가고 있음이니,
12 그 마음을 다스리고 또 다스릴 때 너
희들 말에 봄에 눈이 녹는다는 말처
럼 스스로 너희들의 마음이 녹아 흘러
내리는 그 시한이 있음이니,
13 뜨거운 불로써 쇠를 녹여 흐르듯이 그
보다 더 강한 열정으로 너희들 스스로
그리 녹아 너희들의 마음의 욕심이요,
14 너희들이 남을 핍박하며 남을 시기하
며 질투하는 그와 같은 모든 마음이
다 녹아내릴 수 있는 그것이 인간이기
에 할 수가 있음이니라.
15 생각하는 동물이기 때문에 그리할 수
있는 것이 너희들이니라.
16 그리하여 나 여호와가 만든 십계명을
지키고 살 수 있다 하였으며 나의 법
전대로 살 수 있다 하였음이니라.
17 그것이 내가 만든 백성 너희들이니라.
18 그리하여 너희들은 사탄과 싸워서 이
길 수 있는 똑같은 능력과 자격을 내
가 부여했다 하지 아니하였는가?
19 그리하여 너희들이 흘러내리고 또 흘
러내리는 그 마음속과 그 생각하는 속
에서 천사와 같은 마음으로 너희들이
변할 수 있는 것이니라.
20 자신을 씻어 내지 아니하면 너희들의
몸에 붙어 있는 여러 가지의 오물은
점점 더 누더기가 되며 더 악취를 품
게 됨이니라.
21 그러나 그걸 씻어 내고 씻어 냈을 때
너희들은 본질의 그 형태를 가질 수
있음이니,
22 너희들 마음속에 더덕더덕 붙은 그
죄악이요, 더덕더덕 붙은 마음의 욕심
의 생각을 하나 씻고 또 씻고 씻음으
로 인하여 그 모두는 다 씻어져 너희
들이 세상에 태어날 때 가졌던 아름다
운 그 어린아이보다 더 순진한 마음으
로 너희들 스스로 변해질 수 있는 역
사가 이루어짐을 알라.
23 너희는 그리될 수 있으며 그리 갈 수
있음이니라.
24 내가 너희들에게 말하지 아니하였더

냐?
25 나의 법전이 너희들이 열 명 중에서
다섯 명이 읽고 여섯 명이 읽음으로써
네 명은 정화되기가 쉽다 하였음이니,
26 바로 너희들의 몸에 더덕더덕 붙은
욕심이요, 시기하는 마음이요, 질투하
는 마음이요, 사악한 그 마음들이 반
이 씻어지기 시작한다면,
27 너희들은 그때서부터 변하는 그 속도
가 이루 말할 수 없으니, 천사요, 나
여호와와 같은 심성으로 변할 수 있
는 것은 그때부터일 것이니,
28 지금 너희들 마음이 그와 같이 싸우고
있으며 고통 속에 헤매고 있는 것이
니, 너희들이 반드시 승자가 될 것이
니 그리 알라.

4,123 번째 하나님 말씀

2002년 12월 4일 09시 48분

1 사랑하는 나의 아들아!
2 "네, 아버님! 말씀하옵소서."
3 너희들이 설교하며 가르치는 그 강론
이요, 또한 너희들이 인간 세상에서
스승으로부터 배우고 또 상식 있는 자
가 너희들에게 강론하며 연설하며 너
희들을 깨우치고자 하느니라.
4 모든 종파도 그러니라.
5 거기에 너희들이 가장 위대한 연설이
요, 가장 위대한 가르침이요, 가장 위
대한 설교는 무엇인 줄 아는가?
6 이는 바로 그 단상에 서서 많은 사람
들을 위하여 깨우치고자 말하는 자,
그가 가르치고자 전하는 그 뜻과 똑같
이 그대로 행하는 자의 강론이 가장
위대하고 값진 것임을,
7 그보다 더 위대한 연설은 없음을 알아
야 할 것이니라.
8 그 내용이 아무리 훌륭하고 그 내용이
너희들의 마음을 울린다 하여도,
9 그가 연설하는 그 자체가 그 연설하는
내용과 같이 행동하지 못하며 그리 바
르게 살지 못할 때,
10 그는 연설이 아니라 너희들에게 독소
가 되는 것임을 알아야 할 것이니라.
11 가장 훌륭한 연설이요, 가장 훌륭한
설교요, 가장 훌륭한 교리의 가르침은
그 말하는 자의 말과 행동이 똑같이
일치했을 때,
12 그 연설이 가장 값지며, 그 연설의 내
용은 세상에 존재할 수 있으며,
13 그 음성은 세상에 꽃과 나비요, 모든
짐승이 들어 그들의 귀를 즐겁게 하며
그들의 마음을 즐겁게 하는 가장 위대
한 연설임을 알아야 될 것이니라.
14 더욱이 하늘에 오르는 만백성을 구하
는 길을 가르친다는 종교 지도자는 그
가 하는 설교요, 그가 가르치는 것은
인간이 영원히 살고 못 사는 그 길을
위하여 저희들이 강론함이니,
15 그와 같이 강론하는 자의 말과 행동
이 일치하지 못할 때 그건 강론이 아
니요, 독소가 되는 것이니라.
16 말로써 아무리 잘하며 말로써 너희들
의 가슴을 울리고 울린다 해도 그는
아무런 가치가 없는 것이니,
17 너희들은 이와 같은 뜻을 알아야 될
것이니라.
18 그와 같은 자가 강론하는 것을 내가
너희들의 가슴에 심어 주지 아니함이

요,
19 나와 관계없는 소리를 내가 만든 성전
에서 그들이 설파하고 있음이니,
20 그리하여 그게 너희들과는 아무런 관
계도 없으며 파도 소리만큼도 내가
듣지 아니한다 함이 여기에 있는 이
치를 알겠는가?
21 가장 위대한 설교요, 가장 위대한 가
르침이요, 가장 위대한 종교의 교리를
가르치는 것은
22 그 가르치는 자의 말과 행동이 일치
한 사람에게 너희들이 강론을 들으며
그의 설교를 듣는 것이 가장 위대하
며 너희들에게 가장 큰 양식이 되는
것이며, 가장 위대한 강론임을 알아야
될 것이니라.
23 그러하니 모든 종교 지도자 너희들은
깨우쳐야 할 것이니라.
24 너희들이 가장 위대한 강론이요, 가장
위대한 설교요, 가장 위대한 진리요,
만백성을 구하는 그 길을 간다 하면,
25 너희들이 하기 쉬운 그 말로써 하는
것을 행동으로 실천하며 그리 옮기는
자가 되어야 될 것이니,
26 그러하지 아니한 자는 만백성을 속이
는 자며 거짓 하는 자며 사악한 자요,
너희들이 그와 같이 강론한 만큼 그
죄가 너희들에게 가중됨이니 그 무서
움을 알라.
27 하늘의 이치에 한 치의 어긋남이 없
으며 하늘의 흐름에 한 치도 헛됨이
없음을 너희들은 깨달아야 할 것이니
라.
28 그리하여 강론하는 자가 행동과 말이
일치하지 아니하는 것은 그가 수없는
죄를 짓고 있으며,
29 그를 듣는 자 또한 구원받지 못하는
이 무서운 하늘의 법도를 너희들은
알아야 할 것이니,
30 가장 위대한 강론이요, 가장 위대한
설법이요, 가장 위대한 가르침은 가르
치는 자가 말하는 것과 행동하는 것이
일치된 것임을 너희들이 깊이 깨우쳐
가슴에 안고 살아가야 함을 잊지 말
며, 그와 같은 자가 되어야 함을 잊지
말아야 할 것이니라.
31 그렇지 못한 자는 지도자요, 강론할
자격이 없음이니, 단상에서 끌어내려
그를 단죄해야 함을 알아야 할 것이
며,
32 나의 아들 또한 네가 강론하는 그 모
든 말에 대하여 책임질 수 있는 아들
로서 성장해야만 네가 새로운 역사를
이루며 새로운 나의 백성들을 변화시
키는 그 대업이 이루어짐을 잊지 말아
야 할 것이며, 너의 제자들 또한 그와
같아야 함을 잊지 말라.

4,124 번째 하나님 말씀

2002년 12월 4일 09시 55분

1 사랑하는 나의 아들아!
2 "네, 아버님! 말씀하옵소서."
3 내가 지은 이 지구의 아름다운 성전
에 너희들이 몇천 년 동안 그 관습과
악습에 의하여 나의 사랑하는 백성들
로부터 재물을 긁어모아 너희들의 손
으로 지은 그 성전에서 너희들이 구원
을 받기 위하여 기도하고 경배하며 눈
물의 찬송을 부르고 있음이니라.

4 그리하여 너희들은 그것이 구원의 길
을 가는 길이며 너희들이 정녕 구원
을 받는 그와 같은 역사를 이룬다 생
각하고 있음이니,
5 그러나 너희들은 너희들의 손으로 지
은 성전에서 기도하고 경배하면서 한
쪽에서 그 기도하는 것보다 더 많은
죄를 짓는 행위를 하고 있음을 과연
알고 있는가?
6 너희들이 기도하고 경배하는 그 신성
한 장소에서 구원을 받는다 말하는 자
들이 죄를 짓지 말며 사랑을 베풀며
살아야 한다는 그곳에서
7 너희들은 그와 같은 말을 하는 그 순
간에도 수많은 죄를 짓는 행위를 하
고 있음을 알아야 할 것이며 깨달아
야 할 것이니라.
8 집회라 하여 너희들이 나의 많은 백
성을 깨우친다 하면서 잘못된 짓도 병
행하고 있음을 알아야 할 것이니라.
9 너희들은 금식 기도를 한다 하며, 집
회를 한다 하며, 강론을 한다 하여 많
은 백성을 모아 놓고 너희들이 그들
에게 사랑을 베풀며 아름다운 길로 가
라 그리 말하며 나 여호와의 뜻이 무
엇이라 너희들이 가르친다 하면서,
10 그 속에서 너희들이 계산된 잘못된 짓
을 더 하고 있으며 그와 같이 항상 병
행하고 있는 것이 지금 너희들이 믿
음의 길을 가고 있는 형태이니,
11 나 여호와가 나의 법전에 기록하여 너
희들을 깨우치고자 함이니, 과연 그것
이 어긋난 것이 있으며 한 점이라도
잘못된 부분이 있다면, 너희들이 나의
법전을 보지 아니하여도 될 것이니라.
12 너희들은 성대한 집회를 열 때마다 거
기에 대한 죄를 짓는 방법을 같이 생
각하여 같이 병행하고 있음이니라.
13 그러면서도 가장 무서운 것은 너희들
이 지금 하고 있는 짓이 잘못된 것이
며 너희들이 죄를 짓고 있다는 것을
너희 자신이 모르는 것이니라.
14 눈물로써 너희들이 기도하며 찬송하
며 회개한다 하며 그리 부르짖고 있
으나,
15 그 행동 자체에 너희들이 제 계산에
의하여 죄의 한 부분에서 너희들이 그
보다도 더 무서운 죄를 짓고 있으며,
16 진정 그것을 회개하고 반성하지 아니
하며, 진정한 참진리요, 믿음만을 위
하여 가는 그와 같은 집회요, 그와 같
은 모임이요, 그와 같은 기도가 못 되
고 있다는 것을 너희들은 알아야 할
것이니라.
17 유창한 말로써 너희들이 축복을 주는
양, 축복을 받은 것처럼 이야기하며
너희들이 나로부터 선택받은 신과 같
은 존재로서 군림하면서,
18 그 이면에는 추하고 더러운 생각이 그
득 차 있는 것이 지금 잘못 가르치고
있는 종교 지도자들이 하는 행위이니
라.
19 여기에 현혹되어서는 아니 됨을 알라.
20 너희들 마음속에 욕심이 그득하며, 너
희들은 그 가득한 욕심으로 인하여 사
랑이 무엇인지를 모르며 사랑을 실천
하는 것도 모름이니라.
21 이제 그와 같이 너희들이 한 입으로
는 사랑을 베풀면서 행동으로써는 추
한 모습으로 가는, 그와 같은 죄를 같

이 짓는 그 행위 속에서
22 너희들이 그 자체도 모르며 소리 지르
고 울부짖는 그와 같은 짓을 내가 더
이상 듣지 아니하며 보지 아니하게
할 수는 없겠는가?
23 그와 같은 너희들의 흉물스런 꼴을
더 이상 보기가 내 마음이 아프고 내
가 역겨움을 너희들이 알겠는가?
24 이제 그와 같은 것을 내가 보지 않도
록 해야 할 것이 너의 제자들이며, 지
금 나의 법전을 읽고 깨우친 백성들
이 해야 할 일임을 너희들은 알아야
할 것이니라.
25 더 이상 그들의 추한 행위와 그들이
사랑을 베풀며 나 여호와요, 우리 부
자의 이름을 팔면서 한쪽에서는 죄를
지으며 저희들이 잘못된 짓을 병행하
여 하고 있는 그 작태를 더 이상 내가
보고 싶지도 않으며 듣고 싶지도 아
니함이니,
26 이 나의 뜻을 너희들이 이루는 것은
오로지 너희들이 나의 법전대로 살아
가며 너희들이 변하는 길밖에 없음을
너의 제자들에게 깨우쳐 이르도록 그
리 전하라.

4,125 번째 하나님 말씀

2002년 12월 4일 10시

1 사랑하는 나의 아들아!
2 "네, 아버님! 말씀하옵소서."
3 너희들이 재물을 하늘에 많이 쌓아 놓
으면 그 재물에 대한 것만큼 복을 받
으며,
4 너희들이 손으로 지은 성전에 잘못 가
르치는 종교 지도자 앞에 재물을 많이
바치며 각종 헌금을 많이 바치면 너희
들이 구원을 받는다는 그 착각 속에
서 믿음의 길을 가고 있음이니, 너희
들은 이제 깨우쳐야 함을 알라.
5 너희들이 매번 재물을 바치는 그와 같
은 행위와 매일 너희들의 수입의 십일
조라 하여 너희들이 그 재물을 바친
다 해서 너희가 구원을 받는다 생각하
지 말라.
6 너희들이 매일 벌 때마다 그 수입의
반을 바친다 해도 그 또한 나와는 아
무런 관계도 없으며, 너희들이 구원을
받는 행위가 아님을 알라.
7 너희들이 나로부터 행위를 잘못하며
그 죄의 대가를 재물로써 너희들이
나를 유혹하고자 함이니,
8 이것은 부모가 어린아이에게 사탕으
로써 그를 달래고자 하는 그와 같은
수법만도 못한 것이 너희들이 지금
하고 있는 행위임을 알라.
9 너희들이 매일매일 순간순간에 버는
그 모든 재물을 다 바친다 하여도 나
는 그와 같은 것과는 아무런 관계가
없음이니라.
10 나는 받을 이유도 없으며, 그것이 필
요하지도 아니하며, 너희들이 재물로
써 바친다 하여 내가 그 죄를 용서해
줌이 못 되기 때문이니,
11 너희들은 십일조요, 각종 헌금을 많이
바침으로써 구원받는다는 생각을 버
려야 할 것이니라.
12 그와 같은 너희들의 마음 자세보다도,
너희들은 악행을 하지 아니하며 욕심
의 근원의 뿌리를 뽑아내 버리고자 너

희들이 그와 같이 행하며 그와 같은
마음의 다스림의 길을 가는 것이 곧
구원의 길을 받으며 나 여호와를 가장
기쁘게 하는 행위임을 알라.
13 너희들이 과일이요, 야채의 겉 허물을
벗겨 내듯이 너희들이 죄를 짓고 있는
그 허물을 하나하나 벗겨 내며 욕심
의 근원의 뿌리를 하나씩 뽑아내는,
14 그와 같이 너희들이 노력하며 변하는
그 삶이 가장 나 여호와에게 축복받는
길이며 나 여호와를 기쁘게 하는 행위
임을 알아야 할 것이니,
15 선한 일을 찾아서 하며 불쌍하고 어려
운 자를 도와주며 그들에게 사랑으로
써 베푸는 그와 같은 마음의 삶이 너
희들이 바로 나의 백성이 되는 것임
을 잊지 말라.
16 재물을 바치며 헌금을 내며 십일조를
내는 것은 나에게는 아무런 관계도
없으며,
17 재물을 바치는 자는 너희들이 지금 따
르고 있는 종교 지도자요, 나 여호와
의 종이라는 그들을 즐겁게 하기 위하
여 그들을 위해서 바치는 것이며,
18 거둬들이는 종교 지도자들은 저희들
이 기뻐하기 위하여, 저희들이 좋아하
기 위하여, 저희들이 행복하기 위하
여, 저희들이 즐거워하기 위하여 하는
행위임을 알아야 할 것이니라.
19 너희가 만든 계명에 의하여 저희들이
즐겁고 저희들이 행복하며 저희들의
향락을 위해서 재물을 거둬들이는 그
와 같은 곳에 너희들이 바침이니,
20 바치는 자, 정녕 하늘에 쌓아 너희들
이 그 죄를 사하겠다는 거래의 심리와
너희들이 구원의 인도자라는 종교 지
도자의 그 기쁨에 충족하여 그 사탄
의 사탕발림에, 칭찬의 말에, 격려의
소리에, 믿음이 위대하다는 것에, 너
희가 구원을 받았다는 것에,
21 너희들이 열배 백배 더 축복을 받았다
는 그와 같은 너희들의 마음으로써
너희들이 만든 계명에 너희들이 지은
성전에 그 자체에다 바치며 그리 행
하는 것이니,
22 그것이 얼마나 흉물스러우며 나 여호
와가 보기에 얼마나 역겨운가를 너희
들은 아는가?
23 너희들은 집회요, 기도 소리를 들으려
나를 향하여 그와 같은 재물과 그걸
받아들이는 것에 연연하는 것이며,
24 오로지 그곳을 운영하며 그곳을 보존
하기 위하여 우리 부자의 이름을 팔아
먹기를 두려운 줄 모르며 서슴없이 행
하며,
25 나 여호와와는 아무런 관계도 없는
방법이요, 하늘에 오르는 길과는 아무
런 관계도 없는 그와 같은 방법이요,
저희들이 좋으며 저희들이 즐겨 하며
저희들의 육의 행복을 위해서 하는 행
위이니,
26 거기에 많은 헌금을 바치는 자 축복받
으며, 많이 바치는 자 구원을 받는다
하지 말라.
27 그는 나 여호와의 뜻이 아니요, 잘못
된 종교 지도자들의 간악한 방법에
너희들이 간악한 자의 비위를 맞추기
위해 갖다 바치는 자며,
28 간악한 자가 제가 즐겁고 제가 행복
하기 위하여 거둬들이는 그 수법임을

너희들은 오늘 알아야 될 것이니, 이
를 잊지 말라.
29 내가 나의 법전에 기록하여 너희들에
게 전하거늘, 이를 읽고도 너희들의
귀가 들리지 아니하며 눈이 뜨이지 아
니하며 하늘의 소리를 듣지 못한다면,
너희들은 정녕 구원받을 수 없음이니
라.
30 이는 곧 나의 성령이요, 나의 음성이
며, 내가 너희들에게 직접 내리는 은
혜요, 축복이요, 영광이요, 사랑임을
알라.

4,126 번째 하나님 말씀

2002년 12월 4일 10시 08분

1 사랑하는 나의 아들아!
2 "네, 아버님! 말씀하옵소서."
3 나의 사랑하는 백성 너희들에게 세상
의 그 모두를 취하며 너희들이 살 수
있도록 내가 내려 준 그것은 너희들이
즐거운 마음으로 즐거운 삶을 살며,
4 그 속에서 나 여호와에게 너희들이 은
혜에 감사하며 경배하며 깨우쳐 하늘
에 올라와 나의 품에 오도록 하고자
내가 너희들에게 세상의 그 모두를
다 내려 주어 너희들이 노력하는 만큼
취하고 살 수 있도록 그리 주었음이니
라.
5 그리하여 너희들은 내가 내려 준 그
모든 은혜에 감사하며 그를 취해서
먹고살며 너희들이 행하면서 그곳에
감사하는 마음이요, 즐거운 것으로써
살며 천사와 같은 마음으로 사는 것이
너희들이 나에게 보답하는 길이며 영
원히 사는 나의 나라에 오르는 길이라
내가 그리 말하였음이니라.
6 그러나 너희들은 어찌 살아가는가?
7 너희들의 마음 상태는 욕심이라는 것
으로 그득히 지배당하고 있음이니,
8 배부른 자는 더 배가 부르고자 하며,
더 배가 부르도록 모두를 취하고자
하는 것이 너희들의 지금의 형태이니
라.
9 더 배부르며 더 편하고자 하며, 그리
하여 너희들이 배부르고 배부를수록
너희들이 나에게 감사하고 경배하는
마음으로 살아가는 것이 아니요,
10 너희들이 배부르면 배부를수록, 너희
들이 편안하면 편안할수록 다 이 모두
는 너희들의 노력이요, 너희들에 의하
여 이루어지는 것처럼 오만함과 교만
함에 빠져 있으며,
11 지금의 너희들은 이제는 그 교만과
오만의 도가 지나쳐 나 여호와가 존재
함을 까맣게 잊어버렸으며,
12 나 여호와가 존재함을 믿으려 하지 아
니하며 생각하려 하지 아니하고 살아
가는 것이 지금의 너희들의 생각이니
라.
13 모든 종교 집단의 우두머리들이 정녕
지금 그와 같은 형국으로 그들을 끌어
가며 나의 백성을 인도하고 있는 것
이니라.
14 저희들이 배출하는 지도자들도 그리
가르치며, 나의 피조물 만백성들도 그
속에서 자신을 스스로 깨우치지 못하
도록 그리 환각 속으로 이끌어 가는
것이 너희들이니라.
15 지도자라는 자들은 더 편하고자 하는

데만 연연하며 그곳에만 집착하여,
16 나의 백성들로부터 우선 너희들이 편
안하고자 재물을 긁어모으는 데만 급
급하고 그것에만 모두를 연연하고 있
는 그 추한 모습으로써 너희들은 지금
전락되어 있음을 알아야 할 것이니라.
17 배가 부르면 더 부른 것이요, 따뜻하
면 더 따뜻한 것을 원하는 것이며, 편
하면 더 편하고자 하는 그와 같은 마
음에서 너희들이 버리지 못하기에,
18 지금 모든 종교 집단의 우두머리들이
편하고자, 더 편하고자 그것을 위해
나의 사랑하는 백성에게 거두어들이
는 것은 재물이요, 금화와 은화니,
19 금화와 은화로써 육의 편안함이 극치
에 달하도록 하고자 하는 것이 너희들
이니,
20 과연 그 속에서 무슨 깨달음이 있으
며, 너희들이 정녕 얻는 것이 있다 말
하는가?
21 이것이 지금 너희들의 추한 모습이니,
이곳에서 과감히 등을 돌려 나의 법전
을 가슴에 안고 정독하여 깨우치는
자, 영원히 사는 하늘나라의 빛을 보
게 된다는 것을 잊어서는 아니 될 것
이니라.
22 이제 모든 재물을 긁어모으며 그저 편
안하고자, 더 편안하고자 하는 그와
같은 생각에서 너희들이 부끄러움을
모르고 재물을 긁어모으는 데만 우리
부자의 이름을 팔아먹으며,
23 우리 부자의 이름을 팔다 팔다 그것이
부족하여 너희들은 성경까지도 변조
하여 그를 팔아먹는 사기극을 벌이고
있으며,
24 무대에서 많은 관중을 웃기고 울리는
그 연극에 너희들은 악역의 주연으로
서 지금 연출하고 있음을 알아야 할
것이니라.
25 너희들이 지금 그 연극의 주연으로서
악역을 행하고 있는 그 모습과 똑같음
을 알아야 할 것이니라.
26 금화와 은화를 쫓아 살아가며 지금 그
재물의 노예가 되어 너희들이 재물의
노예로 전락하는 그 추한 모습을 나
는 하늘에서 바라다보며 그를 알고 있
음이니,
27 너희들이 점점 더 재물의 노예의 그
흉한 모습으로써 변해 감이니 너희들
을 도저히 구할 수 없으며,
28 어떠한 방법으로써도 구제불능의 형
태에 있는 것이 지금의 모든 종교 집
단이요, 너희들이 가지고 있는 그 힘
이라는 것이니라.
29 그러나 그가 서서히 문을 닫고 무너짐
을 너희들은 아직 모를 것이니라.
30 그 시대가 역사함을 너희들이 알아야
할 것이니,
31 너희들이 그 물질적인 집단이요, 그
방대한 조직이 위대한 것이라 하며 나
여호와에게 도전할 수 있는 그 힘보
다도 더 위대한 것이 너희들의 종교
집단이라 하여
32 나의 사랑하는 백성들에게 물리적으
로 집단적으로 행사하는 그와 같은
오만방자한 행동을 서슴없이 하는 것
이 너희들이니, 거기에 어찌 사랑과
베풂이 있겠는가?
33 너희들과 뜻이 다르다 하여 너희들이
그 집단의 힘을 가지고 거부하며, 너

희들이 살아가며 지키는 질서를 파괴
하는 그와 같은 행위도 주저없이 무
서움을 모르고 가는 것이 너희들이니,
34 너희가 과연 구원을 받고 있다 생각할
수 있는가?
35 절대로 너희들은 구원을 받을 수가
없음이니라.
36 그와 같은 자로서는 구원을 받을 수
없음이니라.
37 오로지 구원을 받는 것은 나의 십계명
이요, 나의 법전의 가르침대로 행하
며, 너희를 구원하는 주 나 여호와의
말이며 나의 뜻을 존중하며 이를 따르
는 그와 같은 삶으로 바꾸지 아니한
다면,
38 그 누구도 구원할 수 없다는 것을 알
아야 될 것이며, 구원을 받을 수 없음
을 알라.
39 어떠한 종교 집단이요, 어떤 종교 지
도자라 하여도 너희들이 계명대로 지
키며 나의 십계명대로 지키며 나의 법
전대로 살아가는 그와 같은 깨우침으
로 변화되지 아니하며 그를 가르치지
아니하는 자, 진정한 종교 지도자로
다시 날 수 없으며,
40 그를 깨닫고 배우지 아니하는 백성은
정녕 다시 태어나 구원을 받을 수 없
다는 것을 너희들은 알아야 할 것이
니라.

4,127 번째 하나님 말씀

2002년 12월 4일 10시 12분

1 사랑하는 나의 아들아!
2 "네, 아버님! 말씀하옵소서."
3 너희들이 지금의 가고 있는 믿음이
진정한 구원의 길이라 말하며 믿고 달
려가는 그 길이요, 참진리를 연구하며
참진리의 길에 들어섰다 하여 나의 아
들 예수의 보혈로써 구원을 받았다 자
만하며 그 꿈속에서 깨어나지 못하는
백성 너희들은
4 과연 어찌하여 그 길을 영원히 그리
가고자 하며, 그 길 외에는 다른 길을
볼 줄 모르는 그와 같은 어리석은 삶
을 살아가고 있는가?
5 너희들의 오늘의 삶이 얼마나 어리석
고 우매한 것인가를 너희들은 이제는
돌이켜 볼 때가 되었음을 알아야 할
것이니라.
6 너희들이 지금과 같이 가는 그 믿음은
나 여호와와는 아무런 관계가 없음이
니라.
7 내가 이 세상에 지은 성전이 바로 지
구요, 이보다 더 위대하고 오묘함이
없으며, 이보다 더 위대한 성전이 없
다 하였음이니라.
8 내가 지은 성전에서 나의 십계명대로
살며 사랑을 베풀며 너희들이 그리 살
면 구원의 길에 온다 내가 말하였거늘,
9 어찌하여 너희들은 나의 아름다운 이
성전에서 인간의 욕심을 위하여 인간
의 손으로 지은 그 성전에 헌금과 재
물을 바치는 자 구원을 받는다 그리
말하며, 재물을 많이 바치는 자 구원
을 받으며 재물로써 용서를 받는다 그
리 가르치는가?
10 내가 그것이 잘못되었으며 그게 너희
들을 지옥으로 이끌어 가는 행위라 하
였음이니라.

11 이제 너희들은 깨달아야 할 것이니라.
12 지금과 같이 재물로써 모두를 다 이룰
것 같은 그와 같은 믿음으로 가는 자
들, 너희들은 나 여호와를 숭배하는
것이 아니요, 나 여호와의 뜻을 따르
는 것이 아니요, 너희들은 내가 내린
모든 계명을 정면으로 반박함이니,
13 결혼한 남자가 간음하는 행위와 같은
것이 지금 종교 지도자들이 가르치고
있는 모습이니라.
14 너희들이 진정한 길이요, 참진리의 길
을 가지 못하기에 결혼한 여인이 간음
하고 다니는 그 행동과 똑같은 것이
지금 종교 지도자 너희들이 가고 있는
그 믿음의 상태이니, 너희 백성들은
과연 어떠한 자들인가?
15 너희들 또한 그와 같은 자이니라.
16 지금의 그 재물로써 모두를 이루며
재물 만능의 시대요, 모두가 상업적이
요, 금화와 은화를 거둬들이며,
17 도둑질한 자, 간음한 자, 사기친 자 할
것 없이 그저 많이만 갖다 바치면 하
늘에서 그를 받아들인다 하니,
18 이 얼마나 나 여호와가 통탄하고 억울
해할 일인가?
19 사랑하는 나의 아들 예수가 목숨을
바쳐 고통의 길을 간 그 결과가 과연
너희들은 죄를 짓고 사악한 짓을 하며
그저 너희들이 육으로 번 아무 쓸데
없는 돌멩이와 같은 그 재물로써 바
치면 그 죄를 다 용서받는다 그리 말
함이니,
20 바로 간음의 죄를 짓고 있는 것과 똑
같은 것이 종교 지도자가 지금 하고
있는 작태요, 추한 모습임을 너희들은
알아야 할 것이니라.

4,128 번째 하나님 말씀

2002년 12월 4일 10시 16분

1 사랑하는 나의 아들아!
2 "네, 아버님! 말씀하옵소서."
3 너의 제자들이 몸부림치는 것을 나 여
호와가 하늘에서 보고 있음이니라.
4 바르게 살고자, 계명을 지키고 살고
자, 그리고 내가 너를 통하여 내리는
그 강론의 뜻대로 살고자, 그리고 법
전대로 살고자 그들이 발버둥치고 노
력하는 모습을 나 여호와가 봄이니,
5 그 모두는 다 너희들의 노력의 대가이
니라.
6 너희들은 하나의 도둑질하는 그 마음
을 가진 자, 그를 지우며 그를 버리고
자 발버둥치며, 거짓 하는 습관을 가
진 자 그 거짓을 하지 아니하고자 발
버둥침이니,
7 그와 같이 노력하는 속에서 너희들이
거짓 하는 자 거짓 하지 아니하며, 도
적질하는 습관이 있는 자 그 습관만
을 버리는 것이 아니라,
8 천 가지, 만 가지 잘못된 그 생각들이
너희들의 가장 나쁜 버릇 하나를 고
치는 그 노력 속에서 많은 것이 다 변
해져 가고 있으며 너희들의 생활까지
도 바뀌어져 가고 있다는 것을 너희
들은 깨달아야 할 것이니라.
9 너희들은 모르고 있으나 나 여호와는
알고 있음이니라.
10 거짓말하기 좋아하며 그를 끊지 못하
는 자가 그를 끊으려 발버둥칠 때,

11 너희 스스로 지금까지 행했던 천 가지
만 가지의 그 악습이요, 나쁜 습관들
이 너희도 모르는 사이에 거짓 하지
아니하려고 노력하는 그 참된 마음속
에 하나하나 새로운 새싹이 돋아나며
너희가 그 새싹에 따라서 변화된다는
것을 너의 제자들에게 깨우쳐 줘야
할 것이니라.
12 바로 그와 같이 수천 가지가 같이 변
하는 것이 나의 성령이요, 나에게 선
택된 백성이요, 나의 법전을 읽고 깨
우치는 백성 너희들이 얻는 행복이며
축복이며 영광임을 알아야 할 것이니
라.
13 너희들이 가장 나쁜 악습 하나를 고칠
때, 나 여호와가 열 개 백 개 너희들의
나쁜 습성을 너희들이 다스릴 수 있
도록 내가 그리 잡아 주고 있음이니,
14 너희들은 이와 같은 너희들 스스로 변
하는 모습을 보고 알아야 할 것이니,
너무 서두르지 말며 불안해하지 말라.
15 너희들이 잘 가고 있음을 나 여호와
는 알고 있음을 알라.
16 천 가지, 만 가지의 잘못된 것들이 너
희들의 마음속에 자리 잡은 것을 하나
의 너희들이 가장 버리기 어려운 것을
버릴 때,
17 스스로 그것들이 봄에 눈이 녹듯이
서서히 녹아져 너희들로서 아름다운
모습이 보이기 시작함이니, 나 여호와
가 그 기쁨을 이루 말할 수 없음을 알
라.

4,129 번째 하나님 말씀

2002년 12월 4일 20시 50분

(강론을 마치며)

1 사랑하는 나의 아들아!
2 "네, 아버님! 말씀하옵소서."
3 너의 제자들에게 하나의 깨우침을 손
에 쥐여 주어 그들이 돌아가도록 그
리하라.
4 너희들은 나의 아들 예수를 사탄이 시
험할 때, 성서에 무어라 기록되어 있
는가?
5 높은 산에 올라가 그가 보이는 세상의
모두를 다 그에게 준다 하였음이니,
이 세상 땅 아래 모든 만천하를 볼 수
있는 그와 같은 높은 산이 있다 생각
하는가?
6 얼마나 높은 산이 있기에 그 사탄이
나의 아들 예수를 데리고 가 '네가 보
이는 이 세상의 만물을 다 줄 테니 너
는 나의 뜻을 따르라.' 그리 말했다 기
록되어 있으니,
7 너희들은 그와 같은 산이 어디 있다
생각하는가?
8 이는 너희들이 잘못된 것이며 허황된
이야기요, 잘못 가르침임을 알아야 할
것이니라.
9 세상천지에 세상을 다 들여다볼 수
있는 그와 같은 높은 산이 어디 있으
며,
10 세상 만물의 모든 것을 다 준다 하였
음이니, 그리하여 산에 올라가서 그리
말하였다 하였음이니라.
11 그러나 그는 아니니라.
12 나의 아들 예수는 산에 올라가지 아

니하여도 세상의 이치요, 세상의 흐름
그 모두를 다 알거늘,
13 어찌하여 산에 올라가서 거기서 보이
는 모든 세상 것을 다 준다 그리 말하
였던가?
14 만물의 모두를 다 준다 하였음이니라.
15 이것이 얼마나 너희들이 잘못된 것이
며 잘못 깨닫고 있는 것인가를 너희
들은 알아야 할 것이니라.
16 그들의 마음속에 지상에서 봐도 다
알 수 있으며 그들이 앉은 자리에서
서로 다 알 수 있는 것이 나의 아들 예
수의 깨달음이요, 그의 마음이 세상
것을 다 보고 있거늘,
17 어찌하여 사탄 또한 높은 산에 올라가
서 그 보이는 모든 세상 만물의 생명
체를 다 준다 하였음이니, 보이는 것
이 과연 얼마나 되는가?
18 웃지 못할 그와 같은 것을 가지고 너
희들이 천년만년 가르치며 한 자의 획
도 고쳐서는 안 되며 하나의 뜻도 고
쳐서는 안 된다 그리 억지를 쓰고 있
는 것이 지금 너희들이 가고 있는 믿
음의 형태이니,
19 그 의미와 뜻을 너희들이 스스로 깨
우쳐, 과연 지금 나의 아들을 통하여
내가 내리는 나의 성령이요, 나의 법
전이 나 여호와 창조주의 뜻이요, 내
가 내리는 것인가 아닌가를 너희들이
확실히 분석하고 깨우쳐 너희들의 마
음을 다스리도록 그리하라.
20 이 세상 제일 높은 산에 너희들이 올
라간다 하여도 얼마나 보이며 그것이
얼마나 크기에 그걸 놓고 사탄이 나
의 아들에게 그를 다 준다 말하였겠는
가?
21 너희들이 말하는 밭떼기 몇 개에 들
판 몇 개를 주고 그를 유혹했다 말하
는 것인가?
22 그와 같이 어리석은 방법으로써 수천
년 동안 흘러오면서 하나도 고치지도
말고 더하지도 말며 빼지도 말고 넣
지도 말라는 것이, 그것이 바로 잘못
된 것이니,
23 그 하나하나의 구절을 찾아내는 것이
나의 법전임을 너희들은 알아야 할
것이니라.

4,130 번째 하나님 말씀

2002년 12월 5일 0시 12분

1 사랑하는 나의 아들아!
2 "네, 아버님! 말씀하옵소서."
3 하나를 깨우쳐 주었을 때 둘을 아는
사람이 있으며 열을 아는 사람이 있으
며,
4 하나를 깨달으면 그것만을 붙잡고 매
달려 그것이 온 세상 것을 다 얻은 것
처럼 거기에 연연하는 사람이 있음이
니,
5 너는 과연 어떠한 길을 가야겠다 생
각하는가?
6 내가 너에게 뭐라 말하였느냐?
7 모든 사람들이 나 여호와가 하늘에서
천병을 거느리며 나팔 불며 군악 울리
며 온다 생각하나, 나는 그리 가지 아
니한다 하지 아니하였더냐?
8 너희들이 가장 힘든 모습, 추한 모습,
그리고 봐서는 안 될 그와 같은 모질
고 못난 형태로써 세상에 내려감이며,

가장 가난하고 어려운 자로서 세상에
간다 하였음이니,
9 그와 같은 나를 보고 나를 믿으며 너
희들이 사랑을 베풀며 살아가는 그
모습이 정녕 너희들이 깨우치며 하늘
에 오르는 길이요, 천사와 같은 백성
으로 변화되는 길이라 하지 않았더냐?
10 그렇다면 너는 그것을 그리 하나만
생각해서야 되겠는가?
11 너에게 와 멱살을 잡는 자, 너에게 시
비를 하는 자, 그리고 너에게 공격하
는 자, 너에게 반박하는 자, 그 모두를
다 네가 사랑하는 마음으로 돌릴 수
있는 그 이치를 어찌하여 깨닫지를
못하는가?
12 모든 너희들이 보기에 추하고 더러운
모습으로써 내가 임한다 하였음이니,
13 어떠한 형국이든, 어떠한 형태로써 너
를 공격하고 공박한다 해도 그 모두를
다 사랑으로 믿음으로써 받아들일 수
있으며 그 모두를 소화할 수 있는 것
이 가장 추하고 어리석고 못난 모습으
로 오는 백성을 나를 대하듯이 그리
대하는 삶과 같거늘,
14 어찌하여 너는 그와 같은 이치 하나를
깨우치지 못하는가?
15 남들이 평가하고 남들이 시시비비하
며 남들이 점수 매기는 그 점수에 연
연하지 말라.
16 오로지 너는 너희 중에 네가 남들과
다른 네 나름대로 평가하는 기준이 있
으며, 네 나름대로 점수를 매기는 기
준이 있으며, 네가 살아가는 길이 있
으며 네가 행해야 하는 길이 나의 피
조물 만백성들과 다르게 차별화되어
있음을 너는 어찌하여 그를 모르는가?
17 모든 깨우침을 그와 같이 얻으라.
18 하나 속에서 열 개를 얻는 그와 같은
깨달음으로써 네가 세상의 만백성을
인도하는 목자로서 갈 수 있는 길임이
니라.
19 남들처럼 하나를 들어서 하나를 제 것
으로 만드는 그와 같은 어리석은 깨달
음으로써는 네가 만백성을 하늘에 오
르는 길로 인도하고 이끌어 가기 위하
여 너는 160권을 세상에 낸다 해도 그
160권의 그것밖에는 모름이니,
20 160권에 기록되어 있는 그 뜻이 1,600
개요, 16,000개요, 수많은 숫자로써
나의 피조물 만백성을 가르치고 깨우
치는 그 진리가 거기 있으니,
21 이를 받아서 기록한 너보다 더 아는
자 없으며 더 많이 깨달은 자가 없음
이니, 네가 하나에서 하나를 얻는 그
와 같은 어리석은 깨달음으로 가서는
아니 됨을 알라, 사랑하는 나의 아들
아!

4,131 번째 하나님 말씀

2002년 12월 5일 0시 17분

1 사랑하는 나의 아들아!
2 "네, 아버님! 말씀하옵소서."
3 지금 너희들의 믿음의 길이요, 성경의
뜻을 모르며 너희들은 지금 정녕 내
가 가르치고자 하는 그 뜻을 모르는
속에서 눈에 보이는 그 문자만을 읽
어 그를 깨닫는 것이며 그 뜻으로써만
만백성을 깨우치고자 함이니,
4 너희들이 성서에 들어 있는 그 진정한

나의 뜻을 알 수도 없으며, 모르고 가
는 것이 지금의 너희들의 믿음이라 내
가 말하였음이니라.
5 너희는 스스로 변하고 깨우치고자 함
이 아니요, 지금까지 성서에 기록되어
있는 모든 글자요, 문자의 그 뜻만 가
지고 깨우쳐 세상의 나의 피조물 만
백성을 구원한다는 그와 같은 생각에
서 돌리지 못하며,
6 세상의 넓고 넓음을 바라보지 못하며
나의 성령의 참뜻이 새로운 시대에 새
로운 역사로써 새 시대를 이루고자 세
상에 내려옴을 너희들은 감히 인정하
지 아니하며 그를 알려 하지도 아니
하며 그를 받아들이려고 하지도 아니
하는 것이 너희들이니라.
7 오로지 성서에 기록되어 있는 그 뜻
대로 지금까지 수천 년 내려온 그 악
습에 젖어 있으며, 권위 의식에 젖어
종교 집단을 이끌어 가는 그와 같은
자들 속에서
8 너희들 스스로 그곳에 짓눌려 지금
나의 피조물 만백성이 진정한 길을 모
르며 수천 년 흘러왔던 그 폐습과 악
습 속에 젖어서 헤매고 있는 그와 같
은 형국임을 알아야 할 것이니라.
9 이제 나의 법전을 읽고 깨우치며 나
의 강론을 직접 듣는 너의 제자들은
그와 같은 나의 소중한 백성들을 잘
못된 그 믿음 속에서 깨우쳐, 자신이
얼마나 소중한 것이며 스스로 구원을
받는 것이 얼마나 위대한 것인가를 깨
우치는 데 최선의 노력을 다해야 함을
잊어서는 아니 될 것이니라.
10 자신이 인간의 생각을 모르며 눈물을
모르며 기쁨과 슬픔을 모르며 오로지
저희들이 손으로 지은 그 성전에 가
맹종하며 맹신하는 것으로써 구원을
받는다 그리 이끌어 감이니,
11 나의 사랑하는 백성들이 가지고 있는
지혜요, 가지고 있는 생각이요, 그 판
단력의 모두를 다 버려,
12 오로지 먹으면 배불러 잠자고 주는 대
로 받아 그를 취하는 짐승과 같은 형
국으로써 지금 이끌어 가고 있는 것
이 믿음의 길을 가고 있는 것이니라.
13 나의 사랑하는 백성을 짐승과 같이
길들여 끌어가며 그리 끌려가는 그들
을 너희들밖에 구원할 자가 없음이니,
14 너희들이 얼마나 나로부터 소중한 백
성들이며, 너희들의 대명이 얼마나 중
요한 것인가를 가슴 깊이 새겨야 함
을 너의 제자들에게 전하여 일깨워 주
도록 그리해야 할 것이니라.

4,132 번째 하나님 말씀

2002년 12월 5일 0시 24분

1 사랑하는 나의 아들아!
2 "네, 아버님! 말씀하옵소서."
3 너희는 지금의 나 여호와가 성경에
잘못된 부분과 너희들이 도저히 알 수
없으며 이해하지 못하는 그 부분들을
나의 아들을 통하여 제3의 시대에 전
하는 것은,
4 이와 같은 것을 너희들이 미리 깨우쳐
너희들이 노력하는 마음이요, 천사와
같은 삶의 형태로써 나의 성령의 그
깊은 뜻과 내가 전하는 것을 깨달아
이해하였다면,

5 그리하여 너희들이 그를 깨달아 나의
피조물 만백성들에게 진정으로 하늘
에 오르는 길을 가르치며 그와 같이
너희들이 전하며 깨우쳤다 하면,
6 그 믿음의 성서를 바로잡고자 이와 같
이 오늘의 나의 아들을 통하여 나의
법전을 세상에 내려보내지 아니하였
을 것이니라.
7 너희들이 정녕 바로 천사와 같은 마음
이요, 예수와 같은 삶이요, 너희들 개
인을 위하는 것이 아니라 진정한 나
여호와가 원하는 그 뜻을 알고자 노력
하여 깨우치는 데 모두를 다 바쳐 연
구하고 깨우쳐 노력했다면,
8 너희들은 지금과 같은 잘못된 그 길을
가지 아니하였을 것이며, 내가 나의
아들을 통하여, 또한 선지자들을 통하
여 너희들을 바로잡고자 그리하지는
아니하였을 것이니라.
9 너희들은 그와 같은 깨달음을 너희 스
스로 행하지 아니하였으며 실천하려
하지 않았음이니,
10 이는 오로지 너희들이 편안함과 너희
들의 육의 향락에 살아가는 거기에 만
족하고 안주하였기 때문에 진정한 나
여호와의 뜻을 알려 하지도 아니하였
으며 깨우치려 하지도 아니한 것이
너희들이 지금까지 온 믿음의 형태이
니라.
11 그러니 내가 너희들에게 일찍이 나의
성령을 전해 주고 깨우치는 자가 없
었으며 또한 그를 받아 실천할 자가
없었기에
12 나 또한 너희들에게 깨달음을 주지 아
니하였으며 너희들의 눈과 귀를 열어
주지 아니하였던 것임을 너희들은 알
아야 할 것이니라.
13 지금 그리하여 수천 년 동안 흘러온
그 믿음 속에 너희들의 마음속에 자리
잡고 있는 것은 과연 무엇이던가?
14 이 세상이 천지개벽이 되어도, 너희들
에게 나 여호와의 재앙이, 심판이 떨
어져 너희들이 숨을 쉴 수 없는 그와
같은 형국이 된다 하여도 너희들은 나
의 성서를 들고 말할 것이니라.
15 이 성서에는 오류가 한 자도 없으며,
한 자도 더 더하거나 빼서도 아니 되
는 것이며, 이것만이 너희들의 구원의
길이라 말할 것이며, 거기서 너희들이
다른 진리의 뜻을 바라보려 하지도 아
니할 것이니,
16 너희들은 스스로 쌓아 온 그 모두가
무너지는 것이 두려우며 지금까지 지
키고 너희들이 하늘에 오르는 길이라
하여 살아왔던 너희들 자신이 설 자리
가 없으며 너희들이 모든 성전이라는
곳에 문을 닫는 그와 같은 너희들의
형국이 돌아올 것을 너희들은 알고 있
기 때문에,
17 너희들은 그와 같은 속에서 너희 자신
이 깨우쳐 지금이라도 만백성의 한 명
을 구하는 것이 더 소중하고 위대하다
는 너희들의 그 반성의 뜻을 얻어야
하건만,
18 너희들은 나의 피조물 만백성을 구원
하는 것보다도 너희들 자신을 지키는
것이 더 소중하고 위대하다는 그 생각
에서 지금 추한 생각을 버리지 못하고
있기 때문이니,
19 너희들이 정녕 이와 같은 그 진실됨

을 알며 잘못된 것을 알며 지금 나의
법전이 세상에 내려가는 것이 당연한
진리의 깨달음이라 알면서도 받아들
이지 아니하며,
20 너희들이 목숨을 바쳐 이를 거부하고
자 물리적으로 모든 힘과 조직력을
다 동원하여 내가 새로 이루고자 하
는 새 역사요, 창조주의 진정한 뜻이
내려가는 것을 받아들이지 아니할 것
이며,
21 이들을 받아쳐 세상에 빛을 보지 못
하도록 하고자 하는 것이 너희들이 지
금 가지고 있는 마음인 것이니라.
22 정녕 나 여호와가 너희들을 깨우치는
참진리요, 내가 직접 너희들에게 내려
가 강론을 한다 하여도 너희는 이를
받아들이지 아니하며, 거부하고자 하
며,
23 너희들의 모든 집단의 물리적인 힘과
모든 세력을 다 동원하여 나 여호와가
존재할 수 없도록 하는 것이 지금 너
희들의 종교 집단이 가지고 있는 마음
이요, 너희들이 가고 있는 그 형태임
을 너희들은 알아야 할 것이니라.
24 사랑하는 나의 아들아!
25 "네, 아버님! 말씀하옵소서."
26 천지가 개벽이 되며 내가 심판의 재
앙을 너희들에게 내린다 하여도 오로
지 성서는 오류가 없으며 이를 지키고
사는 것뿐이라 그리 말하는 나의 그
모든 종교 지도자들이요,
27 그를 보고 믿고 따라가는 나의 피조
물 만백성들을 진정한 하늘에 오르는
길로 인도하는 것은 오로지 나로부터
선택된 나의 아들딸이요, 너를 따르는
제자들이요, 나의 법전을 읽은 너희들
밖에는 이룰 수 없음을 그들에게 깊이
깨우쳐 줘야 할 것을 잊지 말라.

4,133 번째 하나님 말씀

2002년 12월 5일 0시 31분

1 사랑하는 나의 아들아!
2 "네, 아버님! 말씀하옵소서."
3 수천 년 흘러온 너희들의 그 믿음이
요, 지금의 형태는 하나의 오류도 없
으며 하나의 빼고 더할 것이 없는 완
벽한 그와 같은 나의 성령이라 너희들
이 그리 가르치고 있음이니라.
4 그러나 너희들의 지금의 그 믿음이
무엇인 줄 알겠는가?
5 너희들은 나의 뜻에 의하여 만백성을
구하는 참진리의 뜻에 가는 것이 아
니요, 너희들 스스로 억지로 짜맞춰
가고 있으며 너희들이 그리 가고 있음
을 알아야 할 것이니라.
6 그리하여 너희들은 너희 스스로 짜맞
춘 것이며, 나 여호와의 모든 뜻을 그
대로 행하는 것이 지금의 성령이요,
너희들이 가르치는 것이 아니기에,
7 너희들은 세월이 가면 갈수록 뒤틀리
게 되어 있으며 너희들의 진리는 꼬이
고 또 꼬여 스스로 너희들이 거짓과
위선으로 가득 차 있는 것을 나의 피
조물 만백성 그들이 알 날이 이제는
머지않았으며,
8 지금처럼 너희들에게 맹신하던 나의
백성들이 이제는 너희들이 뒤틀려 잘
못 가르치며 거짓된 그 모든 위선된
것을 그들이 하나하나 너희들에게 단

죄하는 그와 같은 시대가 내려옴을 너
희들은 알아야 될 것이니라.
9 그리하여 너희들은 꼬이고 꼬이는, 그
리고 뒤틀릴 대로 뒤틀리는 그와 같
은 것을 더 이상 지탱할 수 없기에 너
희들이 나 여호와의 성령이요, 나의
참진리의 뜻이 세상에 나온다 하여도
10 이는 사탄이요, 이단이요, 말세의 시
대에 이루는 잘못된 사악한 자의 행동
이라 그리하여 너희들의 뒤틀려 잘못
가는 그 추한 모습이 노출되는 것을
방어하고 가리며 나의 피조물 만백성
을 어두운 눈으로 만드는 데 너희 모
두를 다 바쳐 너희들의 지금과 같은
그 형태를 영원히 지속하고자 하는 것
이 너희들이 지금 가지고 있는 마음
자세이니,
11 이와 같은 백성들을 과연 어찌 구해
야 하겠는가?
12 너희들은 전해야 될 것이니라.
13 나의 사랑하는 피조물 만백성 너희들
이 뒤틀리고 거짓이 가득 찬 그 믿음
의 세계를 가는 그 백성에게 스스로
눈을 뜨게 해 주며 귀를 열어 줄 수 있
는 그와 같은 너희들의 행함을 잊어
서는 아니 될 것이니라.
14 나의 수천수만의 백성들이 수천 년
역사 속에서 그들의 귀는 틀어막혀
있으며 어리석음에서 벗어나지 못하
고 있는 나의 백성임을 너희들은 알
아야 할 것이니라.
15 너희는 나 여호와를 보지도 못하며 만
지지도 못하며 너희들이 내 음성을 듣
지도 못하며 내가 존재함을 알 수 없
듯이,
16 너희들이 행하고 있는 그 구원의 길
이 진정 구원의 길인지 지옥으로 가는
길인지 그 자체를 너희들이 구분할
수 없음을 알아야 할 것이니라.
17 너희들이 정녕 진정한 나 여호와 뜻
이요, 내가 인도하는 것은 우주의 돌
아가는 질서 정연한 그 법칙과 자연
속의 오묘한 순리가 그대로 유지되고
창조주가 이끌어 갈 수 있는 것이요,
18 내가 주관하는 것만이 이와 같이 이
끌어 갈 수 있으며 영원히 변하지 아
니한다는 깨달음을 얻었을 때,
19 너희들이 지금 종교 지도자들이 뒤틀
리고 꼬여 있으며 거짓에 가득 찬 그
모두는 진정한 나의 진리요, 내가 원
하는 길이 아님을 너희들이 여기서 구
분하는 지혜를 얻어야 될 것이니라.
20 너희들이 지금까지 지어 온 그 모든
죄상을 이제는 너희들 신도들이 하나
하나 밝혀낼 것이며 너희들이 잘못
가고 있는 그 모두를 그들이 다 찾아
내며 너희들을 단죄하는 그 시대가 올
것이니,
21 그와 같은 시대가 왔을 때 너희들의
그 비참하고 처참한 형국은 말할 수
없음이니,
22 이 지구상에서 지금과 같이 처참한 전
쟁의 역사가, 피비린내나는 그와 같은
살육의 형태가 이보다 더한 역사는 없
음을 너희들은 보게 될 것이니라.
23 그리하여 내가 그와 같은 참혹한 속에
서 나의 사랑하는 백성 너희들을 구원
하기 위하여 밤과 낮을 가리지 아니하
며 나의 아들을 통하여 160권의 나의
성령의 뜻을 책으로 만들어 전함이니,

24 이를 보고 깨우치는 백성이 하나 둘
늘어날 때 이 지상에 있는 나의 피조
물 만백성들은 그와 같은 너희들이
형용할 수 없는 살육의 전쟁을 막을
수 있는 것임이니, 이를 잊지 말고 너
희들이 행해야 됨을 알아야 할 것이
니라.

4,134 번째 하나님 말씀

2002년 12월 5일 06시 22분

1 사랑하는 나의 아들아!
2 "네, 아버님! 말씀하옵소서."
3 수천 년 역사가 흐르는 속에 많은 종
교 집단들이 생겼으며, 또 많은 종교
집단 속에서 구원을 받고자 각자 그들
의 종교 집단에 가 기도하고 경배하
며 소원하는 자들이 수십억의 인구가
세상에 와 살다 그들은 또한 시들어져
가는 것이니라.
4 그리고 그 많은 종교 집단이 만백성을
구한다는 그 명분 아래 성전이라 하
여, 법당이라 하여, 또 신당이라 하여
얼마나 많은 내가 이룬 이 자연의 나
의 성전에 그들은 그와 같은 건물을
짓고 거기에 또 연연하는가?
5 그와 같이 그들이 많은 건물을 지음으
로 인하여 나의 피조물 만백성들에게
재물을 긁어모으며, 그들이 그와 같이
호화찬란한 성전을 지으며, 또 그 속
에 와 기도하고 경배하는 것이 구원
의 길이라 하여 나의 피조물 만백성들
이 그 모두를 거기다 맡기며 연연하
며 바침이니,
6 이와 같이 많은 물자요, 인력이요, 시
간이요, 가르치는 자 배우는 자가 헤
아릴 수 없는 수십억, 수백억, 수천억
의 그 인구들이 이 세상에 와 살다 한
줌의 흙으로 돌아가는 그와 같은 역사
가 반복되고 있음이니,
7 그것이 정녕 구원의 길이요, 진정한
나 여호와가 이룬 나의 나라에 오르는
그 참된 길이 아니며, 나의 뜻과는 관
계없는 그 길을 가는 백성들이라 하면
너는 과연 어찌해야만 하겠느냐?
8 또한, 너의 제자들은 어찌하며 어찌
가야 하겠는가?
9 헬 수 없는 그 수많은 종교 집단들이
수많은 저희들의 성전을 세상에 지으
며 그를 위하여 나의 피조물 만백성들
에게 재물과 시간을 긁어모으는 그와
같은 것이 진정한 나에게 오르는 길이
요, 하늘에 오르는 길이 아닌,
10 나의 뜻에 역행하는 그와 같은 역사와
그와 같은 삶이 지금 반복되고 있는
이 세상 속에서
11 그들을 구하며 진정한 구원의 길이요,
진정한 나의 뜻이요, 너희들이 나로부
터 나간 하늘의 세상에 영원히 다시
돌아오는 그와 같은 길은
12 오로지 지금 네가 나의 뜻을 받아 기
록하는 성령이요, 그 길밖에 없다 하
면,
13 과연 너는 어떠한 마음 자세로 살아가
며, 오늘에 네가 가는 그 길이 어렵고
힘듦에 너 스스로 가슴에 눈물을 흘
려야만 되겠는가?
14 사랑하는 나의 아들아!
15 너의 형제들이요, 만백성이 잘못 가는
그 길을 위하여, 그들이 또한 잘못된

것을 위하여 그 많은 역사를 이루는
것을 바로잡는 것이 나의 법전이요,
오로지 지금 너 하나가 하는 그 역사
가 그들을 바로 세우는 길이며,
16 그들이 지옥으로 가는 그와 같은 길이
요, 잘못된 그들의 믿음을 바로잡는
것이 오로지 지금 나의 법전이요, 너
와 너의 제자들이라 하면 너희들은
어찌하여야 되겠는가?
17 그 수많은 물자요, 그 수많은 너희들
이 짓는 성전이요, 그곳에 가 기도하
는 나의 피조물 만백성 그 많은 인간
인생들,
18 그들이 진정한 참빛이요, 진정 하늘에
오르는 길의 그 영광의 빛을 가르치
고 보여 주는 것은 나의 법전뿐이요,
너희들뿐이라 하면, 과연 너희들은 어
찌해야겠는가?
19 너희들의 오늘의 시련과 고통으로써
그 많은 물자와 그 많은 인력과 그 많
은 성전을 짓는 것을 바로잡을 수 있
는 것이 너희들뿐이라 하면, 그리고
너희들이 가는 그 길뿐이라면,
20 오늘의 고통과 시련을 너희들은 즐거
움으로 받아들일 수 있는 그와 같은
마음의 형태로 살라 함이 바로 여기에
있음이니라, 사랑하는 나의 아들아!

4,135 번째 하나님 말씀

2002년 12월 5일 06시 35분

1 사랑하는 나의 아들아!
2 거짓 하며 남을 속이는 것은 살인과
같다 하였느니라.
3 너는 많은 백성들에게 이와 같은 뜻
을 가르치며 깨우쳐야 될 것이니라.
4 내가 너희들에게 거짓 하지 말라 함
은, 진정한 참진리는 변화되어서는 아
니 되며 변화될 수 없는 것이니라.
5 그러나 너희들이 거짓 하는 것은 당장
오늘은 그 고비를 넘길 수 있으나, 세
월이 지난 다음에 그 거짓이 진실이
아니라는 것이 밝혀졌을 때,
6 너희들 자신마저도 신망을 잃게 되며,
너희들을 보고 따르는 백성 또한 그들
스스로 실망하여 너희들에게 등을 돌
리게 됨이니,
7 그는 진리가 아니고 진실한 것이 아니
기 때문에 거짓을 하지 말라 함이니라.
8 나 여호와요, 진정한 창조주인 나의
모든 가르침은 참진리요, 진정한 것이
기에 영원히 변하지 아니하며,
9 세월이 지난다 하여 그것이 퇴색되는
것이 아닌 것이 나 여호와의 진리이니
라.
10 나의 뜻을 따라 만백성을 구하는 너와
너희들은 그와 같은 진리 이외에는 어
떠한 것이 있어서도 아니 되며, 어떠
한 진리가 아닌 그 행동을 해서도 아
니 되며, 말을 해서도 아니 되는 것이
너희들이 가야 하는 길이니라.
11 그리하여 너희들이 하는 말이요, 너희
들이 하는 행동이요, 보여진 그 모두
는 세월이 지나도 변화되는 것이 아니
며, 그 방법이 바뀌는 것이 아니니라.
12 그리하여 내가 너희들에게 거짓말을
하지 말라 하였음이니, 거짓말이라는
것은 세월이 지나면 그것이 탈색되며
변질되며 진실이 아니라는 것을 언젠
가는 알게 됨이니,

13 그리하여 그 진리가 아니고 참뜻이 아
닌 것을 너희들이 말해서는 아니 됨이
니,
14 그러한 나의 이치를 너희들이 이제
깨우쳐야 됨이니, 거짓이 얼마나 무서
운 것인가를 알아야 될 것이니라.
15 너희들은 참진리요, 진정한 나의 뜻이
아닌 것은 너희 입으로써 나와서도
아니 되며, 이웃에게 전해서도 아니
되며, 너희들이 행해서도 아니 됨이라
는 것을 알아야 될 것이니,
16 너희들이 그 모두가 거짓된 행위라는
것은 나 여호와가 존재함을 너희들이
믿으려 하지 아니하며, 믿지 아니하는
자의 행위이며,
17 나 여호와로부터 세상에 나가 만백성
을 구하는 나의 성령이요, 나의 법전
까지도 그것이 잘못된 것으로 비치는
그와 같은 무서운 결과를 초래하게 됨
이니,
18 너희들이 진실을 말하지 아니하면 모
든 백성은 너희를 믿지 아니할 것이
며 너희들을 따르지 아니할 것이며,
19 내가 나의 사랑하는 피조물 만백성을
구하기 위하여 세상에 내려보내는 나
의 법전까지도 빛을 볼 수 없으며, 만
백성들이 그를 믿지 아니하고 따르지
아니할 것이니 그를 어찌 감당하겠는
가?
20 참진리라는 것은 변하지 아니하는 것
이니,
21 참진리를 배우고 가르치는 사랑하는
나의 아들과 사랑하는 나의 딸, 그 모
든 제자들은 그리하여 거짓된 행동을
해서는 안 되며, 거짓말을 해서는 안
되며, 그와 같이 너희들이 어렵고 힘
든 길을 가야 함을 잊어서는 아니 될
것이니라.
22 너희들은 모두 나를 대신하는 삶을 살
며 나를 대신하여 모두를 역사함이니,
이 나 여호와의 애절한 뜻을 너희들은
과연 알겠는가?
23 거짓 하지 말라, 거짓말하지 말라, 진
실이 아닌 행동을 하지 말라.
24 그것은 참진리가 아니기에 세월이 지
나면 그 껍데기요, 그 허상을 다 보게
되며 드러내게 됨이니, 사랑하는 아들
아, 그리고 사랑하는 아들딸들아!
25 나의 이 애절한 마음을 너희들이 받아
깨우쳐 그리 행하는 그 삶을 살도록
그리하라.

4,136 번째 하나님 말씀

2002년 12월 5일 06시 39분

1 사랑하는 나의 아들아!
2 "네, 아버님! 말씀하옵소서."
3 너희들이 나의 법전을 세상에 전함이
니, 이해관계요, 재산이요, 재물을 생
각하지 말고 어린아이들과 어린 젊은
학생들, 그리고 젊은이들에게 나의 법
전을 전하는 것에 너희들이 최선을
다하여 노력하라 하였음이니라.
4 이는 바로 무엇인가 너희들이 나의 뜻
을 깊이 깨우쳐 행하여야 함을 알라.
5 너희들이 인간사에 살아가는 그 생활
속에서 하나의 정원수요, 하나의 아름
다운 나무를 가꿀 때, 그 나무가 유하
고 부드럽고 나약할 때 그를 바로잡아
서 곧게 키울 수 있으며 세울 수 있는

것이니라.
6 그러나 세상 속에 세파 속에 살아 세
월이 흘러 노송이 된 그 구부러진 나
무는 어떠한 것으로써도 바로잡을 수
가 없으며 바로잡기 어려움이니라.
7 그리하여 어리고 유한 부드러운 그와
같은 마음이요, 그 모든 생각을 가지
고 사는 젊은이들에게, 어린아이들에
게 나의 법전을 전하여,
8 그들이 미리 읽고 깨우쳐 유연하게 잡
을 수 있는 그 어린나무일 때 너희들
이 쓰고자 하는 나무를 바로잡아 재
목으로 키울 수 있도록,
9 그리고 너희들이 정원수요, 관상수로
써 쓸 수 있는 나무를 너희들 뜻대로
만들어 키울 수 있는 것은 어린나무만
이 그리 키울 수 있지 아니하던가?
10 너희들이 노송이 되고 한아름의 나무
가 되었을 때 그는 바로잡을 수가 없
으며 바로 펼 수 없다 하였음이니,
11 그리하여 너희들이 정녕 나의 피조물
만백성들을 구하는 그 역사를 이룬다
하면 젊은이들이요, 유한 마음을 가지
고 있는 어린아이들에게 나의 법전을
전하는 데 최선을 다해야 될 것이며,
12 너희들은 재물이요, 경제적인 것을 생
각하여 노송에게, 구부러져 있는 그
나무에게 나의 법전을 전하고자 한다
면 그를 바로잡을 수 없으니,
13 그 나의 법전은 하나의 쓸모없는 휴
짓조각으로 흘러감이니라.
14 그러나 바르고 작은 나무를 바로잡듯
이 어리고 젊은 나의 백성들에게 나
의 법전을 전하여 그들이 깨우쳐 바로
설 수 있다 하면,
15 이와 같은 역사 속에서 만백성을 구
하며 천 년의 역사가 이루어지는 그
를 시작하는 이치가 여기에 있음이니,
16 이 뜻을 깊이 깨우쳐 그리 행하도록
하라, 사랑하는 나의 아들아!

4,137 번째 하나님 말씀

2002년 12월 5일 06시 48분

1 사랑하는 나의 아들아!
2 "네, 아버님! 말씀하옵소서."
3 나의 피조물 만백성 너의 제자들이요,
또한 내가 존재한다 존재하지 아니한
다 갑론을박하며 마음이 흔들리는 자
들에게 네가 일깨워 주어야 될 것이
니라.
4 이 세상에 자연의 그 오묘한 법칙과
그 운행에 과연 나 여호와 외에 그 누
가 이를 이룰 수 있으며 이를 통제할
수 있는가를 그들에게 물어보도록 그
리하라.
5 그리하여 자연의 흘러가는 그 오묘함
과 자연의 운행 법칙을 누구도 말하
는 자 없으며 소리 질러 가르치는 자
없으나,
6 그와 같이 운행되고 있는 것을 보면
서 나 여호와가 존재하며 나 여호와가
있다는 것을 믿는 그와 같은 마음을
가지고 가는 백성, 그들은 정녕 나 여
호와의 성령이요, 내가 너희들에게 그
리 갈구하며 너희들에게 이루고자 하
는 그 뜻을 받아들일 수 있는 백성임
을 알아야 될 것이니라.
7 정녕 너희들이 자연의 그 위대한 법칙
과 그 위대한 운행의 그 모두를 보면

서 내가 존재한다 생각하지 아니하며
그와 같은 믿음을 가질 수 없는 자, 그
는 영원히 나의 성령이 그에게 임할
수 없는 백성임을 너희들은 알아야
될 것이니라.
8 너희들이 그리도 구원을 받기를 갈구
하며 구원을 원하며 나의 품에 오기를
원하는 너희들은 우선 내가 존재하고
있다는 그 확신의 믿음을 가져야 될
것이니,
9 그 믿음의 마음을 가질 수 없거든 자
연 속의 그 오묘함을 파고들어 그 세
상에 움직이고 통제되는 것을 한번 들
여다볼 때 너희들은 감탄하지 아니할
수 없으며,
10 그 감탄 속에 너희들이 나 여호와가
존재한다는 것으로써 너희들의 마음
이 굳어지지 아니할 수 없음이니,
11 그와 같이 변하는 자, 나의 음성을 들
을 수 있으며, 나를 볼 수 있으며, 너
희들이 그리도 원하고 원하는 구원의
길을 볼 수 있음을 알아야 될 것이니
라.
12 이제 너희들이 나의 법전이요, 내가
너희들에게 내리는 나의 성령이요, 나
의 아들을 통하여 너희들의 가슴에 전
해 주는 그 모든 뜻은 그게 바로 너희
들이 하늘에 오르는 길이며,
13 내가 너희들에게 그리도 갈구하며 변
하여 아름다운 천사와 같은 마음으로
살라 하는 그 변화의 역사를 이룰 수
있는 것이니,
14 그것이 바로 나 여호와의 법전임을
너희들은 알아야 될 것이니라.
15 너희들이 나의 법전을 정독하고 깨우
쳤을 때 나 여호와가 존재함을 느끼고
깨닫게 될 것이니,
16 그와 같은 너희들이 영광과 축복의
기회를 준 그것이 얼마나 너희들에게
크나큰 은혜이며 축복이던가?
17 이와 같은 이치를 깨닫는 너희들이 깨
닫고 또 깨달아 감사함을 알며, 그 감
사한 마음속에서 기도할 때, 너희들도
모르는 사이에 너희들이 하늘에 오르
는 빛을 따라오고 있음을 알게 될 것
이니라.

4,138 번째 하나님 말씀

2002년 12월 5일 20시 48분

1 사랑하는 나의 아들아!
2 "네, 아버님! 말씀하옵소서."
3 이제 너희들이 수천 년 동안 성서에
기록하여 내려온 나의 아들 예수의 열
두 제자라는 그 생각과 관념을 깨고
지워 버릴 때가 되었음을 알아야 할
것이니라.
4 나의 아들을 따랐던 그 제자는 열두
명으로써 국한된 것이 아님을 알라.
5 그를 위하여 일했던 자, 그를 위하여
모두를 바쳤던 자, 그리고 그를 따랐
던 그 제자들이 수없이 있음이니,
6 너희들은 그와 같은 개념의 생각을 이
제는 깨우쳐야 될 것이니라.
7 너희들은 정녕 생각하기를, 그 모두를
다 버리고 따른 자, 그와 같은 자만이
나의 아들 예수의 제자로서 존재한다
는 생각을 하기에
8 많은 백성들이 그와 같은 길을 가지
못하며 다만 열두 명의 그 제자만이

그리 갔다 생각하는 그 착각 속에서
너희들이 열두 명에 대한 그 환상에
서 아직 깨어나지 못하며,
9 그들이 특별한 제자들이며 그들만이
선택받은 자며 위대한 제자라는 생각
을 이제 너희들이 지워 버리고 버릴
때가 되었음을 알아야 될 것이니라.
10 예수가 부활하여 세상에 내려온 것을
먼저 본 자가 있으며 먼저 깨우친 자
가 있으며, 예수가 행하고자 하는 그
모두를 위하여 다 바친 자들이 있음이
니,
11 그리고 그 복음을 전하기 위하여 나의
아들 예수가 전하는 그 성령의 가르침
을 제자리에서 지키고 깨우치려 노력
한 그 많은 제자들이 수없이 있었음이
니, 그들 또한 나의 아들 예수를 따랐
던 제자들이니라.
12 지금 네가 나의 성전에서 많은 백성들
을 가르치며 그들을 다 네가 무어라
부르느냐?
13 그 또한 네가 제자라 부르지 아니하는
가?
14 너희들이 그 모두를 다 버리고 따른
제자라 하여 그들이 특별난 것이 아
님을 너희들은 알아야 될 것이니라.
15 그렇지 아니한 그 백성도, 나의 성전
에 와 나의 법전을 읽고 강론을 들어
만백성을 깨우치는 데 그 자리에서 저
희들이 몫을 더 할 수 있는 것이니,
16 그리하여 그 모두를 다 네가 지금 제
자라 칭하며 부르고 사랑하듯이, 나의
아들 예수도 그와 같은 많은 백성들
을 제자로서 사랑하고 아꼈음이니,
17 이제 그와 같은 특별한 생각의 틀을
벗어던지고 깰 때가 되었음을 알아야
할 것이니, 그리 행하도록 너희들은
그리 가르치라.
18 열두 명의 제자의 한계에서 벗어나며,
그와 같은 의식을 버리며, 그와 같은
너희들의 생각을 저버리며, 예수를 따
라 모두를 다 바쳤던 그 백성들이 다
예수의 제자임을 알아야 될 것이니라.
19 그가 구원해 준 자들이요, 그가 또 나
귀가 필요하여 나귀를 갖다 바친 자
며, 귀신을 쫓아내어 그가 바른 사람
으로 만들게 하여 따랐던 그 모두가
다 예수의 사랑하는 제자였음을 너희
들은 잊어서는 아니 됨을 알아야 할
것이니라.

4,139 번째 하나님 말씀

2002년 12월 5일 20시 55분

1 사랑하는 나의 아들아!
2 "네, 아버님! 말씀하옵소서."
3 너의 제자들에게 네가 전하여 깨우쳐
야 될 것이니라.
4 너희들은 나의 성령이요, 나의 법전을
전하는 데 최선을 다해야 될 것이며,
5 만백성을 깨우치는 데 너희들의 있는
그 모든 힘을 다 바쳐 그 역사를 이루
어야 될 것이니라.
6 그와 같은 역사를 이루어야 할 너희들
이 불안과 공포와 너희들의 미래에
대한 시시비비를 해서는 아니 될 것이
며,
7 너희들의 미래의 역사에 이루어질 것
을 생각해서도 아니 되며, 너희들이
이루지 못할 미래에 대해서 생각하는

그와 같은 마음을 갖지 말라.
8 나의 법전이 세상을 덮을 것인지 나
의 법전이 세상을 덮지 아니할 것인지
이와 같은 너희들이 불안한 마음과
생각을 너희 마음속에서 지워 버리라.
9 너희들은 앞날의 미래를 알지 못하면
서 너희들의 미래를 걱정하며 미래에
나의 법전이 전해지고 안 전해지며 역
사가 이루어지고 안 이루어지며 종교
의 개혁이 이루어지고 안 이루어지는
것을 비관하며 비판하지 말라.
10 그와 같은 생각을 가져서는 안 되는
것이 너희들임을 알아야 될 것이니라.
11 내가 일찍이 너희들에게 무어라 말하
였는가?
12 나에게 선택된 백성이요, 나의 법전을
세상에 전해 만백성을 구하는 대업을
이루는 너희들에게는 정해진 운명이
없다 내가 미리 깨우쳐 주었음이니라.
13 나로부터 선택된 백성 너희들은 정해
진 미래가 없으며,
14 너희들이 어찌 살아가며 어찌 변하며
너희들이 어떠한 역사를 이루느냐에
따라서 너희들은 변화될 수 있는 그와
같은 운명이며, 너희들이 그와 같은
소중한 백성이라 말하였음이니라.
15 너희들이 나로부터 선택된 백성의 미
래를 예측하는 것은 너희들이 그와 같
이 착각 속에서 착각의 변화만을 연
속으로 봄을 알아야 할 것이니라.
16 그리고 시행착오요, 계산착오를 너희
들이 이루는 것이니, 너희들이 알지도
못하는 그 미래를 예측하여 너희 마음
을 정하고 생각하는 것이 그와 같은
것임을 알아야 될 것이며,
17 그와 같은 무서운 오류를 범하는 것임
을 너희들은 알아야 될 것이니라.
18 너희들이 웃고 울며 너희들이 즐기고
고통스러워하며 그와 같이 너희들이
앞으로 변화되는 너희들의 개인의 미
래는 창조주 나 여호와만이 아는 일이
요, 너희들이 정녕 알 수 없음이니,
19 앞날에 대하여 너희들이 예측하고자
하지 말며, 예측하여 너희들이 판단하
지 말라.
20 그리하여 너희들은 비관이나 비판도
해서는 아니 되며, 오로지 너희들은
나의 성령을 들어 나의 법전을 만백성
에게 전하며 그들을 구원하는 데 최선
의 노력을 다해야 할 것이니,
21 그리 가다 보면 너희들은 알게 될 것
이며 얻어질 것이며 스스로 보고 느끼
는 깨우침이 있으며 그 종교 변화의
역사를 알게 될 것이며,
22 너희들이 얼마나 소중한 나의 선택된
백성인가를 스스로 아는 날이 있을
것이며, 하늘의 축복이요, 구원이 얼
마나 영광된 것인가를 알게 될 것이니,
23 그 길을 위하여 너희들은 미래를 생각
하지 말며 미래를 알고자 하지 말며
굳건히 살아가도록 그리하라.

4,140 번째 하나님 말씀

2002년 12월 5일 21시 18분

1 사랑하는 나의 아들아!
2 "네, 아버님! 말씀하옵소서."
3 매일같이 너희들이 살아가는 그 삶에
서 자신을 다스리는 데 모든 역점을
두어야 될 것이며,

4 자신을 다스리며 자신을 돌아다보며
너희 자신을 평가하는 그와 같은 데
냉정해야 될 것이며,
5 가혹할 정도로 너희들이 자신을 다스
려 깨우쳐 가는 그 삶을 살아가도록
그리해야 됨을 너희들은 잠시도 잊어
서는 아니 되는 것이니라.
6 너희들은 삶에 만족하며 평생 행복하
게 살 수 있도록 나 여호와가 너희들
을 세상에 내보냈으며 다 그리 만들어
너희들을 살아가도록 그리하였음이
니라.
7 그러나 다만 너희들이 내가 내려 준
그 모든 한계에서 열심히 노력하며
너희들이 재능을 살리며 특성을 살려
그리 살아가는 자,
8 과욕하지 아니한다면 평생 만족하고
행복한 삶을 살 수 있는 것을 너희들
에게 다 갖추어 세상에 내보냈으나,
9 너희들이 욕망과 욕심 때문에 작은
것에 만족하지 못하며 행복하지 못하
며 작은 것에 감사하는 마음을 갖지
못하기 때문에 너희들이 그와 같이 쓰
러지며 폐인이 되어 가며,
10 너희들이 가지고 있는 모든 내가 내려
준 그 소중한 특성을 살리지 못하며,
그저 하나의 버리는 종이쪽처럼 너희
들이 그 소중한 것을 다 버리고 다른
곳에서 무엇을 찾고자, 무엇을 이루고
자 그리함이니,
11 무엇이 너희들의 삶의 행복이며 너희
들의 그 행복을 지켜 준다 생각하는
것인가?
12 너희들은 진정한 사랑이 무엇이며 행
복이 무엇인지 그것을 모르기 때문에
너희들의 그 존재함을, 너희들의 세상
에 존재하며 살아가는 그 위대함조차
도 알지 못하고 살아가는 것이니라.
13 너희들이 이 세상에 존재하는 모든
것을 다 취하고 얻고 살아갈 수 있도
록 너희들에게 내가 다 정해 주었음
이니,
14 그를 받아 세상에 나온 너희들이 얼마
나 존귀하고 위대한 자인가, 그리고
소중한 자인가 너희들은 모르고 있음
이니라.
15 이제 너희들은 이와 같은 너희들 자신
을 깨달아야 될 것이니, 이를 잊어서
는 아니 될 것이니라.
16 작은 것에 만족하며 작은 것에 행복했
을 때 너희들이 큰 행복을 얻을 수 있
으며, 너희들이 영원히 즐겁고 평화로
운 삶을 살 수 있는, 평생 만족과 행복
속에서 살 수 있는 그 모두를 얻게 됨
이니,
17 모든 것은 나 여호와로부터 너희들에
게 내려보내지는 것이니, 작고 작은
것에 감사하며 행복을 얻는 그와 같은
마음 자세로 너희들이 살아가야 됨을
잊지 말라.
18 이제 너희들 자신을 다스릴 때 너희들
이 그를 다스리지 못한다 하면,
19 너희들은 영원토록 구원의 길을 볼 수
없으며, 너희들 삶의 그 자체가 고통
과 시련만이 연속됨을 너희들은 알아
야 될 것이니라.
20 너희들은 깨달아야 될 것이니라.
21 모두를 다 저 자신을 다스리는 자는
작은 것에서 행복을 얻을 것이며,
22 저 자신을 다스리지 못하는 자는 저

자신의 마음속에 있는 그 행복의 문을
알 수가 없으며 그 행복을 볼 수 없기
에 정녕 아름다운 삶의 마음으로 살
수 없는 것임을 알아야 될 것이니라.
23 사랑하는 나의 아들아!
24 "네, 아버님! 말씀하옵소서."
25 나의 백성들에게 너희들이 깨우쳐 주
어야 될 것이니라.
26 마음의 창문을 열며 마음의 문을 활짝
열라 그리하라.
27 너희들이 마음 하나 먹기에 세상이 달
렸으나, 그 마음을 치료하는 약은 세
상에 없으며 그를 다스리는 것이 또한
없음이니라.
28 스스로 너희들이 생각하기에 달렸으
며 너희들이 노력하는 곳에서 너희들
이 다 씻을 수도 없으며 치료할 수도
없는 그 마음의 약을 얻을 수 있는 것
이며, 마음을 치료할 수 있는 그와 같
은 영광을 얻게 된다는 것을 잊지 말
도록 그리 전하라, 사랑하는 나의 아
들아!

4,141 번째 하나님 말씀

2002년 12월 5일 21시 24분

1 사랑하는 나의 아들아!
2 "네, 아버님! 말씀하옵소서."
3 나 여호와가 너희들에게 전하였음이
니라.
4 나 여호와는 너희들이 바르게 살고
정도의 길을 가지 아니하며, 나의 법
전을 읽어 깨우치고자 하며 나의 십
계명을 지키며 살아가고자 노력하지
아니하는 백성을 훈련시키지 아니하
며 그들을 탓하지 아니한다 하였음이
니라.
5 바르게 살고자 하며 나의 십계명대로
살고자 하며 나의 법전을 깨우쳐 살아
가고자 하는 그와 같은 백성을 내가
훈련을 시키고 다스림을 알아야 될
것이니라.
6 나 여호와로부터 너희들이 고통을 당
하며 나 여호와로부터 너희들이 시련
의 훈련을 받는다 하여 너희들이 그
게 고통이요, 괴로움이라 그리 생각하
지 말라.
7 너희들이 오늘의 이 어려운 길이요,
이 고통스러운 길을 가는 것을 너희들
은 영광이요, 축복이라 그리 생각하라
내가 전하였음이니라.
8 내가 버릴 자식이며 내가 구원할 수
없는 자식이라 하면,
9 내가 너희들에게 고통을 주지 아니하
며 매를 들지 아니하며 너희들에게 혹
독한 훈련을 시키지 아니함을 너희들
은 알아야 할 것이니라.
10 너희 인간 세상 속에 살아가는 너희들
은 과연 어찌 살아가는가?
11 너희들도 부모가 자식을 다스리는 그
마음은 어려서부터 될성부른 자식에
게 애정을 가지며, 그를 바르게 하기
위하여 그에게 매 한대를 더 때리는
것이니라.
12 사랑하는 자식이 부모로부터 한 대의
매를 더 맞으며, 부모는 그 아들을 매
섭게 때려 기른다 하였음이니라.
13 부모가 자식을 세상에 낳아 그 자식으
로 하여금 꿈을 그릴 수 없으며 그 자
식으로부터 꿈의 그 기대를 가질 수

없는 자식은 부모 또한 그를 훈련시키
지 아니하며 그를 가혹히 다스리지 아
니하며 그는 이미 포기하는 것이니라.
14 인간 세상에도 떡잎부터 알 수 있다
하듯이, 너희들이 될 만한 그 자식을
위하여 얼마나 정성을 들이며, 그 정
성은 얼마나 무서운 매요, 훈련으로써
가르치고 이루어지는가?
15 훈련과 고통이 있다는 것은 그 자식으
로부터 꿈이 있고 기대함이 있는 것이
니, 그 육의 세상에 부모가 자식을 기
르는 것도 그러하거늘,
16 나 여호와 창조주가 너희들에게 무엇
이 부족하고 무엇이 충만하며, 너희들
이 쓸 수 있는 자식인지 버릴 자식인
지 내가 알기에
17 내가 너희들에게 어려운 시련의 고통
을 주며 너희들에게 무서운 훈련을
이렇게 시킴이니,
18 너희들이 얼마나 소중한 나의 백성이
요, 나의 아들딸로서 선택되었는가를
너희들이 이 뜻을 안다면,
19 오늘의 고통과 시련을 너희들이 축복
이요, 영광이라 생각하며, 미래를 너
희들이 알려 하지 말며 열심히 살아가
는 그와 같은 삶에서 한 점의 부끄러
움이 없는 깨끗한 삶을 살아갈 수 있
도록 그와 같은 것으로써 너희들이
변해 가는 길만이 너희들이 갈 길이
니라.
20 내가 나의 아들을 통하여 너희들에게
무어라 강론하였는가?
21 가장 위대한 연설은 그 연사가 전하
는 내용대로 살아가는 것이 가장 위대
한 연설이라 하였음이니,
22 너희들이 천번 만번 나의 법전을 읽고
십계명을 외우며 성경을 달달 외우고
암송한다 하여도 다 부질없는 것이니
라.
23 어찌 행하느냐가 중요함이니, 이와 같
은 이치를 너희들이 깨달아 행하도록
그리할 것이며,
24 오늘의 고통은 너희들이 그와 같이
읽어서 너희들의 머릿속으로 생각하
는 것이 아니요,
25 실천하며 행할 수 있는 나의 자식이
요, 백성들로 선택된 자들이기에 너희
들이 그리 행하고 바로 설 수 있도록,
많은 이야기를 듣고 지우는 것이 아니
며,
26 많은 성서를 읽고 행하지 아니하며 나
의 법전을 정독하며 암송하며 그리 행
하지 아니하는 너희들이 아니라,
27 단 한 번을 읽는다 해도, 한 줄을 읽는
다 해도 행할 수 있는 나로부터 소중
한 백성들이기에,
28 너희들에게 오늘의 고통과 시련의 그
장이 열려 있음을 알라.
29 그는 영원히 지속되지 아니할 것이며,
어느 날 하늘의 구름이 걷히듯이 너희
들 앞의 모두를 다 걷어 주는 그 영광
이 있을 것이니 그보다 더 아름다운
세상이 어디 있겠는가?
30 사랑하는 나의 아들아!
31 "네, 아버님! 말씀하옵소서."
32 너희들 제자들의 가슴에 심어 주라.
33 너희들이 지금까지 살아온 그 육의 삶
은 혼탁한 세상이요, 육의 안일과 인
간 세속에서 너희들이 살아왔으니 60
점 안에서 인간 속에서 살아왔음이니

라.
34 그러나 너희들이 지금서부터 이루어
지는 삶이며 엮어지는 그 삶은 너희들
이 바로 천사의 길을 가는 것이며 천
사가 되고자 하는 그 길이니,
35 곧 너희들이 육의 세상에서 지금까지
살아왔던 그 모두는 너희들이 오늘
반석 위에 서서 하늘에 오르는 찬란한
빛을 보는 그 영광의 반석 위에 너희
들이 일어섰음이니,
36 지금서부터 반석 위에 서서 하늘에 오
르는 그 빛을 보기 위하여 그 길을 따
라오는 너희들이 얼마나 소중한 삶인
가를 알아야 될 것이니,
37 너희들이 육의 세상의 삶과 영혼의 삶
의 길에 들어선 그 축복이요, 영광을
잊지 말라.
38 이리 내가 너희들에게 인도하고 깨우
쳐 줌이니, 나 여호와에게 슬픔을 주
지 말며 나 여호와로부터 너희들을
선택한 것을 후회하지 않도록 너희들
의 피나는 노력의 그 삶으로써 나의
은혜에 보답하는 그와 같은 삶을 살라.
39 반석 위에 일어설 수 있는 자격을 가
지고 있는 것이 지금 나의 아들을 따
르는 너의 제자들임을 그리 알라, 사
랑하는 나의 아들아!

4,142 번째 하나님 말씀

2002년 12월 5일 21시 34분

1 사랑하는 나의 아들아!
2 "네, 아버님! 말씀하옵소서."
3 정녕 너희들이 하늘의 뜻을 거역지
아니하며 정녕 구원을 받고자 하며 나
의 낙원의 나라에 오르고자 한다면,
너희들은 구원을 받았다 말하는 그와
같은 행위를 해서도 아니 되며,
4 너희들이 지금 구원의 역사 속에 너
희들만이 특별히 들어서 있으며, 너희
들은 반드시 구원을 받을 수 있다는
착각 속에 살아가는 그와 같은 마음이
요, 그와 같은 생각을 버려야 함을 알
아야 될 것이니라.
5 너희들은 지금 구원을 받았다 그리 말
함이니, 그와 같이 생각하는 자, 그와
같이 지금 자신이 착각하는 자, 그와
같은 자들은 나 여호와의 뜻을 거역
하는 자들임을 알아야 될 것이니라.
6 너희들이 정녕 하늘로부터 구원을 받
았으며 예수의 보혈로써 천국의 문에
들어서는 자격을 가졌으며 구원을 받
을 수 있다 그리 말하는 자보다도
7 '나는 구원을 받지 못하였으며, 구원
을 받고 못 받는 것은 창조주 여호와
하나님의 뜻이며, 그를 내가 말할 수
없다.' 그리 말하는 백성이야말로 바
로 그들이 구원의 길을 가는 백성이며
구원을 받을 수 있는 자격을 가진 백
성임을 너희들은 알아야 될 것이니라.
8 구원을 받았다며 그와 같은 오만한 행
위로써 하는 자는 나의 뜻을 정면으
로 거역하는 자이며,
9 그는 또한 내가 존재함을 제 스스로
믿는다 말하나, 막상 그들이 어렵고
힘들 때 그는 나를 버릴 수 있는 자임
을 너희들은 알아야 될 것이니라.
10 너희들이 살아가면서 저희들은 그 모
든 죄를 용서받았으며 죄를 짓지 아
니하고 살았다 말하는 자, 그와 같은

자가 있는가 하면,
11 스스로 자신은 죄인이라 생각하며 죄
에 대한 용서를 받지도 못하며 어리석
은 백성이라 말하는 자가 있으니, 너
희들은 알아야 될 것이니라.
12 저희들이 죄에 대한 용서를 다 받았으
며 저희들은 죄가 없이 깨끗하다 말하
는 그와 같은 추악한 자보다 자신은
죄인이라 생각하는 백성이 나 여호와
에게 소중한 백성임을 너희들은 알아
야 될 것이니라.
13 자기는 죄인이 아니라 말하는 자는
나와 관계없는 백성이요,
14 그는 정녕 제 스스로 죄인임을 인정
하는 것이며, '나는 스스로 죄인이며
내가 구원을 받고 못 받는 것은 창조
주의 뜻에 달린 것이며, 내가 아무리
노력한다 하여도 내가 이루고 내가
말할 수 있는 것이 못 된다.' 겸손히
말하는 그 백성을 내가 사랑하며,
15 그는 진정 구원의 길이 무엇인지 알
며 하늘에 오르는 길의 그 역사를 아
는 나의 백성임을 진정 너희들은 여기
서 알아야 될 것이니,
16 이 이치를 깨달아 너희들이 깨달음을
얻었다 하면 그와 같은 오만방자한 행
위를 하지 않도록 그리하라.

4,143 번째 하나님 말씀

2002년 12월 5일 21시 40분

1 사랑하는 나의 아들아!
2 너희들이 말로써 세상 것을 다 주는
것처럼 말하며, 세상에 더 소중한 것
이 없는 것처럼 말하며 너희들이 못
이루는 것이 없는 것처럼 그와 같이
말하는 자,
3 그리고 너희들이 세상의 모든 만백성
에게 축복과 은혜와 영광을 주며 하늘
에 오르는 길을 자신 있게 인도하며,
4 너희들이 나의 피조물 만백성의 병을
고치며 그들에게 축복을 주며,
5 너희에게 와 그들이 재물과 시간을
바침으로 세상 것을 다 이루어 주는
것처럼 너희들이 세상에 온갖 아름다
운 단어를 다 모아 말로써 나의 피조
물 만백성을 현혹하여 기도드리는 그
기도의 목소리는,
6 그리고 너희들이 목청을 높여 그 만백
성을 인도한다 하여 너희들이 드리는
그 기도 소리는 정녕 나의 피조물 만
백성이 그리도 오르고자 갈구하고 그
리도 열어 주기를 바라는 그 천국의
문을 여는 것이 아니요,
7 그를 열배 백배로 굳건히 닫는 그와
같은 행위임을 너희들이 알아야 될
것이니라.
8 세상사 아름다운 말로써 세상 것을 다
주며 못 이룰 것이 없으며 아니 되는
것이 없는 것처럼 제가 그와 같은 권
능을 가진 자며,
9 나의 피조물 만백성을 하늘로 오르는
길로 인도한다 하며, 그들이 하나를
바치면 열을 주며 열을 바치면 백을
준다 그와 같이 가르치는 자,
10 하늘에 재물을 쌓아 놓으며 하늘의
곳간에 재물을 그득히 쌓아 놓는 자
축복을 받는다 하여 거둬들이는, 그와
같이 기도드리는 자들의 그 추하고
더러운 소리는 천국의 문을 여는 것

이 아니요,
11 천국에 황금의 문을 열 개 백 개를 더
만들어 감히 그곳을 넘볼 수도 없는
그와 같은 형국으로 가는 것이 그들이
니라.
12 행동은 추하고 더럽게 하면서 말로써
세상 것을 다 사랑을 베풀며 나누는
듯이 그와 같은 말을 하는 자, 그들이
바로 얼마나 사악한 자들인가?
13 너희들이 천국으로 하늘로 인도하는
것이 아니요, 그 천국의 문을 닫는 것
이니라.
14 작은 선한 일을 행하며, 작은 것을 버
리지 아니하며, 작은 선행이라 하여
등 돌리지 아니하며,
15 불쌍한 자에게 웃음을 주며, 불쌍한
자에게 기쁨을 주는 그와 같은 선한
행동을 하는 것이 바로 너희들의 천
국의 열쇠가 되며, 진정한 그와 같은
것이 천국의 문을 열 수 있는 열쇠를
만들어 가는 것이니, 그리 알아야 될
것이니라.
16 하나의 천국의 문도 통과할 수 없는
것을 열 개 백 개를 만드는 사악한 지
도자들의 말과 행동이 다른 그들의
말과 그것에 도취되어 그를 따라가는
불쌍한 백성 너희들은 알아야 될 것
이니라.
17 천국의 문의 열쇠는 불쌍한 자를 웃을
수 있도록 하며 가난한 자를 기쁘게
해 주며 어려운 자를 즐겁게 해 주는
그와 같은 작은 선행을 베푸는 것만이
하늘의 그 열쇠를 깎는 것이며 열쇠
를 만드는 역사이니라.
18 그리고 너희들이 살아가면서 잘못했
으며 너희들이 지은 죄를 진심으로 나
여호와에게 경배하며 회개의 눈물을
흘릴 때,
19 그 눈물이야말로 천국의 황금의 그 문
을 녹이는 눈물임을 너희들은 알아야
될 것이니라.
20 너희들이 회개와 반성으로써 흘리는
그 눈물은 천국의 문을 녹여 그 문을
열 수 있는 그와 같은 위대한 역사를
이룰 수 있는 것이 회개의 눈물이니,
21 회개의 눈물이요, 너희들이 작은 선행
을 베푸는 것을 마다하지 아니하고 행
하는 그것만이 천국의 문을 열 수 있
는 것이며,
22 말로써 세상 것을 다 주는 것처럼, 다
이루는 것처럼 말로써 기도하며 경배
하면서 추하고 더러운 행위를 일삼는
그와 같은 자들의 기도소리는 천국의
문을 천 개 만 개 닫는 그와 같은 형국
이니,
23 너희들은 하나의 천국의 문을 회개의
눈물로써 녹여 그곳을 통과할 것인가,
선하고 착한 행동을 말보다 실천하고
행함으로써 천국의 열쇠를 깎아 너희
들이 여는 길을 택할 것인가?
24 여기서 너희들이 깨우쳐야 할 때가 왔
음을 알아야 될 것이니라.
25 금화와 은화를 주고서 천국의 문을
들어설 수 있다 그리 가르치는 자, 금
화와 은화를 많이 바치는 자는 천국
의 문을 들어설 수 있다 그리 말하는
자,
26 너희들은 금화와 은화를 짊어지고는
절대로 천국의 문을 들어설 수 없으
며 하늘에 오를 수 없음을 알아야 될

것이니라.
27 너희들이 정녕 금화와 은화로써 천국
의 문을 열 수 있으며 천국에 와 너희
들이 영원히 사는 하늘나라의 그 영
광을 살 수 있다 하며 너희들은 금화
와 은화의 그 무거운 것을 지고서 하
늘나라에 오를 수 있다는 그 꿈을 깨
어나야 될 것이며,
28 너희들은 절대로 천국의 문을 황금을
들고서는 들어오지 못함이니, 너희들
이 천국의 문을 들어오고자 한다면,
29 너희들이 금화와 은화를 남에게 나누
어 주며 가난한 자를 보살펴 주는 그
와 같은 일을 행하는 자, 그와 같은 자
는 천국의 문을 들어올 수 있으나,
30 황금의 금화와 은화를 나에게 바치는
것이 천국에 오를 수 있다 하여 잔뜩
짊어지고 오는 자, 영원히 너희들은
그 무게만큼 지옥으로 감이니,
31 이를 깨우쳐 행하도록 그리 만백성에
게 전하라, 사랑하는 나의 아들아!
32 나 여호와 어버이의 이 아픈 마음을
너희들만이 전할 수 있으며 나의 법전
만이 만백성을 깨우칠 수 있음이니,
33 오늘 이 밤, 네가 고통스럽다 생각하
지 말며 이 법전을 만들어 만백성을
깨우는 데 최선을 다하도록 그리하라,
사랑하는 나의 아들아!

4,144 번째 하나님 말씀

2002년 12월 5일 23시 06분

1 사랑하는 나의 아들아!
2 "네, 아버님! 말씀하옵소서."
3 지금의 모든 종교 집단이 흘러온 그
형태요, 그들의 폐습이요, 그 악습으
로써 그들은 그것만이 하늘에 오르는
길이라 하여
4 그 이상을 바라보지도 아니하며 그 이
상도 생각하지 아니하며 다른 변화나
다른 역사요, 다른 말씀이요, 다른 성
령은 세상에 올 수 없다 그리 말하며,
그는 있을 수 없는 것이라 그리 믿고
살아감이니,
5 그와 같이 굳어진 그 속에 어찌 그와
같은 변화를 이룰 수 있다 생각하는가?
6 차라리 너희들이 말하는 바위요, 쇠라
면 불로 녹이며 깎아내릴 수 있으며
그 동굴을 뚫을 수 있는 것이니라.
7 그러나 생각하는 동물이요, 방어능력
이 있으며 생각하는 판단력이 있으며
아집과 고집이 있으며 저희들이 생각
하며 변화할 줄 모르는 그와 같은 그
생각하는 굳건한 굳은 결의를 가지고
사는 것이 너희 인간들이며,
8 그와 같은 돌이나 쇠와 다른 점이 거
기 있는 것이니라.
9 방어 능력을 가지고 있으며 판단력이
있으며 작전을 세워 상대방을 넘어트
리고 이기는 그와 같은 간교한 방법까
지 모든 수완과 능력을 다 동원할 수
있으며 공격하는 것과 방어에 익숙해
있으며 또한 공격하기 위한 그 수법
이 이루 말할 수 없음이니라.
10 그러하니 그와 같은 나의 피조물 만백
성이 저희들 속에 완전히 박혀 있으며
그 머릿속에 완전히 뿌리를 내리고
있는 그 형국을 바꾸고 돌이킨다는 것
은 상상할 수도 없으며 이룰 수도 없
는 그와 같은 어렵고 힘든 길이니라.

11 그러나 그들을 구원해야 될 것이며, 그들을 바로 세우며 바로 깨우쳐야 할 것이니라.

12 지금과 같은 자들을 바로 깨우치지 아니하며 바로잡지 아니한다 하면,

13 영원히 수천 년 동안 이 지구가 멸망할 때까지 존재하는 나의 피조물 만백성들은 지금까지 잘못 온 악습이요, 잘못된 그 폐단이요, 잘못 믿어 온 그 길로 인해 그들이 영원히 구원받을 자가 없음이니,

14 지금에 와 네가 바로잡지 아니하며 나의 법전이요, 성령을 받아 책으로 전하는 너희들이 그를 잡지 못한다 하면 영원히 잡을 수 없음이니,

15 너희들은 이와 같이 중대한 너희들의 임무를 띠고 있음을 잊어서는 아니 되며, 잠시도 소홀히 해서는 아니 되는 것을 깊이 가슴속에 새겨 두어야 됨을 잊지 말라.

4,145 번째 하나님 말씀

2002년 12월 5일 23시 08분

1 사랑하는 나의 아들아!

2 수천 년 전 나의 아들 예수를 따르고자 할 때, 예수는 많은 백성들에게 그리 말하였느니라.

3 정녕 너희들이 나를 따르며 내가 가는 길을 가며 만백성을 구하는 그 역사의 대명을 이루고자 한다면, 그 길은 어렵고 힘든 가시밭길과 같은 그 길을 걸어가는 마음 자세이니,

4 너희들이 재물이요, 명예요, 모두를 다 접어 두고 버릴 수 있는 그와 같은 굳은 결의가 아니면 그를 따를 수 없다 말하였으며,

5 그와 같은 마음 자세를 가진 자는 나의 아들 예수를 따라 그와 뜻을 같이 하여 만백성을 구하는 역사를 이루라 하였음이니라.

6 그러나 지금 나의 아들을 따르는 너의 제자들은 과연 어떠하던가?

7 너희들은 지금 나의 법전이 진정한 나의 성령의 뜻이요, 제3의 시대에 마지막 내가 내리는 만백성을 구하는 것이요, 이게 바로 너희들이 말하는 창조주의 새로운 말씀이요, 부활의 역사가 이루어지는 것이요,

8 또한, 너희들을 구원할 자가 세상에 내려온다는 그 모든 뜻이 이루어지는 나의 성령을 대신하는 것이라는 것을 믿고 따르는 너희들이며,

9 또한 나의 아들이 나로부터 선택되어 만백성을 구하는 목자로서 세상에 온 것을 믿고 그를 따르는 너희들은 과연 지금 어떠한 마음 자세로 가고 있는가?

10 정녕 너희들의 지금 인간사의 얽히고설킨 모든 삶을 다 접어 두며 덮어 두고 이 길을 갈 수 있다 생각하는가?

11 너희들의 명예요, 너희들의 재산이요, 금화와 은화요, 또한 너희들의 가족이요, 자식이요, 형제요, 이웃의 인간관계의 그 모두가 너희들이 가는 길에 도움이 되지 아니하며 너희들의 발목을 잡는다 할 때,

12 과연 너희들은 그를 다 접어 두며 오늘의 이 믿음의 길이요, 만백성을 구하는 이 역사에 동참하는 그와 같은 사람으로서, 그와 같은 백성으로서,

나의 아들을 따르는 제자로서 과연 너
희들이 갈 수 있고 설 수 있는가?
13 이를 깊이 깨우쳐 너희들의 마음 자
세를 돌이켜 보도록 그리하라.

4,146 번째 하나님 말씀

2002년 12월 5일 23시 13분

1 사랑하는 나의 아들아!
2 지금의 백성들이 구원의 길을 가고자
하며 진정한 나의 성령이 세상에 내려
가 만백성을 구하는 '하늘에 오르는
길'이라 하여 책으로 만들어 너희들을
깨우치고자 함이니,
3 이 책을 가지고 공부하며 나의 성령을
직접 들어 깨우치는 길을 가는 백성들
이 가진 것이 없으며 능력이 없으며
어렵고 힘들며 가난한 자들만이 나의
성전에 모여 나의 아들의 강론을 들으
며 나의 법전을 연구하고 깨우쳐 가는
그와 같은 형국이 되어 있음이니,
4 가난한 자의 마음에 나의 성령이 있
다 하는 것을 너희들은 과연 알 수 있
겠는가?
5 지금 수천 년 동안 믿음의 길이요, 구
원의 길이라 하여 나를 찾으며 나를
부르짖으며 하늘에 오르겠다며 그 믿
음의 길을 가는 백성들은 너희들이
정녕 진정한 성령이요, 나의 교리요,
나의 뜻이요, 참뜻을 가르치는 것이
아니라,
6 그저 너희들은 구원을 받을 수 있으며
구원을 받았다는 그 목적이며 구원을
받기 위한 그와 같은 믿음으로 가는
것이니라.
7 구원을 받기 위하여 너희들이 천사와
같은 마음으로 변하는 그 과정을 가는
것이 아니요,
8 어렵고 힘든 그 변화의 길은 접어 두
고 그저 너희들은 구원의 그 목적에만
눈이 어두워져 있으며,
9 재물을 바치며 눈물로 기도하는 그것
으로써 구원을 받는다는 그 목적을
위해서만 지금의 종교 집단은 그리 달
려가고 있으며,
10 너희들이 말하는 세상사 권력이 있고
재물이 있으며 능력이 있는 자, 그리
고 갖출 것을 갖춘 자, 그와 같은 자들
은 또 어찌 생각하는가?
11 남부럽지 아니하게 살며 남들보다 더
나은 환경이요, 생활 속에서 살아가는
그들은 나 여호와의 은혜요, 은총이
아니라,
12 스스로 저희 머리로써 저희 능력으로
써 연구하고 개발했으며 제가 잘나고
똑똑하여 그와 같은 부귀와 영화를 누
리며 권력을 누리고 산다 그리 생각하
며,
13 그들이 또한 저희 노력이요, 저희 한
계에만 의존하며 나 여호와를 돌아다
보지 아니하고 정녕 저희들이 육의 삶
다음의 세상이 있는 것을 바라보지 아
니함이니,
14 그리하여 가난하고 어려운 자의 가슴
속에만 나 여호와가 존재한다 그들이
깨우치며, 그들만이 지금의 나의 법전
을 따라 공부하며 깨우쳐 가는 그와
같은 형국이 되어 있음이니라.
15 그리하여 가난한 자들이 나의 성전에
모이며 나의 법전을 읽고 강론을 들

으며 그리하여 그들이 변하고자 그들
의 가슴에 나의 성령을 심어 가는 이
와 같은 형국이 되어 있음이니,
16 과연 너희들은 여기서 누가 가장 위
대한 백성이요, 행복한 백성이며 누가
선택된 백성인가를 알아야 할 것이니
라.
17 가난하고 청빈한 것이 위대한 것이 아
니요, 없는 것이 결코 위대한 것은 아
니니라.
18 각자가 저희들의 생각에 도취해 있으
며 저희들의 뜻에만 열중하며 저희들
것만이 소중하며 저희들의 능력만을
위주로 저희들이 위대하다 생각하는
백성들이 나 여호와의 존재함을 믿지
아니함이니,
19 가난하고 어려운 자 생각할 기회가
있으며 그 모두 속에서 그들은 무엇인
가 내가 이루고자 하는 그 뜻에 귀를
기울이며 그곳에서 무엇인가를 얻고
자 하며 바라고자 하며 또한 진정한
삶의 그 길을 가고자 하는 것이 순박
하고 착한 나의 백성들이니라.
20 그리하여 오만하지 아니하고 자만하
지 아니한 것이 지금 어렵고 힘든 가
난 속에서 살아가는 나의 백성들이니,
21 그리하여 그들의 가슴에는 나의 성령
이 들리며, 나의 법전이 나 여호와의
참진리라는 것을 그들이 받아들일 수
있는 아름다운 마음의 여유가 있기 때
문이니 너희들은 그리 알아야 할 것이
니라.

4,147 번째 하나님 말씀

2002년 12월 5일 23시 21분

1 사랑하는 나의 아들아!
2 구약의 한 시대의 어렵고 힘들며 너
희들이 율법에 의하여 살아가고자 했
던 그 시대가 지나며,
3 나의 아들 예수가 세상에 태어나 만백
성을 구하고자 했던 새로운 그 장을
열며 새 시대의 역사를 이루며 너희
들에게 준비된 낙원의 나라에 살 수
있도록 그리하고자 했으나, 너희들은
나의 아들 예수를 죽게 하였음이니라.
4 나의 아들을 통하여 생명수요, 생수가
세상에 내려오며 나의 성령의 뜻이 내
려가 너희들이 천사와 같이 변하는
역사를 이루고자 하는 것을 너희들이
철저히 차단하였음이니,
5 그 후 2천 년 동안 나 여호와는 너희
들의 세상을 지배하지 아니하였으며
너희들이 살아가는 그 형태에 관여하
지 아니하였음을 알아야 할 것이니라.
6 내가 정녕 관여하지 않는 이 지상에는
악이 내가 만든 이 동산을 지배하게
되었으며, 악만이 이 세상을 지배하며
사탄만이 이 세상에 존재하는 형국으
로써 변화되는 그와 같은 역사가 되
었음이니라.
7 그러나 나 여호와는 눈을 감았으며 세
상을 보지 아니하였으며, 너희들을 바
로잡고자 하는 그와 같은 역사가 이루
어진 시대가 아님을 너희들은 알아야
할 것이니라.
8 그리하여 지금의 종파가 뿌리를 내리
고 뿌리를 또 내려 2천 년 동안 지금

의 믿음이라 하는 모든 종파들이 지금
과 같이 사악한 시대를 만들었으며 사
악한 세상을 만들었음이니라.
9 너희들이 사악해질 대로 사악해지며
번질 대로 번진 그와 같은 세월 속에
서 나 여호와가 관장하지 아니한 것이
며 내가 바라보지 아니한 세월이 2천
년의 역사가 흘렀음을 너희들은 알아
야 할 것이니라.
10 2천 년 동안 너희들이 과연 어찌 사악
한 자의 뿌리를 내리는지 그 형국을
내가 보지도 아니하며, 그저 너희들이
늘어나는 꼴이 너희들이 얼마만큼 사
악한 데까지 가는가 내가 2천 년 동안
기다렸다 하면,
11 너희들은 과연 이를 어찌 받아들이며
어찌 생각하는가?
12 2천 년 동안 너희들의 악의 뿌리가 과
연 어디까지 번성하는가 나 여호와가
바라보지 아니하였음이니라.
13 그리하여 이제 악의 세상이 다 너희들
을 지배하게 되었으며 부모와 자식
간에 사랑하는 마음이 없으며 형제간
에 우애가 없음이니,
14 형제를 비방하는 자 지옥으로 가는 것
이 너희들의 마음 자세라 하였거늘,
15 너희들이 부모를 부모로 생각하지 아
니하며 그저 너희들은 모든 인간관계
를 재물로써 계산하고 너희들의 이해
관계에 따라서 형제도 부모도 없는 사
악한 이 시대가 이루어졌음이니,
16 이 무섭고 무서운 세상을 이룬 것은 2
천 년 동안 종교 지도자들의 그 뿌리
가 잘못되었으며, 그들의 사악한 뿌리
가 지금 세상에 자리를 잡고 있기 때
문이니라.
17 그리하여 이제 이 사악한 세상의 뿌리
들을, 나 여호와가 그들을 끝내기 위
하여, 그들을 심판하기 위하여 지금
나의 법전, 즉 '하늘에 오르는 길'이요,
나의 뜻을 책으로 만들어 너희들에게
전함이니,
18 예수가 재림하는 것이 아니요, 새로운
구원자가 재림하는 것이 아니라는 것
을 너희들은 모를 것이니라.
19 말씀으로써 재림하여 너희들의 악한
자를 심판하는 그와 같은 뜻에 의하여
이루어지는 그 역사를 모를 것이니라.
20 이제 내가 너희들 악한 자를 심판하는
시대가 시작됨이며, 새로운 세상을 열
고자 하며 새로운 세상이 열려 가고
있음이니, 이는 곧 나의 뜻이며,
21 지금 내가 세상사에서 새로운 천국의
낙원을 지금 이루고자 하는 것이 내가
가고 있는 뜻임을 너희들은 알아야 할
것이니라.
22 이제 2천 년 동안 사악하게 내려왔던
너희들이 지금의 삶의 연장선상이 아
니요, 너희들이 지금 끌고 왔던 종교
집단이요, 모든 백성들을 인도한다는
그와 같은 종교 지도자 너희들이 살
아왔던 이 추하고 더러운 삶의 연속이
아니라,
23 악을 세상에서 완전히 지워 버리며 뿌
리를 뽑아 버려 나 여호와가 하늘에서
이루어진 것같이 이 지상을 이루어 통
제하고자 하는 것이 내가 생각하는 것
이며 내가 이루고자 하는 것이며, 그
와 같은 세상을 내가 새로이 열고자
함을 너희들은 알아야 할 것이니라.

24 나의 아들 예수가 세상에 나와 나의
성령을 전할 때는 금이었으나, 금에서
은으로 동으로 변했으며 지금은 무쇠
로 변했으며
25 그 무쇠는 가루가 되어 썩어서 세상에
퍼져 있는 그 가루 하나가 너희들이
지금 이 자연의 아름다운 나의 성전에
서 너희들이 구원의 길이라 하여 너
희 손으로 지은 두꺼비집 같은 죄의
온상이 이 세상을 지배하고 있음이니,
26 그 모든 문을 닫게 하며, 그 퍼져 있는
그와 같은 너희들의 죄의 온상을 내가
심판하고자 함이니,
27 너희들은 이 무서운 시대가 열림을 알
아야 할 것이니라.
28 나 여호와가 너희들에게 나의 아들을
통하여 다시 전함이니, 이제는 너희들
이 지금까지 살아왔던 2천 년의 그 사
악한 세상의 연속성이 아니라 새로운
시대가 열림을 알아야 할 것이니라.
29 그리하여 내가 너희들에게 깨우쳐 주
었느니라.
30 지금의 악이 성해 있는 이 세상에 하
나의 겨자씨를 뿌렸음이니,
31 그 겨자씨가 천 년 동안에 그 모든 악
을 제거하며 오로지 나의 백성들만이
이 세상에 존재하는 그 역사가 이루어
진다 하였던 나의 뜻을 너희들이 깊이
깨우쳐 생각해 본다면,
32 2천 년 동안에 내가 눈을 감고 세상을
바라보지 아니하였던 그 뜻을 알 것이
니라.

4,148 번째 하나님 말씀

2002년 12월 6일 06시 47분

1 사랑하는 나의 아들아!
2 "네, 아버님! 말씀하옵소서."
3 나의 법전을 가슴에 안고 눈물을 흘리
는 자, 그리고 이는 나 여호와가 너희
들을 구하기 위하여 세상에 말씀을
내리며 재림한다 가슴의 아픔을 느끼
는 백성은 가난하고 어렵고 불쌍한
자들이니라.
4 그들의 마음속에는 따뜻함이 있으며
온정이 있으며 나누는 마음이 있기에
그들은 그와 같이 내가 내리는 나의
성령의 그 참진리를 그대로 받아들일
수 있느니라.
5 나의 성전을 찾아오는 자, 나의 법전
을 읽고 깨닫는 자, 그리고 나의 법전
의 뜻을 받아들이는 자,
6 그리고 이는 진정 창조주 나 여호와가
세상에 만백성을 구하기 위해 내린
뜻이라 그리 깨닫는 자, 그들은 가난
하고 어려운 자들이며 시련과 고통 속
에서 살아가는 백성들이니라.
7 그들의 마음에는 온정이 있고 사랑이
있고 순수함이 있기에 그들의 가슴에
참진리의 뜻을 받아들일 수 있는 것이
니,
8 너는 그들을 사랑하며 그들을 보살펴,
그들로 하여금 만백성을 구하는 등불
이 되도록 그리 가르쳐 세상에 내보내
야 됨을 주저하지 말라.
9 가진 자, 권력이 있는 자, 그들의 마음
에는 그것이 나보다 더 소중하며 그를
믿고 그보다도 더 위대한 것이 없다는

생각이 있으니,
10 그들 마음속에는 나의 성령이요, 아름
다움이요, 하늘에 오르는 참진리의 뜻
의 소중함이 그들에게는 들어가지 아
니함이니라.
11 가난한 자들은 재물보다도 나의 성령
이요, 나의 뜻을 받아들이는 것이 더
소중하다는 것을 알게 됨이나,
12 있는 자들은 있는 그 권력이 나의 성
령의 뜻보다 더 위대해 보이며,
13 그리고 재물을 가진 자 또한 재물이
더 소중하게 느끼고 있으며 그것보다
더 귀한 것이 없기 때문에 그들이 받
아들이지를 못하는 것이며 그들은 알
지 못하는 것이니라.
14 그와 같은 이치가 여기에 있음을 너는
알아야 할 것이니라.
15 그리하여 가난한 그들은 군더더기가
없으며 그들의 마음에 여유가 있음을
알라.
16 재물을 가진 자, 재물의 능력을 보유
한 자, 권력을 가진 자, 그와 같은 자
들만이 마음의 여유가 있는 것이라 생
각하지 말라.
17 재물을 가져도 마음의 여유가 없으며,
재물을 가져도 추운 생활을 하는 것이
며, 능력이 있다 하나 그들은 넓고 깊
은 미래를 보지 못하는 것이 여기에
차이점이 있음이니, 이를 너는 알아야
할 것이니라.

4,149 번째 하나님 말씀

2002년 12월 6일 06시 53분

1 사랑하는 나의 아들아!
2 "네, 아버님! 말씀하옵소서."
3 세상에 나의 법전이요, 나의 성령으로
기록된 책이요, 만백성을 심판하는 기
준의 책이 세상에 나오니, 지금 종말
의 파국의 시대가 진행되고 있으며,
4 그 종말의 파국의 시대의 변화는 너
희들이 상상을 초월하는 무서운 환란
의 시대를 겪을 것이니라.
5 지금의 구시대의 습성을 가진 자들로
하여금 너희들에게 핍박함은 상상을
초월할 것이며,
6 이제는 정점에 달하는 견디기 어려운
환란의 변화의 고통과 시련이 수없는
시간 속에 이루어질 것이며,
7 그 속에서 이기는 나의 선택된 백성들
로 하여금 이 무서운 환란의 변화의
역사 속에서 견디며 쓰러지지 않는 그
와 같은 나의 선택된 백성들을 이루
고자 하여
8 오늘의 네가 많은 백성들 앞에 강론
하며 나의 법전을 지금 만백성에게 전
해 주는 그 역사가 이루어지고 있음이
니라.
9 종말의 파국의 그 변화가 얼마나 무
서우며, 그 환란은 너희들이 상상을
초월하는 그 아프고 견디기 어려운
그 한고비를 넘어야 할 것이며,
10 그를 넘지 못하는 자는 정녕 구원을
얻을 수 없는 것이니라.
11 대변혁을 견디어 넘는 것으로 인하여
구시대의 잘못된 그들의 역사의 흐름
을 심판하게 될 것이며, 그 심판 속에
서 새로운 시대가 열리게 되는 것이니,
12 그 모두를 버리고 새로운 싹으로써,
새 말씀이요, 새 뜻으로써 새 나라를

이루는 그 고통과 시련이 없이는 정녕
아무것도 이루어질 수가 없음이니라.
13 그와 같이 아픔의 고통과 환란의 그
시련을 겪고 버릴 자 버리며 추릴 자
추려 남을 자 남게 되니,
14 그때 너희들에게 희망과 기쁨이 가득
할 것이며, 이 지상이 하늘의 낙원과
같이 이루어진다는 것을 너희들은 알
아야 할 것이니라.
15 지금 믿음의 형태로써는 정녕 천국을
지상에 이룰 수 없다는 것을 알아야
할 것이니라.
16 너희들 스스로 평가하다 지치는 자,
그리고 도저히 너희들이 지난 지금의
습성과 지금의 악습으로써는 구원을
얻을 수 없다고 너희 스스로 평가하
다가 지치고 지친 자들이 나의 법전의
뚜껑을 열게 되는 그와 같은 형국이
이루어질 것이니,
17 그리하여 그들이 지금의 믿음을 다 버
리고 새로운 믿음의 그 역사에 눈을
뜨는 그 고통이, 새로 거듭남이 얼마
나 어렵고 힘든 대환란의 파국이 진행
되어야 하는지를 너희들은 알아야 할
것이며, 너희들은 그와 같은 미래의
준비를 해야 할 것이니라.
18 어떠한 고통과 어떠한 정점의 환란이
온다 해도, 그리고 인간으로서 견디기
어려운 그 시련의 고비가 닥쳐온다 해
도
19 그를 넘고 이기는 자만이 구원의 길을
갈 수 있으며 만백성을 구할 수 있는
것이라는 것을 너희들은 잊어서는 아
니 될 것이니라.
20 지금까지 왔던 모든 종파의 그 무서우
리만큼 뿌리 깊은 집단이 대변혁을 이
루는 그 고통이 얼마나 무서운 것인가
를,
21 너희들은 상상할 수 없을 만큼 그 시
련과 고통이 한 번 닥칠 것이니, 그를
너희들은 준비하여야 할 것을 잊지
말라.

4,150 번째 하나님 말씀

2002년 12월 6일 06시 58분

1 사랑하는 나의 아들아!
2 창조주 나 여호와의 아들과 딸이라는
나의 백성은 어떠한 차별화가 있는가?
3 내가 원하는 것, 내가 행하고자 하는
그 뜻을 알아 행하는 자, 그리고 그리
실천하여 살아가는 백성이 곧 나의
소중한 아들이요, 딸이라 하는 것을
너희들은 알아야 할 것이니라.
4 이미 내가 나의 아들 예수를 통하여
너희들이 구원을 받는 길의 뜻을 가르
쳤음이니,
5 너희들이 네 마음을 다하고 네 목숨을
다하고 네 뜻을 다하고 너희들의 모든
힘이요, 너희들의 모두를 다하여 나
여호와를 사랑하고 그를 따르는 것이
구원의 길이라 내가 그리 말하였음이
니,
6 너희들은 이를 듣고 욕심이 많은 창조
주요, 그저 나밖에 모르는 창조주라
그리 말할 것이나,
7 너희들은 곧 내가 진리요, 내가 내리
는 진리 외에는 너희들이 하늘에 오를
수 있는 길이 없기 때문이니,
8 그 진리의 빛을 보고 오는 것은 너무

나도 어렵고 힘든 길이기에 너희들의
모두를 다 하나로 모아 그 길만을 위
하여 달려오라는 뜻임을 알아야 할
것이니라.
9 너희들은 내가 내린 계명을 지키는
것이, 이를 이행하고 지키는 것만이
하늘에 오를 수 있는 길이라 내가 너
희들에게 말하였거늘,
10 이를 부정하는 자, 이를 지키지 못하
는 자, 너희들은 구원의 '구'자도 너희
들 입으로 찾지 말며, 불러서도 아니
됨을 알아야 할 것이니라.
11 내가 내린 계명대로, 내가 명하는 대
로 내가 이루고자 하는 그 역사의 뜻
도 모르며 그저 인간이기 때문에 어렵
고 힘든 그 시험을 견딜 수 없다 말하
는 자,
12 너희들이 그 입으로 구원이라는 '구'
자도 불러서는 아니 되며, 부를 자격
이 없음을 알아야 할 것이니라.
13 모두를 다하여 나를 사랑하며 나를 따
르라 하며 나를 마음으로 따르라 하는
것은, 바로 이것만이 진리이기 때문이
니라.
14 그리하여 하늘을 향하여 나를 따르는
길은 너희들이 목숨을 바쳐 가고자 하
는 그와 같은 마음으로써 너희들이
으뜸가는 나의 아들과 딸이 되는 것이
며,
15 아래로 땅에서는 무엇이던가?
16 '네 이웃을 네 몸과 같이 사랑하라.'는
것이니,
17 이것 또한 육을 가지고 있는 너희들
의 최선의 길이며 최상의 사랑을 받는
길이기 때문이니라.
18 그것만이 하늘에 오르는 길이요, 구원
의 길이라 하였음이니,
19 이를 지키지 아니하는 자는 나 여호
와를 찾을 자격이 없으며, 이 또한 구
원의 '구'자를 부를 수도 없으며 말할
자격도 없는 자이니, '구'자를 너희들
입에서 부르지도 말라.
20 지금 수천 년의 역사 동안에 믿음 속
에서 사랑하고 베풀며 그리고 구원을
받았다 말하는 자,
21 저와 같은 믿음의 길을 가지 않는다
하여, 저희들과 믿음이 가는 형국이
다르며 저희 뜻을 따르지 아니한다 하
여 사랑하는 부모 형제까지도 경원시
하는 것이 너희들의 그와 같은 지금의
삶인 것이며,
22 더구나 이웃을 네 몸처럼 사랑하라는
그 뜻을 지키기 전에,
23 이웃의 백성들을 짐승 보듯 하는 너
희들의 오만하고 자만한 그 자세로써
는 너희들이 하늘에 오를 수 없는 것
이니, 이 뜻을 너희들이 알아야 할 것
이니라.
24 이 세상에 가장 큰 사탄이요, 악마요,
잘못된 것이 이 두 계명이요,
25 내가 직접 내린 그 뜻을 지키지 아니
하며, 그것이 가장 으뜸으로써 하늘에
오르는 길의 영광이라는 것을 깨닫지
못하는 백성, 너희들이 얼마나 어리석
은 자들인가를 알아야 할 것이니라.

4,151 번째 하나님 말씀

2002년 12월 6일 11시 11분

1 사랑하는 나의 아들아!

2 "네, 아버님! 말씀하옵소서."
3 나의 피조물 만백성 그들의 가장 큰
기쁨이요, 영광은 무엇이던가?
4 나 여호와가 존재함을 그들이 믿고 사
는 것이며, 그리하여 나로부터 구원의
영광을 얻는 것이 그들의 가장 큰 축
복이며 영광인 것이니라.
5 지금 너를 따르는 너의 제자들이요,
내가 새로운 역사를 이루기 위하여 지
금 내려보내는 나의 성령이요, 나의
뜻을 접한 백성 그들은 나 여호와가
존재함을 아는 그 영광을 얻고 있으
며,
6 하늘에 오르는 길이 무엇이며 그들이
행하여야 할 것이 무엇인가를 앎이니,
7 그들의 큰 영광이 또한 더 없으며 그
들의 기쁨이 그보다 더한 것이 없을
것이니라.
8 그러나 그보다 더 소중함이 있음을 너
는 알아야 할 것이니라.
9 그들은 나를 볼 수도 없으며 만질 수
도 없는 나 여호와요, 나의 성령을 너
를 통하여 내려보냄이요, 그리고 또
너를 통하여 나의 법전을 기록하니,
10 더러는 그들의 생각하는 마음이 여러
갈래의 마음이 있을 수 있을 것이니라.
11 그러나 그들은 그 모두는 나 여호와의
뜻이요, 나의 성령이라 믿고 감이니라.
12 그리하여 네가 바로 어찌 서느냐에 따
라서 그들이 얼마만큼 크나큰 기쁨이
요, 영광을 얻는 것인가를 너는 알아
야 할 것이니라.
13 너는 육으로써 행동으로써 그들에게
보여 줌이요, 그들은 네가 행함을 그
모두가 보고 느낌이니,
14 바로 그들이 나의 성령을 받아들이는
선지자요, 또 나의 아들이요, 나 여호
와의 성령을 받아 책으로 만들어 내며
나의 음성을 들어 강론함이니,
15 그들이 너를 보기를 그와 같이 사랑
하며 소중히 생각함이니라.
16 그러한 네가 정녕 바로 서지 못하며
바른 삶을 살지 못할 때, 그들의 슬픔
이요, 그들의 실망은 말할 수 없을 것
이니라.
17 그들은 이러지도 저러지도 못할 것이
니라.
18 법전을 버릴 수도 없으며, 강론을 들
을 수도 없으며, 그를 안 들을 수도 없
으며, 법전을 던질 수도 없는 그와 같
은 그들의 고통의 세월이요, 시간을
만들어 줌이니라.
19 그러나 네가 그들이 감히 생각할 수도
없는 아름다운 모습으로 변해서 네가
아름다운 모습으로써 세상을 살아갈
때 그들의 기쁨은 이루 말할 수 없음
이니라.
20 법전을 접한 기쁨이요, 나 여호와가
존재한다는 그 기쁨 못지아니하게 네
가 나의 뜻대로 살아가는 그와 같은
삶을 살아갈 때,
21 그와 같은 자가 그들의 옆에 있으며
그와 같은 자와 더불어 갈 수 있다는
그들의 그 기쁨은 이루 말할 수 없음
이니라.
22 예수 못지않은 그와 같은 삶을 사는
네가 옆에 있으며 같이 동행하며 너로
하여금 나의 성령이요, 나의 법전의
가르침을 듣는 그 백성들의 기쁨이
얼마나 크고 영광되겠는가?

23 이제 너의 제자들에게 또한 깨우쳐 주
라.
24 그들이 너를 보고 네가 바로 서고 네
가 변하는 그 모습 속에 그들이 행복
을 얻으며 즐거움을 얻으며 영광을 배
로 얻어 가듯이,
25 그들이 살아가는 모습이요, 그들이 행
하는 그 모두가 나의 피조물 만백성
들이 그들을 보고 깨우쳐 너희들과 더
불어 같이 사는 이 백성들이 기쁨을
알며,
26 너희들과 같이 대화하며 너희들을 마
주 볼 수 있는 것을 영광이요, 기쁨이
라 생각할 수 있도록 너의 제자들이
바르고 곧게 서야 된다는 것을 그들에
게 깊이 깨우쳐 주도록 하라, 사랑하
는 나의 아들아!

4,152 번째 하나님 말씀

2002년 12월 6일 11시 30분

1 사랑하는 나의 아들아!
2 "네, 아버님! 말씀하옵소서."
3 나의 아들 예수가 세상에 나가 만백성
을 구하고자 할 때 귀신들린 자, 그를
바로잡고자 하니 제가 그 많은 귀신들
이 들려 있다 그리 말하였느니라.
4 그리하여 나의 아들 예수가 그 귀신을
쫓아내기 위하여 그 돼지 속에 귀신을
집어넣어 몇천 마리의 돼지가 죽어 가
는 그와 같은 형국에 이르렀음이니,
5 너희들은 과연 그 대목을 읽고 그 대
목을 어찌 깨우쳐 깨닫는가?
6 너희들은 하나의 귀신들린 나의 백성
이요, 나의 아들이요, 나의 딸을 구원
하기 위하여
7 너희들이 가지고 있는 그 많은 재물을
다 던져버리더라도 그 하나의 자식을
구하는 것이 얼마나 소중한 것이며 한
사람의 생명을 구하는 것이 얼마나 소
중한 것인가 그를 모르겠는가?
8 그를 너희들은 알아야 될 것이니라.
9 너희들은 그와 같은 깊은 뜻과 그와
같은 인간의 소중함이요, 나의 아들의
형제들의 소중함을 알아야 될 것이니
라.
10 그리하여 그에게 많은 재물을 잃은
그 백성들이 차라리 한 사람의 귀신들
린 자를 버릴지언정 어찌하여 저희들
에게 많은 피해를 주었느냐며 핍박했
으니,
11 그 재물의 피해를 줌으로 인하여 그
핍박을 받는 나의 아들 예수는 그러나
그와 같은 역사의 기적을 이루었음이
니라.
12 많은 재물의 돼지를 잃어버린 백성들
은 나의 아들 예수를 얼마나 핍박하며
원망했겠는가?
13 그러나 많은 돼지를 귀신이 들려 물
속에 넣어 죽이듯이 그 재물의 손실
을 입히면서 그 재물을 잃은 사람들로
부터 핍박받는 그 고통을 예수가 인
내하고 견디면서,
14 돌팔매질이요, 미친 자요, 정신 나간
자라 말하며, 한 사람의 미친 사람을
구원하기 위하여 저희들의 그 많은 재
물들을 다 손실시키는 그와 같은 나
의 아들 예수의 그 행동을 용서할 수
없으며 이해할 수 없었으니,
15 그는 그와 같은 위험부담 속에서도 한

사람의 나의 백성을 구원하기 위해 그
역사를 이루었음이니라.
16 너희들은 그를 어찌 보는가?
17 그와 같이 너희들의 형제의 생명이 얼
마나 소중한 것이고 귀한 것인가를 너
희들은 알아야 될 것이니라.
18 지금의 많은 종파의 지도자들은 그를
그리 가르칠 것이니라.
19 나의 아들 예수의 기적은 많은 귀신들
도 돼지 속에 집어넣어 그 돼지를 죽
이는, 귀신을 죽이는 그 역사를 이룬
것이 위대한 것이며 기적이라 그리 말
하는 것이니라.
20 그것이 아님을 너희들은 알아야 될 것
이니라.
21 그는 오로지 한 사람의 잘못된 자를
사랑하며 그를 구원하기 위하여, 그를
구원하여 복음을 전하는 곳에 쓰고자
하는 나의 아들의 그 사람을 사랑하며
형제를 소중히 여기는 그 교훈을 너희
들이 거기서 깊이 깨우쳐야 되는 것이
지,
22 나의 아들 예수가 귀신을 한 번에 몰
아 물속에 집어넣는 것은 기적도 아
니요, 역사도 아님을 너희들은 깨우쳐
야 할 것이니라.
23 지금 나의 피조물 만백성 너희들은 과
연 어찌 가는가?
24 나의 아들 예수는 많은 사람들의 재
물을 버려서라도 그들이 저주하고 흉
보는 그리고 상대하기 싫어하는 그와
같은 괴물과 같은 한 인간의 그 귀신
을 쫓아내 참사람으로 만드는 그 역
사를 이루었음이니,
25 지금의 많은 믿음의 종파를 가지고
있는 너희들은 어찌 가고 있는가?
26 너희들은 너희들과 가는 뜻이 다르다
하여 너희 형제를 사랑하지 아니하며
부모를 사랑하지 아니함이니라.
27 지금 너희들은 미친 사람 하나를 구하
기 위하여 너희들이 가지고 있는 돼지
요, 소요, 닭이요, 그 짐승 한 마리를
내놓으라 해도 너희들이 선뜻 내놓을
수 있겠는가?
28 내놓지 못하는 것이 너희들의 마음이
니, 나의 아들 예수는 하나의 형제요,
나의 자식인 백성을 모든 재물이요,
모두를 다 버려 제가 목숨의 위협을
받으면서도 그를 구원하는 그 역사를
이루었음이니라.
29 지금의 사랑을 베풀며 나의 뜻에 따
라 하늘에 오른다 하여 가르치는 종교
지도자 그 속에서 배우는 많은 백성
너희들은 지금 그와 같이 소중하고 소
중한 나의 아들이요,
30 나의 백성 한 사람의 생명을 너희들이
기르는 짐승만큼도 소중히 생각하지
아니하는 것이 지금의 너희들의 형국
이니,
31 이 속에서 어찌 나 여호와의 참뜻이
있으며 나의 진리가 여기에 있다 그리
생각하는가?
32 너희들이 재물 만능주의요, 인간의 생
명보다도, 그 무엇보다도 더 소중한
것이 재물이라 생각하는 지금의 형국
이 과연 인간이 사는 세상이며, 내가
사랑을 베풀며 살라 내려보낸 나의 백
성들이 살아가는 것인가?
33 내가 나의 아들 예수를 통하여 너희들
에게 어찌 간곡히 부탁하였는가?

34 너희들의 모두를 다 바쳐, 너희들의
생명을 바치고 정성을 바치고 마음을
바쳐 나 여호와를 경배하며, 네 이웃
을 네 몸과 같이 사랑하라 하였거늘,
너희들이 지금 살아가는 모습이 무엇
이던가?
35 부모와 형제가 너희들과 같은 뜻으로
가지 않는다 하여 그를 경원시하는 너
희들이 과연 이웃의 믿지 않는 자를
백성으로 보며 사람으로 보는가?
36 너희들은 그와 같은 자들과는 짐승보
다도 더 거래하기 싫어하는 그와 같은
것으로써 지금 보고 있음이니라.
37 나의 아들 예수가 행했던 그 뜻을 깊
이 너의 제자들에게 깨우쳐 주라.
38 하나의 생명이 얼마나 소중한가?
39 무당이요, 잡신이요, 너희들이 말하는
돼지머리 놓고 제사 지낸다 하는 자,
그와 같은 모든 종파에 있는 백성 그
들이 나의 아들딸이요, 너희들의 형제
임을 먼저 알아 그들을 하나 구하는
것이 얼마나 소중한 것인가?
40 너희들의 모두를 다 던져 그들 하나를
구할 수 있다면 그 길을 선택하는 것
이 너희들이 나에게 오르는 길이라 하
여 내가 그와 같이 나의 아들로부터
많은 재산을 잃게 하였음이니, 나의
법전을 읽고 깨우친 백성 너희들을 위
하여 오늘의 그와 같은 역사가 2천 년
전에 있었음을 잊지 말아야 할 것이니
라.
41 이는 너희들만이 알아야 될 것이니라.
42 나의 뜻을 모르며, 내가 원하며 내가
행하고자 하는 것을 모르는 백성이요,
지도자는 가르칠 수 없음이니, 오로지
나의 아들을 통하여 내가 그 의미를
오늘 여기서 만천하에 전함이니라.
43 너희들이 수많은 그 짐승을 버려서라
도, 길거리에 헤매는 자, 잘못 가는 백
성 하나를 구하여 나의 복음서를 듣고
나의 법전을 듣고뵐 수 있는 그와 같
은 사람을 만드는 데 너희들의 모두를
다 바쳐도 그 한 사람을 구하는 것이
더 소중하다는 그 이치를 깨우쳐 주고
자 함이니,
44 돼지 2천 마리가 2천 년 전에 그 재산
이 얼마나 위대한 것이며 큰 것인가를
알겠는가?
45 지금의 너희들의 20층이요, 200층의
빌딩보다도 그 재산이 더 소중했다 생
각하면 너희들은 그 모두를 던질 수
있겠는가?
46 나의 아들 예수가 모두를 다 던지고
따를 수 있는 자 따르라 하였음이니,
47 너희들은 너희들이 바로 던지고 다 집
어던져 버리고 놓아서 한 사람의 저주
받는 자가 나의 법전을 듣고 깨우치
며, 그가 다른 백성을 구하여 법전을
듣고뵐 수 있는 그 역사보다 소중하지
못하며 귀하지 못함을 너희들에게 깨
우쳐 주기 위하여 2천 년 전에 내가
그 역사를 이루었으니,
48 그 하늘의 뜻을 너희들만이 아는 것이
니라.

4,153 번째 하나님 말씀

2002년 12월 6일 11시 47분

1 사랑하는 나의 아들아!
2 "네, 아버님! 말씀하옵소서."

3 진정한 종교 지도자요, 만백성을 구하
는 지도자요, 나로부터 명을 받은 자
는 나의 종이요, 만백성의 종이라 내
가 일찍 너에게 그리 깨우쳐 주었음이
니라.
4 많은 백성을 이끌어 가는 나로부터 명
받은 지도자는 통치자가 아니요, 권력
자가 아니요, 관리자가 아닌 것을 너
희들은 알아야 할 것이니라.
5 많은 백성을 깨우쳐 하늘에 오르는 가
장 낮은 자로서 그와 같은 자세로 살
아가야 하는 것이 바로 나로부터 명받
은 자들임을 알아야 할 것이니라.
6 지금 나의 명을 받아 나의 법전을 공
부하며 나의 성령을 너를 통하여 직접
듣는 사랑하는 너의 제자들은 과연 어
떠한 자들인지 알겠는가?
7 너희들은 통치자요, 관리자요, 권력을
가진 지도자가 아님을 알라.
8 너희들은 만인의 종으로서의 그 지도
자의 자격을 쌓는 것이며, 만인의 종
의 자격을 쌓는 그것이 바로 지금 너
를 따르는 너의 제자들이 가야 하는
길이고 그들이 행하여야 하는 길임을
알아야 할 것이니라.
9 진정한 지도자의 가는 길은 어렵고 힘
든 고난의 길이며, 아무도 견딜 수 없
는 그 길을 갈 수 있는 것이 진정한 나
의 종이요, 나로부터 선택된 백성들이
니,
10 너의 제자들은 관리자요, 통치자로서
너희들을 지도자로 명한 것이 아니요,
11 종으로서의 지도자의 자리를 지키며
그 자격을 갖기 위하여 너희들이 지금
나의 법전을 가지고 공부하며 내가 나
의 아들을 통하여 직접 내리는 성령의
강론을 듣는 것이 너희들의 근본이며,
12 너희들이 나로부터 선택된 자들이라
는 것을 그들의 손에 쥐여 주어 깨우
쳐 주어야 할 것이니라.
13 종으로서 견디며 종으로서 나가는 그
자격증을 너희들이 얻기 위하여 오늘
의 나의 성령을 듣는 것이요,
14 관리자로서 너희들이 나의 성령을 듣
는 선택된 나의 백성이 아니라는 것을
확실히 네가 그 제자들의 가슴에 심어
주어야 함을 잊지 말라.
15 너희들이 그와 같은 자세로써 가지
아니한다면 지금까지 굳어져 온 모든
잘못된 종파의 그 악습의 환란이 닥칠
때 그를 이길 수 없음이니라.
16 저희들이 믿어 온 그 지금의 믿음 속
에서 새로운 역사가 이루어지는 나의
법전과 그들과의 대정점의 전쟁이,
17 너희들이 생각할 수 없는 엄청난 환란
의 그 시련이 닥쳐오며 그 고비를 한
번은 넘어야 되는 그 역사가 있음을
너희들은 알아야 할 것이니라.
18 그때 너희들이 견디고 이길 수 있는
것은 무엇이더냐?
19 가장 낮은 자요, 종의 자격으로서, 종
으로서의 지도자의 자격을 획득하는
자만이 그를 견딜 수 있음을 너희들은
알아야 할 것이니라.
20 너희들이 정녕 나의 성령이요, 나의
법전이 진정한 나 여호와의 뜻이요,
나의 아들이 정녕 나의 아들이라는 그
것을 믿지 못하면,
21 닥쳐오는 그 환난 속에서 너희들이 견
디고 이길 수 없음을 알아야 할 것이

니라.
22 아무리 재물을 많이 가지고 권력을 많
이 가지고 있어도 불어닥치는 바람이
요, 불어닥치는 환란 속에 그는 날아
가며 그는 무너지며 쓰러지게 되어
있음이니라.
23 그러나 나 여호와가 존재하며 나의 법
전이 나의 성령의 뜻이요, 창조주인
나 여호와가 새로운 역사를 이루고자
하는 그 법전이요, 그 성령의 말씀이
라는 마음을 가지고 있다 하면,
24 너희들은 어떠한 환난 속에서도 무너
지지 아니하며 쓰러지지 아니하며 너
희들이 스스로 문을 닫는 그와 같은
역사가 없음이니라.
25 재물보다도 너희들이 나의 진리의 참
뜻을 가진 그 가르침의 성령의 뜻이
요, 그 양식은 그 누구도 빼앗을 수가
없으며 찢을 수가 없으며 버릴 수가
없으며 지울 수가 없는 것임을 알아야
할 것이니라.
26 너희들 마음속에 들어 있는 나를 경배
하며, 나의 법전이 정녕 나의 뜻이요,
나의 아들이 나의 아들이라 너희들이
믿는 그 마음은 그 누구도 씻어낼 수
없으며 그 마음을 뽑아낼 수도 없으
며,
27 그 마음이 병들었다 하여 치료할 수
없는 것이 너희들의 마음임을 알라.
28 그리하여 너희들은 진정한 어렵고 힘
든 그 고통의 역경의 훈련을 지금 하
고 있는 것이며, 그 훈련을 넘어야만
되는 것이 너희들이니라.
29 그리하여 너희들은 통치자요, 지도자
요, 대우받는 지도자가 아니라, 만인
의 종으로서의 지도자의 자격을 지금
획득하는 과정이니,
30 그 과정 또한 어렵고 힘듦이니, 이를
인내하고 이것이 영광이요, 축복이라
생각하고 갈 수 있는 너의 제자들만이
너를 따라갈 수 있다는 것을 깊이 명
심하여 가르쳐 주도록 그리하라.

4,154 번째 하나님 말씀

2002년 12월 6일 12시 08분

1 사랑하는 나의 아들아!
2 "네, 아버님! 말씀하옵소서."
3 모든 생명체를 가지고 있는 것들이 다
살아갈 수 있도록 되어 있으며 그 명
을 이어갈 수 있도록 되어 있다 하였
음이니라.
4 그리고 수천 년 동안 나의 피조물 만
백성들을 가르치는 종교 지도자들이
세상에 나온 것은 다 나 여호와의 주
관하에 나오지 아니한 것이 없기에 그
들은 생명을 가지고 있으며,
5 그들은 먹고살 것을 다 가지고 왔으며
그들이 존속할 수 있도록 그 모두가
다 준비되었다 그리 너희들은 가르치
느니라.
6 그렇다 하면 정녕 너희들은 그 모든
동식물을 지배하는 그 높은 지혜를 가
지고 있는 자들이며,
7 또한 그 많은 백성 중에서도 나의 뜻
을 받아 만백성을 나의 나라에 오를
수 있도록 가르치는 너희들,
8 내가 내보낸 너희들이 원점의 그 장소
로 돌아올 수 있도록 그를 가르친다는
종교 지도자들, 너희들은 과연 지금

어떠한 형태로 살아가고 있는가?
9 너희들은 너희들 스스로 그를 보고 이
제는 평가할 때가 되었음을 알아야 될
것이니라.
10 너희들이 맹신하고 맹종하는 그와 같
은 믿음 속에서 너희들 자신이 구원을
받고 못 받는 것이 얼마나 귀하고 소
중한 것이던가?
11 그와 같이 소중한 것을 너희들이 그저
헌 종이 하나 버리듯이 그와 같이 소
홀히 하고 있는 형국이 지금의 너희들
이 가고 있는 그 믿음의 형태이니라.
12 내가 나의 아들을 통하여 너희들에게
무어라 깨우쳤는가?
13 가장 위대한 설교하는 자요, 가장 위
대한 연설자요, 가장 위대한 강론을
하는 자는
14 그가 입으로써 전하는 그 모든 강론
의 내용에 하나도 오차 없이 하나도
다름이 없이 그와 같이 살아가는 자가
가장 위대하다 말하였음이니라.
15 너희들이 단상에 서서 너희들이 손으
로 지은 그 성전에 재물을 바치면 구
원을 받으며, 많이 바치는 자 죽어 와
나로부터 그 은혜와 영광의 축복이 배
로 늘어난다 가르치는 자들,
16 날짐승에게도 먹이를 다 준다 하였음
이니 걱정하지 말라 그리하여 너희들
은 그를 가르치는 것이 과연 어디에
있는가?
17 그 뜻은 먼저 너희들이 그와 같이 은
혜를 받았기 때문에 나의 피조물 만백
성들에게 단 콩 하나라도 거둬들이려
는 생각을 해서는 아니 되는 그와 같
은 마음으로 살아가며 그리 행동해야
되는 것이거늘,
18 너희들이 행동하는 것이며 너희들이
임하는 것은 그리하지 아니함이니,
19 너희들은 나의 피조물 만백성들에게
무슨 의도에서 그를 가르치는가?
20 너희들은 나의 성전이요, 너희들이 손
으로 지은 그 성전에 많이 바치면 바
칠수록 하나님께서 다 주고 먹고살
수 있도록 그 모두를 주니,
21 너희들이 있는 것 없는 것 모두를 다
바치라는 그와 같은 심리 상태로써
그 구절을 가르침이니라.
22 그러나 내가 날짐승에게도 먹이가 다
있으며 들에 사는 모든 생명들이 살
아갈 수 있는 준비를 해 주었다는 것
은,
23 그 하찮은 것들도, 너희들이 말하는
나의 뜻을 받아 나의 목자요, 만백성
을 하늘에 구원하는 그 대명을 받지
도 않은 미물과 같은 그들에게도 내가
먹고살 것을 다 주었으니,
24 나의 명을 받으며 만백성을 구하는 너
희들이야말로 내가 주지 아니하였겠
느냐 하여 남으로부터 거둬들이지 아
니하며 착취하지 아니하며 제 앞에
쌓아 놓고자 하지 말라는 그 뜻으로써
내가 너희들을 깨우치고자 내린 그 구
절임을 알아야 할 것이니라.
25 그러나 너희들은 너희들의 생활에 이
를 대비하지 아니하며 이것을 접어 둔
채
26 나의 사랑하는 백성들에게 있는 대로
다 바쳐도 저희들 목에 거미줄을 치
지 아니하며 저희들이 먹고살 것을
나 여호와가 또 줌이니,

27 많이 바치고 많이 갖다 쌓아 놓는 자
가 천국에 갈 수 있다 그리 가르치는
데 그를 응용하기 위하여 너희들이 그
리 가르치고 그리 지도한다면,
28 이것은 내가 '동'으로 가라 하는 것을
'서'로 가는 그와 같은 너희들이 추한
행위를 하고 있다는 그 사실을 알아야
할 것이니라.
29 이제 내가 나의 법전에 하늘의 뜻을
기록하여 전함이니,
30 이를 읽고 깨우치는 백성 너희들은 그
저 맹목적이요, 맹신적인 그 믿음에서
내가 전하는 이 뜻을 깊이 음미하고
깨우친다면, 너희들의 머릿속에 깨달
음이 있을 것이며 얻음이 있을 것이니,
31 어떤 것이 진정한 나 여호와의 목자로
서 가는 길인가를 너희들 스스로 평가
하고 깨닫도록 그리하라.
32 이제는 그때가 되었음을 알아야 할
것이니라.

4,155 번째 하나님 말씀

2002년 12월 7일 09시 15분

1 사랑하는 나의 아들아!
2 "네, 아버님! 말씀하옵소서."
3 세상에 가장 훌륭한 연설자요, 가장
위대한 설교자는 내가 무어라 말하였
느냐?
4 그가 말하는 내용과 살아가는 행동이
일치하는 삶을 사는 사람이 하는 그
연설이 가장 위대한 연설이니, 그는
곧 무엇이더냐?
5 진리를 행하며 진리를 가르치는 자이
기에 내가 너희에게 그와 같은 자가
가장 위대한 연설자라 하였음이니,
6 그 길을 가기가 얼마나 어렵고 힘든
것인가를 너는 알겠는가?
7 너희들이 살아가면서 선한 것을 생각
하며 선한 것은 버리기가 그저 쉽고
즐거움이니,
8 너희들이 착하고 아름다운 것을 행하
지 아니하며 도덕적으로 한 점의 부끄
러움이 없는 행동을 하지 않는 것은
참 쉬우며 그저 재미있게 할 수 있으
나,
9 너희들의 나쁜 습관이요, 남들로부터
추한 행동인 그 악습 하나 버리기는
얼마나 힘들고 어렵더냐?
10 너희들이 좋은 습관을 버리는 것은 그
저 즐겁게 버릴 수 있으며 너희들도
모르는 사이에 잊어버림이니,
11 그러나 너희들이 가지고 있는 악습 하
나를 버리기는 얼마나 어렵고 힘들던
가?
12 그 하나를 버리기 위하여 수많은 시
간과 수많은 고통 속을 인내하고 견디
어도 그를 버릴까 말까 함이니,
13 그리하여 내가 너희들에게 일깨워 주
었느니라.
14 구원을 받는 그 선한 길은 무너지기가
단 순간에 몇 초도 안 되어 무너지는
것이며,
15 너희들이 지금까지 쌓아 온 아름다운
공덕이라 말하는, 그리고 선하고 아름
답게 살아와 쌓았던 그 모두는 단 한
순간에 초를 다투어 무너지는 것이며,
16 너희들이 잘못되어 무너진 그 속에서
다시 나와 선한 일을 행하며 선한 자
로서 가는 것은 평생을 다 바쳐도 그

리 나올 수도 없으며,
17 잘못하면 영원히 나오지 못하는, 그리
하여 지옥의 길로 가는 그와 같이 무
서운 것이라 내가 너에게 일깨워 주었
음이니 그 뜻을 과연 너는 알겠는가?
18 그와 같이 무서운 것이니라.
19 그러니 잠시도 마음의 끈을 놓아서는
안 되며 긴장하는 마음을 풀어서는 아
니 되는 것이라 내가 말하였으며,
20 악과 선이 싸우는 그 순간에 너희들
이 생명을 다 바쳐 지킬 수 있는, 그리
하여 나 여호와를 사랑하며 목숨을 바
쳐 너희들이 나를 사랑하며 전부를 바
쳐 나를 사랑하라는 의미가 거기에
있음이니라.
21 그와 같은 마음으로써 너희들이 충만
되어 있지 아니할 때 너희들은 순간순
간에 이루어지는 악과 선의 그 선택의
길에서 선을 선택하는 것은 결국 어
렵고 힘든 길이요, 악을 선택하는 것
은 즐겁고 즐거움의 연속이라 생각됨
이니,
22 여기에서 너희들이 과연 어찌 견디고
이겨야 되는 것인가를, 어떠한 것을
선택해야 되는 것인가를, 어찌 싸워서
이겨야 되는 것인가를 그리하여 이제
너희들이 알겠느냐?
23 낙타가 바늘구멍을 통과하는 것보다
도 어려운 길이 하늘에 오르는 길이
라 하였으니,
24 그 수천수만 가지의 악과 선의 싸움
에서 99대 1로 싸우는 그와 같이 어
렵고 힘든 것이 악에서 선을 선택하는
길임이니 이를 명심하여 행하도록 그
리하라.

4,156 번째 하나님 말씀

2002년 12월 8일 06시 20분

1 사랑하는 나의 아들아!
2 "네, 아버님! 말씀하옵소서."
3 너희들이 많은 재물이요, 재산을 다
버려서 한 사람의 나의 백성이요, 나
의 아들딸을 구원하는 것이 얼마나 소
중하고 위대한 것인가를 아는가?
4 세상 것을 다 주고 하나의 의인을 구
한다 하였으며,
5 세상 것을 다 주고 나 여호와가 존재
함을 믿고 깨달으며 계명대로 살아가
며 나의 법전대로 살아갈 수 있는 백
성 한 사람을 구원한다면,
6 너희들이 짊어지고 있는 모든 재산을
다 던져 그를 구한다 해도 주저하지
않는 그와 같은 백성으로 너의 제자들
은 변해야 할 것이니라.
7 그와 같은 재산이요, 재물을 나의 성
전에 바쳐 성전을 아름답게 지으라 함
도 아니요, 나의 아들을 편안히 살아
갈 수 있도록 하라 함도 아니니라.
8 너희들이 그만큼 정성과 열정을 다 바
쳐 그를 구할 수 있다는 것이 얼마나
소중한 것인가를 알라 함이니라.
9 그러니 지금 너희들이 나의 법전을 들
고 만백성을 구하는 그 역사는 얼마나
위대한 것이며,
10 창조주인 내가 이루고자 하는 새로운
역사를 이루는 그 대업을 맡은 너희들
이 얼마나 귀하고 소중한 자들이며 얼
마나 축복된 자들인가 그것을 너희들
이 알아야 할 것이니라.
11 그것을 너희들이 몰라서는 아니 될 것

이며, 그리고 그 열쇠를 가지고 가는
나의 아들이 바로 무엇이더냐?
12 그리하여 나의 아들로서 세상을 통제
하고자 하는 것이 나의 뜻이며, 오로
지 그만이 이 일을 이룰 수 있으며 이
역사를 이룰 수 있음을 알아야 할 것
이니라.
13 너희들이 믿음이라는 그 길을 가며 그
와 같은 큰 영광과 은혜를 얻은 것을
먼저 생각한다면, 너희들이 물질적이
요, 명예요, 어떠한 것을 나의 성전에
와 얻고자 하는 그런 마음이 없을 것
이며,
14 그러한 마음이 없는 백성은 여기를 떠
날 일이 없으며 등 돌릴 일이 없는 것
이니라.
15 다만, 너희들이 무엇인가를 얻고자 물
질적으로 무엇을 구원을 받고자 그와
같은 생각을 하는 자는 나로부터 은
혜를 받은 것을 모르며, 그를 먼저 생
각하는 자는 나의 성전을 떠나게 되
는 것이며,
16 나의 아들 앞에 왔던 너희들의 마음이
돌아서는 것이 너희들의 욕심의 근본
이요, 근원 때문에 그러함을 잊어서는
아니 될 것이며 이를 깨달아야 할 것
이니라.

4,157 번째 하나님 말씀

2002년 12월 8일 06시 29분

1 사랑하는 나의 아들아!
2 "네, 아버님! 말씀하옵소서."
3 예수가 이룬 기적이요, 예수가 행했던
모든 것을 너희들이 전하는 것은 그
제자들이 기록하여 전하였으며 또한
들어서 기록하여 전하였으며,
4 그리하여 너희들을 가르쳤으며 또한
그 뜻을 그리 전하여 세상에 전하게
되었음이니라.
5 그러니 너희들은 그 성경에 기록되어
있는 것을 한 자도 빼지 말며 더하지
도 말라 그리 말하는 것은
6 너희들이 이미 책으로 성경으로 세상
에 나왔으니, 거기에서 무엇을 더 빼
고 더 더하고 할 수 있단 말이던가?
7 너희들은 여기서 그와 같은 이치를 깊
이 음미하여야 할 것이니라.
8 더하고 빼지 말라 하는 의미가 따로
있는 것을 너희들은 모름이니,
9 내가 직접 전하며 직접 전하는 그와
같은 것을 들은 백성들이 그 말로써
전하는 것이며 다른 사람을 깨우칠
때 내가 명한 것을 더 빼지도 더하지
도 말라 하는 뜻이 여기에 있음을 너
희들은 알아야 할 것이니라.
10 내가 나의 아들에게 전하기를, 너의
단점이요, 너의 잘못된 것을 고치라
말할 때, 나의 아들이 나의 성령을 들
으면서 그를 기록하지 아니하며 그를
전하지 아니하는 것을 의미하는 것이
며,
11 나의 법전에 이미 기록되어 세상에 나
온 것은 더 빼고 더 더할 수도 없는 것
이며, 책으로 나온 것은 책으로 그냥
전해짐이니,
12 성경도 그리 전하여지는 것을 너희들
이 그를 더 빼고 더하지도 말며 한 획
을 고치지도 말라 함이 아니니라.
13 이미 책으로 나와 세상의 만방에 전

해져 있으니 그것을 한 획을 고치고
더할 수 있는 것이 어디 있겠는가?
14 책으로써 글로써 증거하여 세상에 나
오는 것을 의미함이 아니요,
15 변화되는 시대의 흐름에 따라서 내가
직접 많은 자들에게 내리는 그 뜻을
들은 자들에게 빼지도 말며 더하지
지도 말고 세상에 그대로 전하라 함
이 그 뜻이 거기 있으니,
16 그 의미를 너희들이 알고 깨우쳐야 할
것이니라.
17 지금 내가 나의 아들을 통하여 내리는
나의 법전은 어찌 내리던가?
18 나의 아들을 통하여 그가 직접 듣고
그가 직접 기록하며 그가 직접 책으로
만드니,
19 위에서 흐르는 물이 땅에서 흐르다 보
면 너희들이 그 물이 땅에 스며들어
그 물줄기가 줄어들며 물이 줄어드는
것이니라.
20 그와 같은 의미로써 흐르는 것이 아
님을 너희들은 알아야 할 것이니라.
21 그리하여 너희들이 물이 흐르듯이 위
에서 흐르는 물이 밑에까지 흘러갈 때
그 물이 스며 듦이니,
22 그 전하는 것을 빼지도 말며 더하지도
말라 그리 너희들에게 가르치는 것이
니라.
23 그러나 나의 성령이요, 나의 뜻은 지
금 어찌하고 있는가?
24 나의 아들이 직접 기록하여 그리 만들
어 책으로 나오니,
25 그는 빼고 말고 할 것도 없으며 더하
고 말고 할 것도 없으며 말로 너희들
이 더 보태어 가르칠 것도 없으며 어
떠한 한 획도 고칠 필요가 없는 것이
니라.
26 이미 책으로 나와 있는 것은 너희들이
고치고 더한들 그 증거함이 있으며 봄
이 있음이니, 그 아무도 너희들은 할
수 없음이니라.
27 그리하여 너희들이 지금 말하는 것이
성서의 이야기가 아니며 성서를 놓고
가르치는 것이 아니며,
28 한 자를 더 더하지도 말며 빼지도 말
며 한 획을 고치지도 말라 하는 것은
그러한 뜻이 아님을 너희들은 깨우쳐
야 할 것이니라.
29 그와 같은 뜻은 내가 직접 선택하여
내리는 백성이 그때그때 받은 것을 전
할 때 바르게 전하라 하여 엄히 다스
리는 것이니라.
30 내가 너희들에게 '앞으로 가라.' 가르
쳤을 때, 들은 너희들이 그것을 '뒤로
가라.' 기록하지 말라 함이니,
31 이미 기록되어 나온 성서를 빼지도 말
고 더하지도 말라는 뜻이 아니거늘,
너희들은 그것을 그와 같은 역사를 가
지고 지금 틀에 박힌 그 악습이요, 관
습을 버리지 못하며, 새로운 역사요,
새로운 뜻이 오는 것을 알지도 못함이
니라.
32 곧 이는 무엇을 의미하는가?
33 내가 이루고자 하는 새로운 시대요,
새 역사를 위하여 하늘에 있는 모든
뜻을 내가 너희들을 통하여 세상에 내
려보내니,
34 이를 받아 전하는 자들에게 빼지도 말
라, 더하지도 말라 하였음이니,
35 그 성서가 아니요, 새로운 성서요, 새

로운 나의 성령이요, 나의 뜻이 세상
에 수없이 내려간다는 의미임을 너희
들은 여기서 깨달아야 되며,
36 해석을 그리해야 되고 그리 깨달아야
되는 것이거늘, 성서의 의미를 그래서
전혀 모른다 함이니라.
37 오늘 내가 나의 아들을 통하여 이제는
전할 때가 되었으며 말할 때가 되었기
에 하늘의 뜻을 전함이니,
38 그 성서는 내가 많은 나의 성령의 뜻
이 세상에 내려가 그를 받아 만백성이
기록하고 전하는 자들이 있을 것이며,
39 그들로 하여금 나로부터 터치를 받은
자들이 더 이상 저희들 생각으로써
하지 말며,
40 저희의 부끄러운 점을 내가 지적할
때 그를 만백성에게 말할 수 있는 그
와 같은 것을 더하지도 말고 빼지도
말며 한 획의 글자를 고치지도 말라는
의미이니라.
41 이미 법전으로 나온 것은 손을 댈 수
가 없는 것이며 성령으로 나온 것은
손을 댈 수가 없음이니,
42 내가 너희들에게 성서에 기록된 뜻이
새로운 성령의 뜻이 세상에 계속 내려
온다는 의미임을,
43 곧 160권의 책을 기록하는 나의 아들
이 잘못 전하는 것을 내가 막고자 하
는 그와 같은 깨우침의 역사임을 너희
들은 알아야 할 것이니라.
44 오늘을 예비하고 오늘을 대비하였음
이니, 곧 내가 무어라 하였더냐?
45 계주에서 바톤을 가지고 중간에 뛰는
것이 구약 시대요, 신약 시대라는 그
의미를 알아야 할 것이며,
46 마지막 주자의 결론을 위하여 그 중간
에 뛰는 자들이 존재하듯이, 구약과
신약에 오늘의 제3의 시대에 나의 법
전을 위하여 준비된 내용들이 거기
있음을 너희들은 알아서 깨우쳐 행하
도록 그리하라.

4,158 번째 하나님 말씀

2002년 12월 8일 06시 35분

1 사랑하는 나의 아들아!
2 "네, 아버님! 말씀하옵소서."
3 재물을 많이 모은 자, 재물을 많이 가
지고 있는 자, 그와 같은 자를 너희들
은 무조건 죄악시하지 말라.
4 그들이 그 재물을 모으는 과정에서 어
떠한 노력과 어떠한 것으로써 모았느
냐가 가장 중요한 것이며,
5 그들이 그 재물을 어찌 관리하고 쓰느
냐에 따라서 그 모두는 다름을 너희들
은 알아야 할 것이니라.
6 그리하여 그 많은 재물을 가진 자를
너희들은 죄악시해서는 아니 됨을 알
라.
7 육에서 재물을 쌓아 두지 말며 하늘에
인색하지 말며 많이 쌓아 두라 하는
것이 지금 너희들의 종교 집단들이 가
르치고 있는 방법이 아니던가?
8 재물이 있는 자를 죄악시하며,
9 그래서 그 죄를 용서받기 위하여 무조
건 너희들은 그 재물은 잘못되어 모은
것이라 하며, 노력하여 모으며 그가
절약하여 모은 것은 인정하지 아니하
며,
10 그리하여 그 재물을 많이 바치라, 많

이 바쳐 하늘에 많이 쌓으면 너희들이
축복이요, 영광을 받는다 그리 가르치
며 그리하여 너희들이 거둬들임이니
라.
11 하늘에 창고가 없으며 하늘에 쌓을 곳
이 없거늘,
12 저희들이 편안하고자 남의 재산을 착
취하는 사악한 방법으로써 우리 부자
의 이름을 지금까지 팔아먹고 있으며
영원히 너희들이 그 사악한 행위를 계
속하고자 하는 것이 지금 종교 집단이
가고 있는 것이니라.
13 내가 너희들에게 깨우치는 것은 무엇
이더냐?
14 잉여재물이요, 너희들이 가진 그 재물
중에서 남는 재산을 가난하고 어려운
이웃에게 너희 자신이 나누어 주고 살
면 되는 것이며 그것이 곧 나의 뜻이
거늘,
15 가진 자가 사랑하는 백성이요, 이웃의
어려운 고통을 알며 나누어 주는 것,
그것이 곧 나의 뜻임을 너희들은 알아
야 할 것이니라.
16 그들이 그리 쓰고 사용할 때 과연 그
들이 무엇이 죄악인가?
17 너희들이 거둬들이기 위하여 너희들
의 집단에 바쳐 그것이 하늘에 쌓이는
양, 그와 같은 방법으로써 바치는 자
바치며 거둬들이려고 그와 같이 너희
들이 그 거짓된 행위를 하고 있는 것
뿐이니라.
18 이제는 나의 피조물 만백성 중에서
재물이 있는 자, 능력이 있는 자, 너희
들은 가지고 있는 그 잉여재산을 너희
들이 직접 나누어 주도록 그리하라.
19 내가 너희들에게 일찍 깨우쳐 주었음
이니,
20 그게 바로 형제의 우애요, 사랑이요,
그와 같은 바탕에서 너희들이 진정한
나 여호와의 뜻을 알며 아름다움을 아
느니라.
21 너희들이 나를 찾으며 나에게 경배하
는 백성들이 어렵고 힘든 백성에게
너희들의 잉여재물을 나누어 주는 그
와 같은 용기 있는 행위를 할 때,
22 그것이 사랑이요, 믿음이요, 곧 만백
성에게 설교하는 것이며 전도하는 것
임을 너희들은 알아야 할 것이니라.
23 너희들은 말로써 하느니라.
24 하늘을 믿는 자 천국을 간다, 곧 너희
들의 심판의 시대가 왔으며 곧 벌을
내릴 때가 왔다 하며 너희들은 악을
쓰고 소리를 지르나,
25 그것을 듣는 자들이 무어라 말하는지
아느냐?
26 '너나 믿어 천국이나 가라, 불쌍한 인
간아!' 하며 도리어 믿지 않는 자들이
그리 말하고 너희들을 비방함을 너희
들은 어찌 모르는가?
27 그러나 그와 같이 너희들이 말로써
소리 지르고 말로써 전하고자 하지
아니하며 남에게 폐를 끼치지 아니하
며,
28 조용히 어려운 자에게 너희들이 가진
재물을 나누어 주며 나눔의 사랑을 베
풀 때,
29 그는 조용히 정녕 하나님은 계시며 하
나님을 믿는 백성은 다르다는 것을
깨달아 그가 나의 뜻을 알며 내가 존
재함을 알며,

30 그가 무릎 꿇고 기도하며 감사의 기도
를 할 수 있는 그와 같은 것이 전도함
이니,
31 너희들이 재물을 쌓아 놓고, 재물은
숨겨 놓고 말로써 악을 쓰고 소리 지
르는 것은 그들에게 너희들이 역으로
가도록 몰아붙이는 그와 같은 형국이
고 추한 행동임을 잊지 말라.

4,159 번째 하나님 말씀

2002년 12월 8일 06시 40분

1 사랑하는 나의 아들아!
2 "네, 아버님! 말씀하옵소서."
3 나 여호와 창조주요, 나 여호와가 너
희들에게 이루고자 하여 그 성서에
기록된 내용은 무엇이며 십계명이 내
려온 것은 무엇이며,
4 또한 구약의 역사의 시대와 신약의 암
흑의 시대의 흐르는 그 세월 속에서
내가 이루고자 하는 것은 무엇인가?
5 부자는 가난한 자에게 베풀어 다 같
이 너희들을 구원하고자 하는 것이
나의 뜻이며 나의 가르침임을 알아야
될 것이니라.
6 부자와 가난한 자, 잘못된 자, 아름답
게 사는 자, 그리고 제 임의대로 살지
못하는 자,
7 그와 같은 모든 백성들을 내가 구원
하고자, 또 깨우쳐 하늘에 오를 수 있
도록 하는 것이 그 모든 역사함임을
너희들은 알아야 할 것이니라.
8 그리하여 너희들은 오로지 가난하고
어려운 자들을 도와주고 베풀어 줄 때
아무런 조건 없이 베풀어 주는 그것이
진정한 하늘에 오르는 길이요,
9 가난한 자의 고통을 너희들이 조건 없
이 덜어 주며 그를 도와주며 그를 가
르치는 것이 구원의 길의 근본임을 너
희들은 알아야 할 것이니라.
10 어렵고 힘들게 살아가는 자, 저 자신
을 다스리지 못하는 자, 그리하여 남
들보다 어렵고 힘들게 살아가는 그 세
상에 태어난 백성, 그들을 너희들이
아무런 조건 없이 도와주는 것이 곧
구약과 신약에서 너희들을 가르치고
자 하며 깨우치고자 함이니,
11 십계명을 내리는 것도 또한 그 뜻이요,
12 나의 법전을 세상에 내려보내는 것도
그와 같은 일을 행할 수 있도록 너희
들에게 가르치고자 함이니라.
13 나 여호와는 부자와 가난한 자, 잘못
되는 자, 잘못 살아가는 자, 저 자신을
다스리지 못하는 육신을 가진 자, 그
모두를 똑같이 구원하고자 하는 것이
나 여호와의 뜻이니,
14 그게 바로 나의 아들이요, 딸이요, 창
조주인 어버이의 마음이 아니던가?
15 그 이치 하나를 깨달으면 너희들이 하
늘에 오르는 길이 얼마나 간단한 것이
며, 너희들이 세상에 나갔다가 다시
돌아오는 그 길이 얼마나 편안한 길인
가를 너희들은 알게 될 것이니라.
16 그 하나 실천하는 것을 위하여 너희들
이 그 많은 역사의 세월 속에 많은 것
을 가지고 너희들을 깨우치고자 했으
나,
17 너희들이 그리 행하지 못하며 그를 알
지 못하며 따르지 못함이니, 이를 내
가 너희들에게 제3의 시대에 깨우쳐

주고자 함이니라.
18 지금 제3의 시대가 그와 같은 변화를
이루며 그와 같은 역사를 이루고자 하
는 것이 나 여호와의 뜻이니라.
19 그리하여 그와 같은 역사를 이루는 시
대에 사는 나의 백성들, 그들의 후손
이 영원히 존재하며 나 여호와의 구원
의 길을 오르고자 한다면 그 백성만이
오를 수 있음을 너희들은 알아야 할
것이니라.
20 어렵고 힘든 자 누구에게나 너희들이
아무런 조건이 없으며 계산 없이 베푸
는 것, 그리 행하고 살아가는 길만이
너희들이 하늘에 오르는 길임을
21 나의 아들의 사랑하는 제자들, 그리고
또 나의 법전을 읽은 백성들, 너희들
은 이웃의 형제에게 그와 같은 것을
깨우쳐 주어 그들이 구원의 길을 바로
볼 수 있도록 그리 최선을 다하는 삶
을 살도록 하라.
22 그것이 너희들이 하늘에 오르는 길임
을 알아야 할 것이니라.

4,160 번째 하나님 말씀

2002년 12월 8일 06시 46분

1 사랑하는 나의 아들아!
2 "네, 아버님! 말씀하옵소서."
3 사랑의 실천이라는 것은 너희들이 말
로써 사랑을 실천하는 것이 아니요,
이론으로써 사랑을 실천하는 것이 아
니며,
4 종교 지도자들이 단상에 서서 설교를
잘하는 것이 사랑을 전하는 것이 아니
며, 그와 같이 설교라는 것이요, 교리
를 듣는 것이 사랑이 이루어지는 것이
아님을 너희들은 알아야 할 것이니라.
5 사랑이라는 것은 직접 실천함이요, 너
희들의 행함에 있음을 알아야 할 것
이니라.
6 사랑이라는 것은 말로 들으며 말로 전
하는 것이 아니요,
7 몸소 너희들이 실천하고 행하는 것,
그곳에서만 내가 원하는 사랑을 이룰
수 있음이요, 이웃을 네 몸과 같이 사
랑하는 그 역사의 뜻을 너희들이 행할
수 있는 것이니라.
8 그러하니 너희들은 믿음이라는 것이
영적으로 믿음이요, 영적으로 구원을
받으며 그 행함만이 너희들이 창조주
나로부터 구원을 받는다는 그와 같은
생각을 하고 있음이니,
9 너희들은 나 창조주가 말하는 사랑이
요, 이웃을 네 몸과 같이 사랑하라 함
을 과연 알고 있는가?
10 너희들은 이를 지키려 하지 아니함이
니라.
11 오히려 너희들은 그리 말하느니라.
12 인간이 행하는 그 기본의 행동은 죄악
시하며 너희들은 그저 영적으로 구원
을 받는다 그리 말하며, 그것만이 구
원을 받는다 그리 말하고 있음이니,
13 이 얼마나 너희들이 잘못 가고 잘못
깨우치고 있는가?
14 너희들의 육이 존재하는 그 육의 삶
의 세상에서는 너희들이 영적인 변화
를 노력하는 것보다도 육적으로 행함
이 얼마나 소중하고 귀한지 알아야
할 것이니라.
15 내가 너희들에게 말했듯이 말로써 사

랑이요, 말로써 나눔이요, 말로써 설
교하며 사랑을 베풀며 사랑을 하며 살
라 하며 그를 천날 만날 듣는다 해도,
16 너희들이 행동을 하지 아니하면 사랑
은 없기 때문이며 사랑의 표현을 알
수 없기 때문이니, 너희들은 이를 알
아야 할 것이니라.
17 너희들은 재물을 소유하고 있는 자가
나누어 주는 것이라 그리 가르침이
나의 뜻이라는 것을 알아야 할 것이니
라.
18 사랑은 말과 설교가 아님이니라.
19 행동을 하는 것임을 너희들이 알아야
할 것이니라.
20 그리고 나누어 주는 것, 너희들의 재
물을 나누어 주는 것이 사랑이며, 너
희들의 행함임을 알아야 할 것이니라.
21 그러나 지금의 모든 종파들은 어찌
말하는가?
22 이 중요한 것을 너희들은 모르고 있음
이니라.
23 행동으로써 아무리 선한 일을 하고
아무리 아름다운 일을 해도 너희들은
영적인 구원을 받는 너희들의 손으로
지은 성전에 와 영적인 구원을 받고자
재물을 바치며 매달리지 아니하면,
24 너희들은 죽은 자라 가르치며 그것은
죽음과 같다 말함이니 이를 어찌하여
야 되겠는가?
25 정녕 죽음의 행동을 하며 죽음의 길을
가며 죽음의 길을 달려가는 자들이 산
길을 가고자 하는 그들에게 죽음의 길
을 가는 자라 그리 말하고 있음이니,
26 내가 너희들에게 이제 하늘의 뜻을 가
르침이니,
27 너희들은 영적인 구원을 위하여 매달
리는 그와 같은 보이지 않는 그 믿음
의 길을 가는 것이 아니요,
28 너희들이 나눔이요, 행동을 직접 실천
함으로써 피부로 느끼며 그것을 깨달
을 수 있는 것이 곧 너희들이 사랑을
베풂이요, 나눔을 베푸는 것이니, 육
이 살아 있는 그 속에서 존재함이니
라. 이를 잊지 말라.
29 이와 같이 행동하는 것은 죽음이요,
정녕 하늘에 오르는 길이요, 나의 뜻
을 위하여 육으로써 사랑을 베풀고
나눔을 베풀고 살아가는 것은 죽음의
행동이며 죽음의 길을 가는 것이라
가르침이니,
30 나 여호와가 그를 듣고 노하지 아니할
수 없으며, 내가 그를 듣고 얼마나 분
통해하고 있겠는가?
31 나의 이 뜻을 너희들은 알아야 할 것
이며, 만백성에게 전하여야 할 것이니
라.
32 어려운 자에게 새로운 삶을 열어 주며
어려운 자에게 새로운 삶의 길을 열어
주는 것, 그것이 바로 사랑이요, 이웃
을 네 몸과 같이 사랑하는 것이니, 그
게 내가 가르치는 뜻이거늘,
33 너희들은 육에서 행하라는 것은 행하
지 아니하고 육에 있는 그 존재에서
말로써 영적인 구원을 받으면 되는
것이요, 믿음의 영혼을 위해 살아가면
된다 그리 말하니,
34 얼마나 너희들이 가지고 있는 것을 나
누기를 싫어하며, 나누고자 하는 자에
게 나누지 못하게 하는 그 사악한 행
동을 하고 있는 것인가?

35 이를 보는 나 여호와의 분노함을, 너
희들이 나 여호와의 마음을 달래 주라
함이 여기에 있으니 그리 알라.

4,161 번째 하나님 말씀

2002년 12월 8일 11시 59분

1 사랑하는 나의 아들아!
2 "네, 아버님! 말씀하옵소서."
3 너의 제자들에게 이르라, 그들의 책무
가 얼마나 중요하고 얼마나 어려운 길
을 가는가.
4 나의 아들 예수가 33세의 나이로 그
어려운 죽음의 길을 선택하였으니, 너
희들 인간 세계와 너희들의 삶과 결별
하였음이니라.
5 나의 아들이 지금 법전의 3부를 세상
에 내며 나의 법전이 세상에 퍼질 때,
6 나의 아들이 너희들과 거리를 멀리 두
고 혼자 그가 160권의 법전을 쓰며 세
상에 나오지 아니한다면, 그가 곧 죽
음이 아니고 무엇이던가?
7 죽은 자와 같은 그 길을 가는 것이 아
니던가?
8 그 길이 머지않았음을 너희들은 알아
야 할 것이니라.
9 그리하여 나의 아들이 160권의 법전
을 기록하여 만들고 세상에 나왔을
때, 또 그는 죽은 자가 아니고 산 자라
말하는 사람도 있을 것임이니,
10 나의 아들이 곧 세상에서 너희들과 더
불어 자취를 감추게 됨이니, 이는 바
로 무엇이던가?
11 나의 법전의 역사를 이루기 위한 그
길을 가고자 함이니라.
12 그 시간이 머지않았음이니, 곧 이는
나의 아들 예수가 죽어 그와 같이 너
희들의 인간 세상의 제자들과 모두의
인연이 끝나듯이,
13 그가 산속이요, 그 혼자만의 길을 갈
때 너희들과 모든 인간관계요, 인연의
관계가 끊어짐이니, 너희들은 이 소중
함을 알아야 할 것이며,
14 그의 음성으로써 그의 뜻으로써 지금
너희들이 직접 강론을 들으며 그 깨달
음을 듣는 것이 머지않았음을 너희들
이 알아야 할 것이니,
15 오늘의 너희들의 이 시간과 너희들의
오늘의 깨달음이 얼마나 귀하고 소중
한 것이며, 여기에 선택된 너희들이
과연 어떠한 백성인가를 너희들 스스
로 알아야 할 것이니라.
16 그가 정녕 160권의 법전을 만들기 위
하여 너희들과 결별하여 세상 속에서
홀로 들어갈 때, 그 누구도 내가 직접
내리는 음성을 들을 수가 없으며 그가
강론하는 것을 들을 수 없음이니,
17 오로지 영원히 존재하는 것은 오늘의
강론을 들으며 오늘의 가르침을 들으
며 깨달음을 듣는 너희들밖에 남아 있
지 아니하며,
18 오로지 너희들이 전하고 전하는 그것
으로써 새로운 시대가 열리는 그 역
사가 열어짐이니,
19 너희들이 앞으로 전하는 그것이 하나
도 더해서도 안 되며 빼서도 안 되는
것이 너희들의 대명임을 오늘 가슴 깊
이 심어야 할 것이니라.
20 나의 아들을 평하며 나의 법전을 평하
며 오늘의 강론을 들었던 그와 같은

역사의 그 현실을 너희들은 있는 그대
로 가르치고 전하여야 할 것이 너희
들의 대명임이니라.
21 그리하여 내가 성서에다 이미 한 자도
빼고 더하지도 말라는 것은 오늘 내가
직접 내려와 세상을 통제하는 제3의
시대의 이 역사를 위하여 준비하여
전했던 뜻이라는 것을 너희들은 믿지
않으려 하나, 이는 엄연한 사실임을
알아야 할 것이니라.

4,162 번째 하나님 말씀

2002년 12월 9일 07시 10분

1 사랑하는 나의 아들아!
2 "네, 아버님! 말씀하옵소서."
3 지금 수천 년 동안 흘러온 그 종교의
형태를 이제는 너의 제자들과 나의 피
조물 만백성, 나의 법전을 읽은 너희
들은 심층분석해서 너희들 스스로 평
가하고 판단을 해야 할 때가,
4 그리고 너희들 마음 자체를 굳건히 하
는 그와 같은 변화를 이루어야 할 때
가 되었음을 알아야 할 것이니라.
5 내가 나의 아들을 통하여 성서의 오류
요, 잘못된 부분과 그리고 그들이 이
해하지 못하는 그와 같은 부분들을 너
희들에게 깨우쳐 책으로 기록하여 너
희들이 볼 수 있도록 그리 말하였음이
니,
6 이제는 정녕 하늘에 오르는 길이 무엇
이며 지도자로서 가야 할 길이 무엇인
가를 너희들은 스스로 그 모두를 보
며 분석하여
7 너희들이 지도자로서 가야 할 길과 너
희들이 행해야 할 것이 무엇인가를
정녕 깨우쳐,
8 내가 원하는 그 길이요, 그 뜻을, 그
역사를 이루는 데 너희들이 그 모두를
다 바쳐 이루어 내야 된다는 굳은 결
의와 각오를 갖지 아니하면,
9 너희들이 밀려오는 파도보다도 더한
그 변화의 소용돌이에서 지탱하고 견
딜 수 없는 그 무서운 결과가 올 것을
알아야 할 것이니라.
10 이는 너희들이 많은 나의 피조물 만
백성을 구하기 전에 스스로 너희들이
그 구원의 길에서 손을 놓게 되며,
11 그것을 너희들이 버림받는 그와 같은
나의 백성으로서, 너희들이 그 원하고
그리도 바라던 구원의 길에서 너희들
은 정녕 그 빛을 볼 수 없으며 그 천국
의 문을 들어설 수 없는 그와 같은 형
국이 됨이니,
12 너희들 스스로 구원을 받아 그 결의가
굳어진 다음 만백성을 구하는 데 어떠
한 소용돌이가 몰아치며 대변화를 이
룬다 해도 굳건히 견딜 수 있는 그와
같은 마음자리가 너희들에게 설 것이
니, 이를 깊이 깨우쳐 행하여야 할 것
이니라.
13 너희들은 수천 년 동안 믿어 온 그 역
사에 오로지 저희들만이 가는 길이 옳
은 길이요, 거기에 무엇도 받아들일
수 없으며 오로지 저희들만이 정녕 나
로부터 선택된 백성이요,
14 그 모두는 다 이단이요, 사탄이요, 사
악한 자요, 저희들을 지옥으로 이끌어
가는 그와 같은 거짓 선지자요, 거짓
된 자들이라 말하는 것이 굳어져 있으

며,
15 그를 돌릴 수도 없으며 변화시킬 수도
없는 그들을 개혁을 이룬다는 것은 얼
마나 어렵고 힘든 것인가?
16 그들은 목숨을 바쳐 이를 지키려 할
것이니라.
17 그러나 스스로 무너져 내려가는 그 종
교의 대혁명이요, 변화의 역사 앞에
그들이 얼마만큼 잔인무도한 형국으
로 될지 너희들은 모를 것이니라.
18 지금 그들이 사랑이라는 근본이 무엇
인지도 모르며 나눔이 무엇인지도 모
르며
19 오로지 저희들이 구원을 받겠다는 그
구원의 하늘에 오르는 티켓을 사기 위
하여 모두를 다 바치는 그와 같은 길
을 온 자들이기에
20 그들의 본심이요, 본색이 드러날 날이
머지않았음이니, 그 무서운 힘은 너희
들이 감히 감당하기 어려울 것이니,
21 너희들 자신이 그 모든 목숨을 내놓
고 지킬 수 있는 그와 같은 굳은 마음
의 결의가 아닌 다음에는 이루어질 수
가 없음이니,
22 이제 너희들이 확고히 스스로 평가하
여 너희들의 모두를 바쳐 네 자리를
지킬 수 있는 사람으로 굳어지는 그와
같은 시간을 가져야 하는 것을 잊어서
는 아니 됨을 알아야 할 것이니라.

4,163 번째 하나님 말씀

2002년 12월 9일 07시 16분

1 사랑하는 나의 아들아!
2 "네, 아버님! 말씀하옵소서."
3 구약의 시대와 신약의 시대의 역사를
이루며 나의 아들 예수의 죽음을 바라
보며 너희들을 구원하고자 했던 나 여
호와의 뜻에 따라 만백성을 구한다는
종교 집단이요, 지도자들이 과연 어찌
가고 있는가?
4 그들은 나 여호와의 모든 권한을 저희
들이 대행하는 자며, 나로부터 모든
것을 위임받은 자며,
5 그리하여 나 대신 모두를 저희들이
역사할 수 있는 그와 같은 자라 착각
하고 있는 것이 지금의 지도자들이며,
6 그들은 스스로 작은 신이 되어 있으
며, 그리하여 저희들이 작은 신이 되
어 있는 그 군림하는 속에서 그 환각
속에 스스로 저희들이 젖어들어 있음
이니,
7 저희들이 지금 하고 있는 행위와 가고
있는 길이 어떤 길인가를 그들은 스스
로 알지 못하며 환상의 착각 속에 있
음을 알아야 할 것이니라.
8 그들은 정녕 부인할 것이니라.
9 저희들은 절대 그러한 것이 없으며 나
여호와의 종이요, 만백성을 구하는 종
으로서 저희들은 살아가는 것이며,
10 저희들이 나 여호와를 대신하여 모든
권한을 행사하고 있다는 것을 모르며
작은 신이 되고자 한다는 것을 그들은
모르고 있음이니라.
11 오죽하면 그들이 저희들은 심판할 수
없으며 저희들을 위하여 잘 받들고 저
희들을 떠받들며 저희들의 뜻에 따르
며 순종하는 자가 구원을 받는다 하며,
12 종교 지도자라 하여 나의 뜻을 대행
하는 자라 하여 저희들은 바로 그와

같은 영웅적인 대우며 권위적인 대우
에서 나 못지않은 그와 같은 자리를
저희들이 차지하고 있다는 것을 스스
로 모르고 있음이니라.
13 그들은 지금 천국의 문을 마음대로 열
고 닫을 수 있으며,
14 그리고 저희들의 말을 따르며 저희들
을 따르는 자만이 그 문을 들어갈 수
있으며, 들어가는 길을 저희들이 인도
하고 가르쳐 준다 그리 말하고 있지
아니한가?
15 나 여호와만이 사하여 줄 수 있는 너
희들이 지은 죄의 대가를 그들은 저희
들이 사하여 줄 수 있다 그리 가르치
고 있는 것이 지금의 그들의 실정이
아닌가?
16 그리고 저희들만이 그리할 수 있다 생
각하고 있으며 가르치고 있음이니라.
17 그들은 무어라 말하는가?
18 구원할 수도 있고 저주할 수도 있다
그렇게까지 말하느니라.
19 나의 사랑하는 백성들을 저주할 수
있으며 구원할 수 있는 것이 지금 종
교 지도자 저희들이니,
20 저희들에게 순종하고 따르는 자는 구
원을 받을 것이며 구원의 길로 저희들
이 인도한다 그리 말하니, 그게 얼마
나 추한 작태이던가?
21 그러면서 저희들을 따르는 자만이 구
원을 받는다 그리 말하고 있음이니,
22 이게 바로 저희들이 신이 되어 있는
것이며, 신이 되어 행하는 것을 스스
로 모르면서 그들은 그와 같이 젖어
있으며 그들은 그 속에서 도저히 빠져
나올 수 없으며 그곳에서 헤어나올 수
없는 그와 같은 형국에까지 가 있느니
라.
23 작은 신이 되어 있으며, 저희들이 지
도자요, 권한의 그 대행을, 나 여호와
보다 더한 능력을 부여받고 있으며 저
희들이 행할 수 있다는 그 착각 속에
있기 때문에 그들은 거기서 헤어날 수
도 없으며,
24 세상에 나의 참진리가 나온다 해도 받
아들이지 아니하며 보지도 아니하는
것이 그들이니라.
25 그리하여 그들은 저희들의 백성이요,
저희 신도라 하는 자들이 바른길을 가
고자 하여 참된 길을 가고자 하나,
26 그것은 지옥이요, 마지막 사악한 자의
장난이니, 너희들은 절대 들어서도 안
되며 보아서도 안 된다 하여 구원할
수 있는 그들의 기회마저도 저버리도
록 하는 것이 지금의 종교 지도자들이
하고 있는 작태임을 너희들은 알아야
할 것이니라.
27 그들이 아무리 부인하며 극구 부인하
여 그와 같은 짓을 하지 아니한다 해
도, 저희들을 잘 받드는 자만이 구원
을 받는 것이며, 낳아 준 부모요, 형제
보다도 저희들을 먼저 받들고 생각해
야 하며,
28 저희들이 하는 모든 추악한 죄악은 다
스릴 수 없으며 그를 평해서도 아니
된다 말하는 그것이 바로 그들이 그와
같이 되어 있는 그 착각과 환상 속에
있기에,
29 그들은 마약 중독자 중에서도 영원히
구원받을 수 없을 만큼 무너지고 망가
져 있는 그와 같은 형태이니,

30 그 앞에 가서 구원받는다며 '아멘!, 할
렐루야!' 찾으며 재물을 바쳐 그가 마
약을 끊지 않고 더 투약할 수 있는 그
와 같은 행위를 하는 것이 너희들이
니라.
31 그러니 지금 너희들이 지은 성전에 가
재물을 바치며 기도하는 자, 마약을
하는 자에게 계속 마약을 할 수 있도
록 너희들이 마약을 살 수 있는 자본
을 대 주고 있다는 것을 잊어서는 아
니 되니,
32 너희들이 바치는 그 모든 행위가 죄
악이라 내가 말하였음이니라.
33 내가 이제 나의 아들을 통하여 나의
법전에 기록하였느니라.
34 마약이라는 것을 하여 한번 망가진
자는 거기서 헤어날 수 없으니,
35 그는 그 돈을 구하기 위하여 수단과
방법을 가리지 않고 추한 행위를 하는
곳에 너희들이 돈을 대어 주며, 그 마
약을 사서 계속 그를 망가트리며 그
를 쓰러지도록 하고 있는 것이
36 지금 너희들의 헌금이요, 십일조요,
재물을 대고 있는 형국이 그와 같은
것이라는 것을 알아야 할 것이니 그
리 알라.
37 이는 너희들이 죽어 내 앞에 왔을 때
알 수 있는 길임이니라.

4,164 번째 하나님 말씀

2002년 12월 9일 07시 24분

1 사랑하는 나의 아들아!
2 "네, 아버님! 말씀하옵소서."
3 너희들의 믿음의 역사가 흘러오는 변
천 과정이 처음에는 금과 같은 시대였
으며, 은과 같은 시대로 변하여져 또
너희들이 동과 같은 시대로 변해지며
지금은 무쇠와 같은 시대로 변화되었
으며,
4 그 무쇠는 퇴색될 대로 퇴색되어 그
가루가 날아가 떨어져 자리 잡은 것이
지금 너희들이 나의 아름다운 이 지상
의 성전에서 너희들의 손으로 나의 피
조물 만백성을 구원한다 하여 지어 놓
은 그 성전이며,
5 바로 무쇠가 녹아 썩어진 그 쇳가루가
날아가 자리 잡은 것이 그와 같은 형
국이라 내가 하였음이니라.
6 너희들은 처음에 나의 성령을 받을
때, 만백성에게 진정한 나의 성령을
전파하며 나의 뜻을 가르치는 데, 만
백성을 일깨워 주는 데 순수한 마음으
로써 최선을 다하여 백성들을 구하고
자 하는 그와 같은 지도자로서 시작하
였음이니, 그 시대가 황금의 시대였으
며,
7 나의 성령이요, 나의 뜻을 그리 나의
율법대로 살아가고자 발버둥쳤던 그
백성들이 있었음이니라.
8 그 시대가 지나며 나의 피조물 만백성
너희들은 어찌 되었는가?
9 너희들이 스스로 성전이라는 그 궁궐
보다 호화롭고 찬란한 것을 짓기 시작
하며 그 역사를 이루면서 그 위용 속
에서 너희들의 자만이 싹트며,
10 그곳에서 나의 성령이라 하여 나의 성
령을 더불어 너희들이 자만하고 그 위
대한 위용을 겸비하여 만백성을 너희
들이 장악하기 시작하였으며,

11 그리하여 장악되는 나의 만백성들을
너희들이 마음대로 부릴 수 있다는 그
만용의 시대가 시작됨이니,
12 그리하여 그것이 그와 같이 흘러가는
그 세월 속에서 은의 시대로 그리 벌
써 너희들은 퇴색되기 시작한 것이 그
시대임이니라.
13 그리하여 너희들은 그 은의 시대의 역
사를 지나면서 성령은 관계없으며 너
희들이 만든 계율에 따라 너희들이
만든 계명에 따라 너희들이 스스로 신
이 되는 그와 같은 위치를 장악하기
시작하였으며, 너희들이 또 그와 같이
착각하기 시작하였음이니라.
14 그리하여 너희들은 작은 신으로서 모
든 것을 너희들 인간의 능력으로 할
수 있으며
15 너희들이 만든 계명으로써 너희들이
지탱하며 나의 피조물 만백성을 우롱
하며 끌고 갈 수 있다는 생각에 빠져
그 환상의 세계로 점점 젖어 들어가,
16 너희들은 나 여호와를 밀어붙이며 내
자리를 차지하기 시작하는 그와 같은
형국이 되었음이니, 그게 바로 동의
시대며, 나를 밀어붙인 시대가 동의
시대임이니라.
17 그리하여 너희들은 그 시대를 또 지나
며 퇴색되기 시작함이니,
18 만백성의 구원과는 관계없이 그저 재
물을 모으는 데 너희들이 점점 그것
에만 빠지게 되었음이니 그게 바로 무
엇이더냐?
19 너희들이 무쇠와 같은 시대로 변화되
었음이니라.
20 그리하여 나를 경배하는 것이 아니요,
너희들 스스로 입맛에 맞게 나의 피
조물 만백성을 우롱하며 이끌어 가며,
21 그것이 부족하여 이제는 더럽고 추한
어떠한 재물이라도 거둬들여서 너희
들의 성전을 지탱하는 데 그 성전의
노예가 되어 그 성전을 운영하기에 급
급한 그와 같은 시대로 변하여져 지
금 너희들이 나의 피조물 만백성을 진
정 깨우치는 것이 아니요,
22 너희들이 손으로 지은 그 웅대한 성전
을 지탱하기 위하여 너희들은 그 성전
의 노예가 되는 그와 같은 시국이 되
었음이니,
23 썩고 썩어 부식되어 떨어져 날아가는
쇳가루가 앉은 그 자리가 바로 너희들
이 손으로 지은 성전을 운영하는 그곳
임을 알라.
24 이를 내가 너희들에게 상세히 일깨워
줌이니, 이를 읽고 깨우쳐 너희들이
그를 모른다 하면 너희들은 구원의 길
이 없음이니라.
25 물은 위에서 흐르는 그 물이 점점 밑
으로 내려가면서 스며들게 되어 있으
나, 그 아름다운 물이요, 생수가 흘러
가는 곳에 더럽고 썩은 물들이 중간에
끼어들기 시작함이니,
26 그 물은 흐르면 흐를수록 밑에 가서
먹을 수 없고 아무 곳에도 쓸 수 없는
물이 되는 그와 같은 형국의 믿음이
흐른 것이 대표적인 그 예임을 너희들
은 잊어서는 아니 될 것이니라.

4,165 번째 하나님 말씀

2002년 12월 9일 07시 41분

1 사랑하는 나의 아들아!
2 "네, 아버님! 말씀하옵소서."
3 나의 피조물 만백성 너희들을 얼마나
잘못 가르치며, 그들이 너희들을 유혹
하며 너희들로부터 재물을 거둬들이
기 위하여 얼마나 사악한 방법으로 가
고 있는가?
4 너희들은 정녕 나로부터 육을 받아 갔
으며 영혼 또한 나로부터 받아 갔음이
니, 너희들의 영과 육이 하나이니라.
5 그러나 그들은 지금 어찌 가르치고 있
는가?
6 육과 영혼은 분리된 것이며, 그래서
아무리 육이 선하고 선한 일을 한다
하여도 그 선은 저희들을 구원할 수
없다 그리 가르치고 있는 것이니라.
7 그리하여 말로써 믿는 영혼 그 자체
만이 구원을 받을 수 있으니, 저희들
이 손으로 지은 성전에 나와 기도하고
경배하며 눈물의 찬송을 부르는 것만
이 구원을 받으며,
8 저희들이 육의 행동을 어찌하건 그것
은 구원을 받지 못한다 함이니, 너희
들의 육이 아무리 선하고 선한 일을
해도 구원을 받지 못한다 그리 가르치
는 것은 육이 아무리 악하고 악한 짓
을 해도 관계없다는 것이며,
9 너희들이 손으로 지은 그 성전에 와
영혼만을 살리며 영혼을 구원받는 그
길에 노력하고 그 길을 가면 구원을
받는다 그리 가르치고 만백성을 세뇌
시켰음이니, 너희들이 가장 사악한 자
들이니라.
10 이 세상에 너희들이 하늘을 보고 땅을
바라보며 무어라 말하는가?
11 도둑이 이 세상에 우글거리며 사기
치는 자가 우글거리며 죄인들만이 사
는 마지막 종말의 시대가 왔다 함이니,
12 그와 같이 만든 것이 바로 너희들이
그와 같이 말하기 때문이니라.
13 육이 행하는 것은 아무리 선하고 선
한 일을 해도 그것은 선함이 아니요,
구원을 받지 못한다 너희들이 그리 말
하는 이면에는 무엇이 있더냐?
14 육은 어떠한 잔인한 짓을 해도 사악한
짓을 해도 육의 고깃덩어리가 하는 것
이니까 관계없으며,
15 너희들이 지은 성전에 와 헌금 바치고
눈물 흘리며 그저 영혼을 구하는 것,
그리고 나의 아들 예수를 찾으며 나를
부르면 구원을 받는다 그리 말함이니,
16 하나를 둘로 쪼개 놓고 너희들이 그리
가르치고 그리 말하여 왔기 때문에 그
들은 죄의식을 모르고 죄를 짓고 지금
육의 행동이 이와 같이 험악한 세상이
되어 있음이니라.
17 여기서 너희들이 깨달아야 할 것이니
라.
18 육의 세상에 너희들이 선하고 선한 일
을 함으로 구원을 받는다 그리 가르쳤
으며, 육이 잘못하는 행위는 더 무서
운 죄를 짓는다 그리 가르쳤더라면,
오늘과 같이 험악한 세상이 없었을 것
이니,
19 너희들이 소위 이야기하는 손으로 지
은 성전에서 나의 피조물 만백성을 구
원한다 하여 너희들이 그리 간악한 방

법으로써 나의 백성들을 지옥으로 이
끌어 가는 그와 같은 행위는 없을 것
이며 있을 필요도 없었음이니라.
20 너희들이 얼마나 간악한 자들인가?
21 너희들에게 와서 맹종하며 구원을 받
고자 재물을 바치며 눈물로써 너희들
에게 매달리는 백성들을 위해서,
22 육으로 짓는 죄는 아무것도 아니니,
보이지 않는 영혼의 세계에 영혼의
구원을 받기 위해서 믿음의 길을 가야
된다 그리 말하고 있으니,
23 얼마나 너희들이 무서운 자들인가 알
아야 할 것이니라.
24 지금 저 자신의 사랑으로, 제가 생각
하는 말로써의 사랑만이 구원을 받는
다 말하며, 저희들의 설교만이 구원을
받는 것이며,
25 행동은 필요 없고 말로써 세상 것을
다 주는 듯이 그와 같은 행위를 하는
것으로써 너희들이 구원을 받는다 그
리 가르치며 그 교만에 빠져 있는 지
도자와 백성 때문에
26 지금 참진리요, 나의 참뜻이 세상에
내려가며 나의 성령이 책으로 세상에
전해진다 해도
27 그 책을 보지도 아니하며 그를 읽지
도 아니하는 것이 지금 너희들의 형
국의 자세이니,
28 이를 어찌하여야 바로잡을 수 있겠는
가?
29 이와 같은 깊은 이치를 너희들이 깨우
쳐 행하는 삶을 살아야 할 것이니라.
30 지금 나의 피조물 만백성 너희들이,
그리고 믿음의 길을 간다는 그 백성들
이 가장 무섭고 두려운 것은,
31 지도자는 지도자로서 저희들이 죄를
짓고 있으며, 또한 그 잘못된 지도자
를 따라가며 그곳에 가는 나의 피조물
만백성 그들이 죄를 짓고 있음이니,
32 가르치는 자, 배우는 자 서로 죄를 짓
는 그 죄 속에서 살아가면서 그들이
죄인 줄을 모르기 때문이며, 너희들이
그를 깨닫지 못하는 것이 가장 무서운
것이니라.
33 사람의 얼굴이 각자가 다르며 생각이
다 다르며 깨달음이 다르니,
34 그들의 깨달음을 너희들을 위하여 하
나의 틀 속에 묶어 놓고 너희들이 한
방법으로써 그들을 이끌어 가고자 성
서를 가지고 같은 가르침이요, 같은
방법으로써 '깨우치라, 깨우치라.' 너
희들이 지금 한 가지 방법밖에는 모르
며 소리를 지르고 있음이니라.
35 그리하여 나 여호와로부터 새로운 역
사요, 새로 변화가 내려가는 것을 너
희들은 알지 못하며,
36 그저 성서만을 가지고 그 속에 모두가
있다는 것을 재탕 재탕하여 그것을 가
지고 평생 가르치며, 그 후손 또한 그
리 가르치느니라.
37 너희들이 지금 성서를 가지고 그것이
구원을 받는 길이라, 그것만이 옳다
그리 말하는 것은 너희들이 몸집이 작
은 짐승을 작은 틀 속에 집어넣는 것
과 마찬가지인 그와 같은 형국이니라.
38 너희들은 작은 틀 속에서 또한 짐승을
기르니 그 짐승이 세월이 지나면 그
몸집이 늘어나거늘,
39 그 짐승을 보고 그 틀 속에 있으라 하
며 너희들은 계속 퍼 먹이는 그와 같

은 형국의 믿음의 틀에 있음을 너희들은 알아야 할 것이니라.
40 나의 피조물 만백성을 그리 생각하고 있음이니라.
41 작은 틀 속에 그저 집어넣는 그와 같은 형국이요,
42 작은 틀 속에 있는 나의 백성이 성장하여 커 가는 것도 그 틀 속에서 견디라 윽박지르며 그곳에 고통과 시련을 주고 있는 것이 너희들의 지금 종교 지도자가 이끌어 가는 형국이니,
43 나의 피조물 만백성 너희들이 어려서 맞았던 그 옷을 늙어서도 입으라 하는 그와 같은 형국에 지금 그 속에서 고통을 당하고 있는 것이 나의 피조물 만백성임을 알아야 될 것이니라.
44 그리하여 내가 160권의 법전의 내용을 세상에 내려보내 너희들에게 맞는 옷을, 너희들에게 맞는 틀을, 너희들이 편하게 살아갈 수 있는 그 틀을 만들어 주는 것이며,
45 변화되는 너희들의 그 몸집에 맞추어 변화하여 그 틀을 또한 변화시키는 것이 내가 지금 너희들을 구원하고자 하여 이 성령을 내려보내는 뜻이 여기 있음을 알라.

4,166 번째 하나님 말씀

2002년 12월 9일 07시 52분

1 사랑하는 나의 아들아!
2 "네, 아버님! 말씀하옵소서."
3 하늘에 오르고자 하는 나의 피조물 만백성들이요, 구원을 받고자 하는 너희들은 너희들의 깨달음이 높아지며 경지에 높이 오른다 하였을 때,
4 너희들 스스로 남들보다 높은 깨달음을 갖고 세상사를 내려다본다 할 수 있는 그와 같은 경지에 올랐다 하여도
5 한눈을 팔아서는 아니 되는 것이 믿음의 길을 가는 백성들임을 너희들은 알아야 할 것이니라.
6 너희들이 아무리 깨달음이 높다 하여도 한순간에 한눈을 팔 때, 너희들은 아니 됨을 알아야 할 것이니라.
7 나 여호와에게 너희들이 구원을 정녕 받을 때 그 끝날 때까지 너희들이 오르지 못하고 떨어지면,
8 그동안에 너희들이 노력했던 그 모든 부분들이 하나도 없이 다 허사가 됨을 알아야 할 것이니라.
9 너희들이 아무리 목숨을 바쳐 그 깨달음의 경지에 오르고자 최선을 다하여 노력했다 하여도,
10 너희들이 쌓아올린 그 모두는 한순간에 허사가 되는 것이 믿음의 길을 가는 백성이며 구원의 길을 위하여 달려오는 너희들이니,
11 잠시라도 한눈을 팔아서 너희들이 무너지는 그와 같은 형국이 되어서는 아니 됨을 알아야 할 것이니라.
12 그리하여 너희들이 현재의 너희들 육의 삶이 얼마나 소중한 것인지, 너희들의 영과 육이 둘이 아니요, 하나임을 알아야 할 것이니라.
13 너희들이 육의 삶에서 한순간에 눈을 팖으로 인하여 너희들이 지금까지 쌓아 왔던 그 모두가 하루아침에 떨어짐을 알아야 할 것이며,
14 한번 떨어진 너희들의 그 위치에서 너

희들이 다시 선을 행하여 그 길에 오
르고 못 오르는 것은 너희들의 깨달
음이며 너희들이 살아가는 그 소중함
이니라.
15 악에 물들었을 때 그 악을 뿌리치고
나온다는 것이 얼마나 힘든 것인가를
알아야 할 것이니,
16 깨달음이 높으면 높을수록 너희들이
한눈을 팔아서는 아니 되는 것이며,
다른 길을 생각하고 그와 같은 길을
가서는 아니 되는 것이 너희들임을 깊
이 새겨 두라.
17 지금 나의 피조물 만백성 너희들이 살
아가는 형태며 너희들의 모습과 생긴
모양이 다 다르지 않더냐?
18 그러나 너희들은 육에서 모든 것이 다
다르다 하여 각자 다른 것으로 착각하
지 말라.
19 나에게 너희가 올 때에는 하나가 되는
뜻을 알아야 할 것이며, 하나가 되는
그 깊이의 의미를 알라.
20 그리하여 너희는 하나가 되어야 하며
되라 함이 거기에 있음을 너희들은 알
아야 할 것이니라.
21 너희들의 육과 영혼이 지금 분리되어
살아간다 생각하나, 너희들은 그가 하
나이며,
22 또한 너희들이 죽어서 영혼이 나에게
올 때 그때 너희들은 모두가 하나가
됨이니라.
23 그리고 너희들은 천 갈래 만 갈래로
갈라진 너희들의 형태에 따라서 너희
들이 다 다른 자가 아니니라.
24 영혼의 세계요, 구원의 길에 들어설
때 너희들은 모두가 다 하나가 됨을
알라.
25 그래서 지금 내가 너희들에게 하나가
되라 함은
26 육의 세상의 그 한계를 넘어 보이지
않는 그 세상의 삶을 사는 너의 제자
들이 되는 그와 같은 마음의 변화의
역사를 가졌을 때, 너희들은 영혼의
세상에 와 하나가 되듯이,
27 그 하나가 되는 대역사의 어렵고 힘든
길을 육의 세상에서 이루고 역사하는
것이 나의 아들로부터 선택된 제자 너
희들이 해야 할 일이며 가야 할 길임
을 알아야 할 것이니,
28 너희들이 얼마나 어렵고 힘든 길을
넘어야 하는 것인가를 알아야 할 것이
니라.
29 천태만상의 천 갈래 만 갈래로 이루어
짐이 없이 다 하나의 뜻임을 너희들
은 알아야 할 것이니라.
30 너의 제자들이 하나 됨을, 하늘의 세
상의 삶을 사는 것을 너희들이 알아야
한다는 것을 내가 다시 한 번 너희들
에게 깨우쳐 줌이니,
31 오늘의 모습으로써 너희들이 아니라,
오늘의 모습으로 이를 다 넘어 너희들
이 넘은 세상에서 다시 볼 때 너희들
은 그를 알 수 있음이니라.
32 그리하여 너희들이 하나가 될 수 없다
함은 너희들의 부족함이요, 너희들이
육의 장벽을 넘지 못함이니라.
33 너희들은 하나의 뿌리로서 세상에 나
갔으며 다시 하나의 뿌리로 모이는 그
와 같은 너희들의 그 삶이 이루어지
는 것을 알아야 할 것이며,
34 다음의 세상에서는 너희들이 하나의

뿌리에서 하나였다가 나간 것처럼 너
희들이 다 모여드는 것이 하나가 되는
것이니라.
35 그 세상의 하나가 되는 원리요, 이치
를 너희들이 깨닫는다면, 오늘의 인간
의 눈으로 보이며 너희들이 만지고 볼
수 있는 그 사물이요, 물질이요, 인간
관계의 장벽을 뛰어넘어 다음 세상의
너희들의 영혼의 세상에 하나가 되는
그 뿌리의 마음을 안다 하면,
36 귀하고 미운 자 없으며 너희들이 이
단이요, 사탄이라 말할 수 있는 자가
없음을 알라.
37 그 벽을 넘는 것이 너희들의 근본의
뿌리요, 영혼이 하나가 되는 것임을
깨우쳐 알도록 그리하라.

4,167 번째 하나님 말씀

2002년 12월 9일 07시 57분

1 사랑하는 나의 아들아!
2 너희들에게 육의 형체의 삶이 있으며
영혼의 삶이 동시에 있음이니라.
3 그러나 너희들은 이를 분리해 생각하
지 말아야 할 것이니라.
4 병행하는 삶을 살고 있다는 것을 너희
들은 알아야 할 것이니라.
5 그리하여 너희들이 영혼의 세계에 돌
입하며 너희들이 원뿌리의 하나가 되
었을 때, 생각이 서로 다르지 아니하
며 하나가 될 수 있는 것이며,
6 너의 제자들이 그와 같은 역사를 이룰
수 있음을 알아야 할 것이니라.
7 이는 그 누구도 넘을 수 없으며 생각
할 수도 없는 그 세상의 변화의 역사
를 너의 제자들에게 이루라 내가 가르
침이니,
8 이제 나 창조주요, 마지막 시대에 새
역사를 이루는 나의 아들을 따르는 너
희들이 소중한 나의 아들의 제자요,
나의 백성임을 알아야 할 것이니라.
9 너희들이 영혼의 세계에 돌입하여 너
희들의 원뿌리가 하나였음을 깨닫고
너희들이 그 세상에 돌입했을 때 너희
들은 하나가 될 수 있으며 생각이 하
나가 될 수 있음이니라.
10 그 선을 넘지 못한다면 정녕 너희들은
하나가 될 수 없는 것이니라.
11 세상사에 살아가는 생활 속에서 너희
들이 물질적인 것이요, 어느 것도 걸
림이 없음이니, 하나가 될 수 있는 것
이 바로 그것이니라.
12 영혼의 원뿌리를 너희들이 안다면, 이
모든 세상에 존재하는 물리적인 어떠
한 것도 너희들에게 걸림돌이 되지 아
니하며 아무런 장해가 되지 아니함이
니,
13 그 선을 넘어 세상을 보는 것이 하나
가 되는 것이니라.
14 너희는 물질적인 그 걸림을 넘지 못하
며 형체의 삶에 얽매여 살다 너희들이
죽어 와 나에게 심판을 받는 그와 같
은 형국이 되어 있음이니라.
15 지금의 모형이요, 형태의 모든 특성들
을 너희들이 부딪칠 때마다 천 가지
만 가지 부딪치는 그 형체의 삶의 세
상에서 그를 뛰어넘고 벗어나는 그와
같은 깨달음이 없이는 정녕 너희들이
하나가 될 수 없는 것이니,
16 그 모두를 뛰어넘는 그와 같은 너희들

의 깨달음의 삶을 알아야 할 것이며,
그를 볼 줄 아는 것이 경지에 오름이
요,
17 그게 곧 천사요, 너희들이 나의 성령
의 뜻과 같은 마음으로 변하는 것이니
라.
18 너희들이 나의 법전을 읽고 깨우치는
것도 정녕 너희들이 나의 법전을 깨우
치는 자는 너희들이 곧바로 선 대나무
숲을 아무 거침없이 바람이 흘러가듯
이
19 그와 같이 신선하고 곱고 아름다움을
느끼는 것이며 황홀함을 느끼며 너희
들이 이 법전을 접한 것이 충만하며
영광인 것을 알 것이니,
20 그 법전의 뜻을 너희들이 바라볼 때
쭉쭉 뻗어 오른 그 대나무 숲처럼 너
희들의 마음이 곧아지는 것을 알며,
21 그 숲을 아무런 거리낌 없이 흘러가는
바람의 그 경쾌한 것을 느꼈을 때 너
희들이 나의 법전에 눈을 뜨게 됨이니
라.
22 그와 같은 기쁨과 영광이요, 그 황홀
함을 얻지 못할 때, 너희들은 나의 법
전에 있는 그 뜻을 아직 깨닫지 못하
는 것이니,
23 아직도 너희들이 구원의 빛에 한 발도
들여놓지 못함을 알라.
24 너희들이 허물이요, 껍질을 벗고 하나
의 영혼이 되어 법전을 읽을 때, 넓은
초원을 달리는 그와 같은 너희들의 모
습이 될 것이며,
25 꽃이 만발한 그 초원 위에서 너희들이
춤을 추는 그와 같은 형국으로 그 법
전이 너희들의 머리에 다가왔을 때,
26 너희들이 나의 법전을 그때야 들여다
보는 그와 같은 영광을 얻는 축복을
받게 됨이니,
27 그와 같은 너희들의 깨달음이 있을
때 정녕 너희들이 변화되기 시작함을
알아야 할 것이니라.

4,168 번째 하나님 말씀

2002년 12월 9일 08시 33분

1 사랑하는 나의 아들아!
2 "네, 아버님! 말씀하옵소서."
3 그리도 갈구하고 갈구하는 그 믿음의
길이요, 구원의 기초의 길이라 하는
그 길을 인도한다는 모든 종파의 가르
침은 나 여호와의 뜻을 정녕 모른다
함이니라.
4 그들은 나의 뜻을 전혀 알지 못하며
내가 원하는 그 기초도 모르는 것이
니, 그리하여 그들은 사물의 부딪침을
벗어나기에 급급한 그와 같은 삶을
살아가느니라.
5 종교 지도자요, 성서를 깨달으며 하늘
의 이치를 가르친다는 그 지도자들이
하늘의 이치와 하늘의 뜻을 모르고 있
음이니,
6 인간 세속에서 살아가는 백성들이 사
물에 부딪히며 현실에 부딪히며 생활
에 부딪혀 나가는 그것을 벗어나지 못
함이니라.
7 그리하여 그들은 저희들이 인간 세속
에 살아나가는 금화와 은화가 필요함
이니, 그 필요한 것을 세상에서 거둬
들이는 그 벽을 넘지 못함이며,
8 그를 버리고 가는 그와 같은 믿음이

요, 그를 초월한 믿음의 그 경지를 넘
지 못하는 것이 지금 종교 지도자들이
가는 길이니라.
9 하늘의 뜻이요, 하늘의 이치를 가르치
며 인간 세속의 그 너머의 세상의 뜻
을 가르쳐야 하는 것을,
10 저희들은 인간 세상에 부닥치는 그 한
계를 벗지 못하여 그리하여 너희들이
필요한 금화와 은화를 거둬들이기에
급급한 것이 지금 종교 지도자요, 그
집단이 가고 있는 길이니, 그 부닥치
는 것의 벽을 넘지 못함이니라.
11 그 경지를 넘어 삶을 벗어나지 못하는
것이 지금의 종교 집단들이요, 그들이
이끌어 가는 것이니라.
12 그리하니 그 선을 넘지 못하며 그 경
지를 넘는 깨달음을 얻지 못한 지도
자들 밑에 가서 구원을 받겠다 매달리
는 나의 불쌍한 백성들, 그들을 과연
너희들은 어찌 보는가?
13 지금의 모든 종교 집단이요, 종교 지
도자요, 배우고자 하는 그 깨달음을
얻고자 하는 백성은 목이 마르면 당연
히 물을 먹고 물을 찾듯이,
14 목이 마르면 물을 찾으며 배가 고프
면 밥을 먹어 배를 채우는 그와 같은
수준을 벗어나지 못하고 있는 것이 지
금의 그들이 가는 길이니라.
15 그리하여 그들은 성경의 그 깊은 뜻이
요, 나 여호와의 뜻을 모르느니라.
16 배불러 배를 채우면 그저 만족한 짐승
과 다름없는 그 삶의 한계를, 그 세상
을 넘지 못함이니라.
17 그 세계를 넘어 믿음의 길을 가지 못
하고 있음이니,
18 그러면서 그들이 구원을 받았다 말하
고 있는 것이 지금의 종교 집단의 지
도자요, 그 밑에 가 구원을 받겠다 울
부짖는 나의 수많은 백성들이요, 수십
억 인구의 백성들이 그리 가고 있는
것이니라.
19 이 세상에 살아가는 모든 사물과 물질
과 생활 속에 부딪치는 세상의 이치
를 넘어야 하는 것이 구원의 길이며
하늘에 오르는 그 영광의 길을 보게
됨이니, 그를 모름이니라.
20 그리하여 너희들은 영혼의 원뿌리로
돌아가는 그 이치와 그 방법과 그 길
을 모르고 있으니,
21 이 불쌍하고 가련한 나의 피조물 만
백성들에게 나의 법전을 전하여 그들
이 읽고 깨우치도록 하여,
22 지금의 달려가는 그 길에서 발을 멈추
어 영혼의 원뿌리를 돌아다보는 그와
같은 깊은 깨달음을 얻어야 할 것이며,
23 그 이치와 그리고 너희들의 영혼의 원
뿌리가 하나로 이루어지는 세상에 가
는 그 방법과 그 길과 그 뜻을 깨우쳐
주는 데 그들에게 주저해서는 아니 될
것이니 그리 알도록 하며,
24 그 일을 행하도록 너의 제자들과 나의
법전을 읽는 백성은 그리하여야 할
것이니라.
25 그리하여 나의 법전을 많은 백성들이
요, 세상에 전하는 것에 게을리하지
말라.

4,169 번째 하나님 말씀

2002년 12월 9일 08시 48분

1 사랑하는 나의 아들아!
2 "네, 아버님! 말씀하옵소서."
3 너의 제자들과 만백성에게 전하여 깨
우쳐야 할 것이니라.
4 너희들 인간 세상에서 자식이 죽어 가
는 모습을 볼 때 얼마나 가슴이 아프
고 저리겠는가?
5 병마에 시달려 또 제 명이 다하여 죽
는 자도 그렇거늘, 그러나 나의 아들
예수는 그가 죽음의 길을 선택할 때
얼마나 고통과 시련과 어려움 속에서
그가 그 길을 감내하며 갔던가?
6 그 모두를 바라보고 인내한 나 여호와
의 뜻을 따라 만백성을 깨우쳐 하늘에
오르게 하겠다는 그 길을 가르치는 지
금의 종교 지도자는 과연 어찌 가야
하겠는가?
7 너희들은 나의 아들이 죽어 가는 그
고통을 바라보는 나 여호와요, 그를
인내하고 바라보았던 나 여호와요,
8 너희들을 구원하기 위하여 나의 아들
이 그리 죽어 가는 그것도 보통 죽음
이 아니요,
9 고통과 고통의 시련 속에서 가장 극
형의 형장의 이슬로 사라져 가는 그
모습을 바라보는 나 여호와요, 나의
뜻에 따라 만백성을 구한다 하는 그
종교 지도자는 과연 그 자세를 어찌
가야 되겠는가?
10 과연 그들이 한 점의 부끄럼이 있는
행위를 하는 지도자로서, 그와 같은
종파의 집단으로서 가도 되겠는가?
11 하늘을 향하여 저희들이 정녕 나의 아
들의 고통을 대신하여 그 길을 위하여
깨우침을 만백성에게 가르친다는 그
들은 바로 나 여호와를 향하여 한 점
의 부끄럼이 없는 진정한 아름다운 삶
을 살아가는 자만이 만백성을 구하는
진리를 가르치는 지도자라 말할 수 있
음이니,
12 너희들 스스로 가슴에 손을 얹고 각자
그 깨우침이요, 반성의 시간을 갖도록
경종을 울려야 하는 것이 너희들의
대명임을 알아야 할 것이니라.
13 그와 같은 속에서 그 진리를 깨우쳐
하늘로 인도한다는 지금의 종파요, 모
든 종교 지도자들은 그 깨우침이요,
참진리를 가르치는 것이 아니요,
14 저희들이 이 세상 육신의 삶 속에서
우리 부자의 이름을 팔아 한살림을 차
려 보고자 함이며,
15 그득히 재산을 모아 한살림을 꾸려 보
고자 하는 것이 너희들의 지금의 종교
지도자요, 집단들이 가고 있는 그 형
태며 그 형국이라 하면, 너희들은 여
기서 정녕 그렇지 아니하다 말할 것이
니라.
16 그러나 나 여호와가 바라보는 너희들
의 형태는 그러하니라.
17 지금 우리 부자의 이름을 팔아 한살림
을 차려 너희들의 육의 삶에 부귀영화
를 누리고 살겠다는 그 생각이 앞에
있는 것이,
18 그리고 남들 앞에 군림하며 남들 앞
에 군림하여 지도자가 되고자 하는 것
이,
19 그리고 제왕적인 자세로 그 대우를

받고자 하는 것이, 심지어는 나 여호와를 밀어붙이며 내 자리에 너희들이 앉아 모든 것을 행사할 수 있는 대권이요, 그 모든 권한을 위임받은 것처럼 그와 같이 만용을 부리고 있는 것이 너희들의 지금의 형태이니라.

20 과연 이를 내가 어찌 봐야 하겠는가?

21 내가 이런 너희들을 볼 때, 과연 너희들을 그대로 칭찬하며 너희들을 사랑하는 마음으로 볼 수 있겠는가?

22 지금 너희들의 그와 같은 형태의 행위를 내가 더 이상 보고 있을 수 있겠는가?

23 너희들이 나의 모든 백성들을 지옥으로 이끌어 가는 그와 같은 행위를 하고 있음이니라.

24 그리하여 그와 같은 자들 밑에 나의 사랑하는 백성들이 이용당하는 것이며, 그들이 세뇌되어 너희들의 말에 그저 '옳소, 옳소!' 눈물 흘려 손뼉 치며 그리 따라가고 있음이니,

25 그들 앞에 있는 선한 체하는 그 선한 양의 탈을 쓴 것은 보이나, 그 뒤에 있는 늑대와 같은 사악한 마음을 그들은 보지 못함이니라.

26 앞에 가리고 있는 양의 그 모습만이 보여 그 속에 이리와 같은 그 사악한 마음의 발톱은 보지 못하고 있음이니,

27 저희들이 먹이로서 죽어 가는 형국이 바로 재물을 바치며 구원을 받고자 하는 그들임을 알아야 할 것이니라.

28 이 동양의 작은 나라에서 우리 부자의 이름을 팔아 한살림을 차리는 것이 어떠한 백성보다도 가장 편하며 제일 쉬운 것이며 제일 간단한 것이며,

29 빨리 끓는 것이 지금의 동양의 작은 나라의 백성이니,

30 종교 지도자들이 한살림 차려 배 두드리며 평생 저희들이 살아가는 그 역사를 가장 잘 이루며 그 부를 누리는 것이 이 동양의 작은 나라의 나의 백성이니라.

31 그와 같은 단순한 성격을 가지고 있는 것이 이 백성이니, 나의 백성들을 참진리로 인도하는 것이 아니요, 너희들을 그와 같이 이끌어 가는 것이 지금의 형국이니,

32 또한 너희들같이 바로 받아들이는 백성이 없음이니라.

33 그리고 모든 이치를 쉽게 끓고 쉽게 식어 가는 것이 동양의 작은 나라의 백성 너희들임을 너희들은 모르는 것이니라.

34 이제 나의 아들을 통하여 이 동양의 작은 나라에서 너희들이 한살림을 차리고자 그와 같은 사악한 행위를 하는 것을 내가 뿌리를 못 내리게 하며, 문을 닫게 하며,

35 이 추한 세상에서 이곳에 내가 하늘나라의 아름답고 고운 집을 짓는 그 역사를 이루기 시작함이니,

36 이는 바로 이 동양의 작은 나라의 나의 백성이 빨리 데워지고 빨리 식으며, 모두를 받아들이는 것을 너희들만큼 속히 받아들이고 이해하며 따르는 백성이 없기 때문이니,

37 그리하여 너희들로 하여금 나의 법전을 전하여, 너희들이 불과 같이 일어나 만백성을 구하는 선택된 백성으로서 오늘에 존재함을 알아야 할 것이

니라.

4,170 번째 하나님 말씀

2002년 12월 9일 08시 56분

1 사랑하는 나의 아들아!
2 "네, 아버님! 말씀하옵소서."
3 너희들 인간사에 살아가면서 말하느
니라.
4 소라는 동물의 귀에 경을 아무리 읽은
들 그가 알아들을 수 있다더냐?
5 그 뜻을 모름이며 그 가르침을 모르는
것이니, 그리하여 '쇠귀에 경 읽는다.'
는 말이 있지 않으냐?
6 지금의 모든 나의 백성이요, 종교 지
도자요, 종교 집단이요, 그들이 바로
서지 못하였기 때문에
7 내가 아무리 나 여호와의 참진리요,
가르침을 너희들에게 내려보내고자
하며 내려보낸들 너희들이 알아듣지
못하고 깨닫지 못하며,
8 성경의 가르침을 내가 너희들에게 직
접 내려보냈으나 너희들이 듣지 못하
는 그와 같은 형국이 되어 있음이며,
9 하늘과 땅의 너희들과의 그 문이 닫
혀 있음을 알아야 할 것이니라.
10 선물이라는 것을 가득 가슴에 안고 한
가정을 방문하여 그 초인종을 아무리
눌러도 초인종이 고장 나서 그 주인이
알아듣지 못하는 지금 그와 같은 형국
이니,
11 하늘에서 내가 너희들에게 아무리 초
인종을 눌러도 그 초인종이 단절되어
고장 났으니, 이는 바로 무엇이더냐?
12 나의 아들이 선물을 가지고 왔으나 그
아들을 죽게 한 너희들을 내가 눈을
감고 내려다보지 아니하였음이니,
13 하늘에서 내리는 초인종을 아무리 눌
러도 그것이 고장 나 있다 하였음이
며, 2천 년 동안 너희들이 암흑의 세
상에서 살았다 함이니라.
14 너희들이 선물을 가지고 간 자, 초인
종이 고장 나 발로 두드리고 손으로
두드려 그 주인에게 전하고자 하나,
이제는 벌써 그 주인이 집을 비웠으
며 주인이 없음이니,
15 내가 하늘에서 나의 성령을 아무리 너
희들에게 내리고자 하나 받을 자가 없
으며 받을 자격이 있는 자가 없음이니
라.
16 그리하여 지금 2천 년이라 하는 그 길
고도 긴 세월을 기다리며 지금까지 흘
러왔다 하면 너희들은 어찌하겠는가?
17 이는 거짓이요, 잘못된 것이라 말하기
전에, 너희들이 그를 듣지 못하며 내
려도 받을 자격이 없는 그와 같은 부
끄러움을 알아야 할 것이며,
18 너희들이 정녕 눈물의 회개와 반성을
해야 됨을 알아야 할 것이니라.
19 너희들이 정녕 부끄러움을 알아야 할
것이니라.
20 받을 자가 없어서 내가 내려보내지
아니하였다면 이를 너희들은 과연 어
찌하겠는가?
21 너희들 스스로 가슴에 손을 얹고 너희
들 자신을 뒤돌아볼 때,
22 하늘에 한 점의 부끄럼이 없다 하면
너희들이 받을 자격이 있는 것이요,
부끄럼이 있으면 자격이 없는 지도자
이니, 너희 스스로 판단하고 평가하라.

23 아무리 참진리요, 나의 뜻이 세상에
내려가도록 하여 그를 접하게 하고자
하나 그를 접할 백성이 없음이니 이
를 어찌하겠는가?
24 아무리 내가 두드리고 두드린다 해도
받을 만한 주인이 없기에 그 많은 선
물을 받지 못하는 것처럼,
25 내가 너희들에게 내리고자 하는 그 구
원의 빛을 아무리 내려보내려 해도 받
을 백성이 없다는 것에 너희들이 부
끄럽고 너희 자신이 회개하는 눈물을
흘리고 반성하지 아니하면 아니 될 것
이니라.
26 지금 나의 아들을 통하여 이 모두를
내려보내는 것은 그럴 자격이 있도록
만들었으며 그는 그리 가고 있음이니
라.
27 그리하니 그를 이단이요, 사탄이라 비
평하고 욕하기 전에, 너희들 스스로
그를 따라 변할 수 있는 그 길을 과연
갈 수 있는가 들여다보도록 그리하라.
28 이제는 받을 나의 아들이 있기에 내가
내려보냄이니라.
29 그리하여 나의 아들을 통하여 지금 법
전을 세상에 내려보내니, 이게 곧 160
권으로서 세상사에 너희들이 하늘에
오르는 이치요, 삶의 이치가 다 거기
에 있으니,
30 나의 법전을 정독하는 자는 하늘에서
내리는 나의 뜻을 들을 수 있으며 그
를 볼 수 있으며 그를 받을 수 있는 자
들이니,
31 나의 법전을 읽고 정독하는 나의 아들
의 제자요, 내가 사랑하는 나의 아들
딸 너희들이 나의 법전을 정녕 정독해
서 깨우쳤을 때, 나의 뜻을 받을 수 있
는 백성이 세상에 늘어남이니,
32 너희들이 바로 곧 만백성을 구하는 천
사들이니라.
33 너희들만이 역사할 수 있으며 너희들
만이 존재할 수 있음을 알아야 할 것
이니라.
34 나 여호와가 아무리 신호를 보내도 받
을 백성이 없었음이니, 그리하여 2천
년이라는 길고 긴 암흑의 세상이 흘러
왔으며 세월이 흘렀음이니라.
35 이제 나의 아들을 통하여 전함이요,
나의 법전을 읽고 깨우치는 나의 피조
물 만백성 너희들에게 내가 전함이니,
36 이를 너희들이 얼마나 소중한 것인가
를 깨달아 행하도록 그리하라, 사랑하
는 나의 아들딸들아!

4,171 번째 하나님 말씀

2002년 12월 10일 07시 58분

1 사랑하는 나의 아들아!
2 "네, 아버님! 말씀하옵소서."
3 나의 사랑하는 백성들이 평생 모은
그 재산들을, 그리고 그들이 노력하여
힘들게 모은 그 금화와 은화를 아무런
이유 없이 거둬들이는 그것이 어떠한
짓이던가?
4 그리고 그 금화와 은화를 거둬들이면
서도 그들의 노고를 모르며 감사함을
모르는 자, 그와 같은 자들이 과연 어
떠한 인간의 형태던가?
5 그들이 피땀 나도록 모은 재산을 구원
의 길이라 하여 저희들이 그 돈을 거
둬들이며 거둬들일 때,

6 그 사람의 번 그 노고와 수고로움도
모르며 당연한 것처럼 받아들임이니,
7 너희들이 남과 계약할 때 이루어질
수 없는 것을 빙자하여 재물을 받아들
이며 금화와 은화를 거둬들이는 것은
곧 사기요, 남의 재물을 도둑질하는
것이 아니던가?
8 지금의 모든 종교 집단들이 우리 부자
의 이름을 팔아 저희들이 구원해 주는
것처럼, 그들의 생명을 구원해 주는
것처럼 그리 말하면서 아무것도 주는
것 없이 거둬들이는 것이 그들의 행
위이니,
9 바로 그들이 사기꾼이요, 남의 것을
도둑질하는 자들이 아니던가?
10 그들이야말로 계명을 어기는 자이니
라.
11 거짓 하는 자들이며 남의 것을 도둑
질하는 자들이 바로 그들이 아니던가?
12 너희들 인간사에서도 증거도 없으며
근거도 없는 것이며 줄 것도 없고 내
놓을 것도 없는 것을 말로써 줄 것이
있는 것처럼,
13 그리고 열을 주면 백을 얻는 것처럼
말하여 너희들이 금화와 은화를 남으
로부터 거둬간다면,
14 그는 사기꾼이요, 도둑질하는 자요,
거짓 하는 자가 아니면 무엇이던가?
15 지금 우리 부자의 이름을 팔아 구원을
하는 양, 남의 새 생명이 태어날 수 있
다는 둥,
16 하늘에 오를 수 있는 길이요, 천국의
문을 들어설 수 있는 것처럼 저희들이
그리할 수 있는 티켓을 가지고 있으
며 저희들이 그와 같은 권한이 있는
것처럼 그리하며,
17 나의 사랑하는 백성으로부터 금화와
은화를 수없이 거둬들이며 그 거둬들
이는 자체도 부끄러운 줄 모르며 감사
한 줄 모르며 저희들이 거짓 하여 당
연히 거둬들이는 것처럼 하고 있음이
니,
18 그것이 얼마나 사기꾼이며 그것이 거
짓 하는 자며 얼마나 도둑질하는 자들
이던가?
19 그와 같은 것이 지금 종교 집단이 하
고 있는 행동임을 너희들이 알아야 할
것이니라.
20 나의 아들이 많은 사람을 구원하며 죽
을 자 살리며, 눈먼 자 눈을 뜨게 하
며, 앉은뱅이를 일어서게 하는 그와
같은 역사를 이루면서,
21 그리고 정신 나간 자 바로잡으며 귀신
을 쫓으면서 그가 그들에게 과연 재
물을 받았으며 어떤 대가를 받았는가?
22 지금 많은 종교 집단이 나의 아들 예
수가 이룬 역사보다 만백성에게 더
은혜를 주며 더 사랑을 주는가?
23 나의 아들은 죽을 자를 살리며 죽은
자를 살리면서도 금화와 은화를 그 대
가로 거둬들이지 아니하며 받지 아니
하였거늘,
24 너희들은 그것의 천 분의 일, 만 분의
일도 못하면서 세 치 혓바닥으로써
우리 부자의 이름을 팔아 그들의 영혼
을 구하는 듯이 그와 같은 행위를 하
며 금화와 은화를 거둬들이는 것이 이
세상에 가장 사악한 사기꾼이요, 도둑
질하는 자요, 거짓 하는 자니,
25 너희들이 그를 한번 깨우쳐 너희 스

스로 판정해 보도록 하라.
26 이제는 신도라 하는 자들이 분석하고
따질 때가 되지 아니하였는가?
27 너희들은 과연 그들에게 무엇을 받는
가, 무엇을 얻는가?
28 너희들의 영혼은 과연 구원받았다 생
각하는가?
29 내가 준 재물을 너희들이 사악한 자가
사악한 힘을 이루도록 그에게 주고 있
음이니, 너희들이 바로 무엇이던가?
30 나에게 죄를 짓는 백성임을 알아야 할
것이니라.
31 썩어져 가는 곳에 더 썩어져 가도록
하며, 내가 너희들에게 말하듯이 알코
올이라는 것이요, 마약에 중독된 자가
그 돈을 필요로 하여 거둬들이는 곳
에 너희들이 그에게 재물을 바치는 것
은 마약을 하는 자에게 마약을 사 주
는 그와 같은 사악한 짓을 하면서 그
를 죽이는 것이라 하였음이니라.
32 이제 생각해 보라.
33 사랑하는 나의 아들 예수가 과연 어찌
돈을 거둬들였으며, 헌금이라 하여 재
물을 거둬들여 마구잡이로 제가 착복
하였는가?
34 그는 위대한 역사요, 너희들이 감히
할 수 없는 기적을 이루면서도 그리하
지 아니하였거늘,
35 너희들은 세 치 혓바닥으로 그저 구원
해 준다 하면서 그 모두를 거둬들이
니 얼마나 간악한 자며 얼마나 사기하
는 자인가?
36 남에게 주는 것 없이 그저 받아들이니
계약서 한 장도 없이 거둬들이는 것
이 지금의 종교 집단의 사악한 자세이
니,
37 그곳에 가서 너희들이 구원을 받는다
는 생각을 이미 버려야 할 때가 되었
음을 알아야 할 것이니라.

4,172 번째 하나님 말씀

2002년 12월 10일 08시 02분

1 사랑하는 나의 아들아!
2 예수가 이 세상에 나오니 그가 세상과
하늘과 땅 사이에 단 하나의 나의 아
들로서 세상에 나가 만백성을 구하고
자 하였으며 너희들을 구원하고자 그
는 그리도 어렵고 힘든 길을 갔음이
니,
3 또 하늘과 땅 사이에 하나밖에는 갈
수 없는 그 어렵고 힘든 길을 마다하
지 아니하고 스스로 갔음이니라.
4 지금 나의 법전을 받아 세상에 전하는
그 길을 가는 너 또한 이 세상 하늘과
땅 사이에 단 하나이니,
5 네가 얼마나 어렵고 힘든 길을 가며
얼마나 너 자신이 고통스러운 길을 가
며 소중한 자인가를 너는 다시 한 번
알아야 할 것이니라.
6 너뿐만이 아니라 너의 제자들 또한 다
세상에 하늘과 땅 사이에 한 사람이
라는 생각을 가지고 너희들이 얼마나
소중한 자인가를 알아야 할 것임을
잊지 말라.
7 2천 년 전 나의 아들 예수가 세상에
나가 그가 많은 백성을 구하고자 역사
를 이룰 때,
8 그 시대에 살았던 백성들은 예수가
살아온 성장 과정과 그가 잘못 살았던

부분을 어디에도 그를 비방하며 그를
물고 헐뜯는 일이 없었음이니라.
9 다만, 이단이요, 사탄이라 종교적으로
그들이 그리 말하여 그를 죽게 하였으
나, 그와 같이 비굴한 행위는 하지 아
니하였음이니라.
10 너희들이 그와 같은 것으로써 그 당
시는 시시비비를 하지 않은 백성이니
라.
11 그러나 지금 너희들이 수천 년 동안
살아오면서 사랑을 베풀며 아름다움
을 베풀며 하늘에 오르는 길을 가기
위하여 그 모두를 사랑하고 그 모두에
게 베풀며 살아왔다고 수천 년 동안
배워 온 지금의 백성의 인성은 어떠하
던가?
12 어려서부터 나의 아들이 살아온 그 모
두를 다 너희들이 갈기갈기 파헤칠 것
이며, 뒤집어 만백성에게 이는 이와
같은 자라 너희들은 그를 공포하여
그를 물고 늘어지는 그와 같은 행위를
하고도 남을 것이니,
13 너희들이 얼마나 그때의 백성보다 사
악하고 무지한 백성들인가를 알아야
할 것이니라.
14 수천 년 동안 사랑을 베풀며 온다고
깨달은 오늘의 후손들이 그 시대보다
도 더 사악한 행위요, 잔인한 행위를
함이니,
15 너희들은 사랑이요, 진정한 하늘에 오
르는 길을 깨달음이 아니요, 사악한
그 길을 달려왔으며 너희 마음속에는
추하고 사악한 것으로 어그러져 있음
이니, 나의 백성이 아니라 함을 내가
말하는 것이니라.
16 사랑의 깨달음을 수천 년 동안 하여
온 너희들이 정녕 바른길을 왔다 하면
오늘과 같이 나의 아들의 모두를 다
갈기갈기 찢어 놓는,
17 그리고 없는 것도 만들어서 전하는 그
와 같은 너희들의 추한 행위는 아니
할 것이니라.
18 다만, 나의 아들이 나의 법전을 듣고
나의 아들로 선택되어 그가 살아감에
부끄러우며 잘못된 점은 너희들이 말
할 수 있으나,
19 너희들과 똑같이 육의 세상에 살아왔
던 그 모두까지도 파헤쳐 갈기갈기 헤
치고 찢어 놓는 너희들의 지금의 그
인성은 과연 어떠한 인간성을 가졌다
말하는가?
20 몇천 년 전의 백성보다도 너희들의 인
성이 더 추하고 더러운 그와 같은 오
늘에 있는 것을 너희들은 부끄러움을
알아야 할 것이니 그리 알라.

4,173 번째 하나님 말씀

2002년 12월 10일 08시 07분

1 사랑하는 나의 아들아!
2 "네, 아버님! 말씀하옵소서."
3 지금 믿음의 길을 달려가며 저희들이
구원의 길이라 달려가는 모든 종파에
속한 백성들은
4 누구든지 죽어 다시 태어나지 아니하
면, 나 여호와 창조주가 있는 곳을 볼
수도 없으며 오를 수도 없다 그리 말
함이니라.
5 내가 존재하는 나라에 너희들이 올라
올 수도 없으며 볼 수도 없기에 다시

태어나야 된다는 그와 같은 믿음에 너
희들이 지금 연연하며 다시 태어날
것을 빌고 기원하며 기도하며,
6 다시 태어나는 영광을 받는 백성으로
선택되고자 하는 것이 너희들의 지금
의 믿음이 아니던가?
7 너희는 다시 깨우쳐야 하며 바로 성
서의 깨달음을 알아야 할 것이니라.
8 성서에 기록되어 있는 그 다시 태어
남은 그와 같이 너희들이 죽은 자의
육이 다시 태어나며 죽어서 다시 태어
남이 아님을 알아야 할 것이니라.
9 너희들이 다시 태어난다는 것은,
10 너희들이 다시 태어나야만 구원을 받
는다 하여 그리 애걸복걸하며 너희들
의 모두를 다 바치며 목메어 부르짖
고 애원하는 것은 그와 같은 생각으로
해서는 아니 되며, 그와 같이 다시 태
어날 것이라는 생각을 가져서는 아니
될 것이니라.
11 너희들은 지금 다시 태어나는 자만이
구원을 받는 것이며, 다시 태어날 것
을 생각하며 다시 태어나는 것만을 위
하여 그 기대 속에서 그 욕망에 너희
들 삶을 버리지 못하여 지금도 그 믿
음의 길을 그리 달려가고 있음이니,
12 이제 너희들은 그와 같은 환상과 착각
과 그러한 꿈에서 깨어나야 할 것이
며, 바른 믿음을 너희들이 믿어야 됨
을 알아야 될 것이니라.
13 그것은 너희가 죽어서 다시 생명으로
태어남이 아님을 너희들은 알아야 할
것이니라.
14 너희들이 나로부터 생명을 받아 나가
육의 삶을 살아감이니,
15 너희들이 세상에 온갖 부딪치는 그
삶 속에서 죄를 지으며 잘못 깨닫고
살아온 그 모두를 너희들이 변화되는
삶으로 살아가는 것이 바로 너희들이
인간 육에서 다시 태어남이니라.
16 인간의 육을 가진 속에서 잘못 살아오
고 죄지으며 남을 시기하고 질투한 그
욕심을 버리지 못하며 사랑을 모르고
살아온 너희들이 계명을 읽으며 계명
을 지키고자 깨닫고 변화되어 천사와
같은 마음으로 변하는 것이,
17 바로 다시 태어남의 상징이 거기 있는
것이며, 육으로써 다시 태어나는 그와
같은 영광을 얻는 것이 너희들이니라.
18 육에서 너희들이 깨달음을 얻어 나의
심성과 같이 변화되는 그것이 바로 너
희들이 첫 번째 다시 태어남이요,
19 그리고 너희들이 그리 살다 나로부터
선택되어 하늘에 오르는 영광의 구원
을 받는 것임을,
20 너희들이 그리 가르치고 깨달아야 함
을 알아야 할 것이며, 바로 그 길이 너
희들이 다시 태어남임을 알아야 할
것이니라.
21 그러니 너희들의 육의 삶이 얼마나
소중하며, 너희들이 다시 태어남은 육
에서 어찌 사느냐에 따라서, 너희들이
아름답고 천사와 같은 마음으로 살 때
너희들의 영혼이 나로부터 구원을 받
게 됨이니라.
22 이것이 바로 너희들이 다시 태어나는
의미이며 다시 태어나는 뜻임을 알라.
23 너희들이 육에서 잘못 살아온 그 삶을
다 저버리고 천사와 같이 다시 변화되
는 육의 삶을 사는 것이 너희들이 다

시 태어남이며,
24 그리 살다 너희들이 나에게 와 그리
산 자 구원을 받으니 영혼을 구원받는
것이 다시 태어남이요,
25 너희들이 무조건 살다가 그 믿음만
가지고 간다고 해서 너희들이 다시 태
어나는, 죽은 자 가운데서 다시 살아
나는 그와 같은 믿음에서 이제는 깨어
나야 할 때가 되었음을 그리 알라.

4,174 번째 하나님 말씀

2002년 12월 10일 08시 14분

1 사랑하는 나의 아들아!
2 나의 아들 예수가 수천 년 전에 그 고
통의 길을 선택하며 그 길을 행한 것
은 예수가 지고 가야 할 고난의 그 목
적을 위하여 행하여지는 순간이었으
며,
3 그는 그 고통의 시련을 나 여호와의
뜻에 순종하는 그 행위의 순간이 역
사적인 것이었으며,
4 그리하여 그는 거룩하고 그 누구도 할
수 없는 길을 선택하여 갔음이니라.
5 그는 정녕 그 잔을 받을 수 없으며 잔
을 받지 아니하고 만백성을 구할 수
있는 길이 없을까 절규하다
6 스스로 그것이 그가 지켜야 할 길이며
가야 할 길이며 그가 지고 가야 할 그
목적을 달성하는 그 행위를 하여,
7 또한 나 여호와에게 순종하는 것이 그
가 해야 할 길이라 그리 깨달아 그는
그 어렵고 고통스러운 길을 가며,
8 모든 백성은 사랑 속에 살아가며 사랑
과 나눔을 베풀며 살아가라 그는 절규
하며 그 길을 갔음이니라.
9 너희들은 나의 아들 예수가 그와 같이
고통스러운 길을 가면서 나의 뜻에 순
종하고자 하는 그를 어찌 보는가?
10 나 여호와에게 순종하기 위하여 어렵
고 힘든 그 행위의 순간을 그는 두말
없이 이루고 갔음이니라.
11 너희는 그것을 어찌 보는가?
12 그는 얼마나 거룩한 그 순간의 깨달음
이며, 그리 행한 것인가?
13 그리고 그가 나의 뜻에 순종함이 얼마
나 소중한 것인가를 너희들에게 알리
고자 그리하였음이니라.
14 그리하여 그는 순종하는 것이요, 창조
주의 뜻에 따르고 지키는 것만이 구원
의 길이라는 것을 만백성에게 보이고
자 하여 그는 그 뜻을 지키고자 그리
고통스럽게 죽어 갔음이니라.
15 그가 죽어 간 그 십자가가 바로 무엇
이던가?
16 그 십자가에 그는 매달려 그 죽음의
영광의 순간을 거부하지 아니하며 행
하였음이니라.
17 그러니 너희들은 나의 아들이 죽어 간
그 죽음에 대하여 영광스러운 것처럼
너희들이 그리 살아갈 수 있는 마음
자세며,
18 그가 행하고 이룬 것이 얼마나 소중한
것인가를 너희들은 마음속으로 깨달
아야 할 것이며,
19 그가 죽어 가면서 너희들에게 사랑과
베풂이요, 그 절규한 뜻을 깨달아 너
희들이 그와 같이 살아가면 되는 것이
아니던가?
20 그러나 너희들은 지금 죽어 간 나의

아들의 그 뜻을 깨닫고 배우며 그 숭고한 마음에 의하여 경건한 마음으로 깨달음의 길을 가는 것이 아니니라.

21 그가 고통스럽게 죽어 간 십자가를 경배하며 십자가를 숭배하며 십자가에 매달려 사는 것이 너희들이니라.

22 그리하여 밤마다 높이 불을 비춰 그곳에 너희들이 사람들을 모아 재물을 거둬들이는 것에 연연함이니,

23 나의 아들이 나의 뜻에 의하여 그 순간에 그가 죽어 간 그 목적을 위하여, 그가 죽어 간 그 고통을 너희들이 경배하고 숭배하는 것이 아니라,

24 재물을 거둬들이기 위하여, 외형으로 보이기 위하여, 남에게 자랑을 하기 위하여 너희들이 십자가라는 그 나무를 숭배하고 그것들을 경배하는 것이 지금 너희들이 하고자 하는 행위임을 알아야 할 것이니라.

25 그리고 너희들이 가고 있는 믿음이 그와 같으니라.

26 종교 집단이라는 너희들은 그저 높이 그 빛을 밝혀 십자가에 불을 비춰 만 백성이 밤과 낮에 그를 보고 너희들에게 와 재물을 바치도록 하는 데 연연하며 그리 써먹고 있음이니,

27 나의 아들의 숭고한 죽음보다도 너희들이 재물을 거둬들이는 데 더 그를 이용하니,

28 십자가라는 나무를 너희들이 숭배하며 그 십자가의 형체를 숭배하는 그와 같은 사악한 자들이 되어 있음이니라.

29 그리고 많은 백성들은, 또한 그 신도들은 죽어 간 그 영광스러운 예수의 죽음에 대하여 생각하는 것이 아니요,

30 너희들은 그 십자가를 귀에 걸고 목에 걸고 덜렁대고 다니는 그 자체가 십자가를 숭배하는 것이 아니고 무엇이던가?

31 너희들은 이제 그 십자가라는 나무를 숭배하며 쇠붙이의 그 모형을 숭배하며 살아가는 그와 같은 사악한 믿음에서

32 너희들이 진정 예수의 고통을 음미하는 그와 같은 믿음으로 가야 할 것이며, 그가 죽어 갔던 그 뜻을 알아 그와 같이 행하는 삶을 살아야 할 것이니라.

33 내가 다시 나의 아들을 통하여 나의 법전에 기록하여 전함이니,

34 나의 아들은 사랑을 실천하며 나누며 살며 계명대로 살라 그가 그 죽음의 고통에 죽어 가며 마지막 절규한 그 가련한 음성을 너희들이 듣고 그를 생각한다면, 과연 너희들이 어찌 살아가야 할 것인가?

35 이제 그 의미와 나의 아들이 죽어 가며 절규한 그 뜻을 저버리지 않는 너희들의 믿음의 길이요, 그리하여 구원의 길을 볼 수 있도록 그리 가라.

36 사랑하는 나의 아들이 그 소기의 목적을 달성하여 그 목숨을 바쳤으며,

37 나에게 순종하는 것이 하늘에 오르는 길이요, 정녕 나의 백성이 해야 할 길이라 보여 주었으며,

38 사랑을 실천하며 나눔을 실천하고 살라, 그리하여 구원을 받으라 절규했던 그를 듣지 못하고 너희들이 엉뚱한 짓을 하는 그 믿음의 길을 가서는 너희들이 나에게 오를 수 없다는 것을 깨달아야 할 때가 되었음이니,

39 이미 내가 상세히 나의 법전에 기록하여 너희들을 깨우치나, 이를 듣고 보지 못하는 백성, 너희들이 죽어 심판받을 때 얼마나 너희들이 불행의 길을 자초했는가를 알게 될 것이니라.

4,175 번째 하나님 말씀

2002년 12월 10일 08시 21분

1 사랑하는 나의 아들아!
2 "네, 아버님! 말씀하옵소서."
3 너희들이 물을 얻고자, 생명수를 얻고자 땅을 아무 곳이나 파면 물이 나온다 판단하여 그저 아무 곳이나 파고 다니는 그와 같은 형국으로써는 물을 얻을 수 없음이니라.
4 땅은 똑같은 땅이라 하여 아무 곳이나 너희들이 물을 얻을 수 있다 하여 판다면, 그곳에서 진정한 생명수의 생수가 나올 수 있는 것인가?
5 그렇지 아니함이니라.
6 아무 곳이나 판다 하여 물이 나오는 것은 아님이니, 그 이치를 지금의 믿음의 길을 가는 자들이 깨우치지 못하고 있는 것이니라.
7 똑같은 땅은 땅이기에 그저 아무 데나 파면 생수를 얻을 수 있으며 물을 얻을 수 있다는 그와 같은 생각으로 땅을 파는 자와 같은 어리석은 믿음으로 가고 있는 것이 지금 너희들의 형국이 아니던가?
8 너희들은 지금의 믿음이 아무 곳이나 파면 물이 나온다는, 그리고 물이 나올 것이라 알고 있는 그와 같은 형국으로써 가고 있음이니라.
9 그리하여 아무 곳에나 가서 땅을 파는 그 수고로움과 고통의 길을 가고 있음이니,
10 아무리 파고 파도 그곳에서는 물이 나오지 아니함이니, 생수를 얻을 수 없는 그 이치를 너희들은 알아야 할 것이니라.
11 그리하여 너희들이 정녕 물을 얻고자 하면 같은 땅이라 해도 물이 나올 곳을 알아서 판다면, 거기서 너희들이 생수를 얻는 것이 아니던가?
12 너희들은 지금 참진리요, 하늘에 오르는 길이요, 진정한 너희들의 구원의 빛이 무엇인가를 모르고 그저 아무 곳에나 우물을 파듯이,
13 너희들이 그 소중한 생명을 아무 데나 바쳐 구원을 받고자 매달리고 울부짖으며,
14 그리고 재물과 금화와 은화를 바치면 된다는 그와 같은 자들에게 가서 편안한 그 믿음을 가고 있는 것이 너희들이 지금에 가고 있는 형국인 것이니라.
15 진정한 나의 가르침을 알며 진정한 나의 뜻을 알며 내가 원하는 것을 안다면,
16 너희들은 가장 편안하고 부드러운 속에서 그 모두가 이루어지는 것을 알아야 될 것이니라.
17 물이 나올 곳을 알고 땅을 파는 자가 되어야 될 것이니라.
18 그리하여야 그는 고통과 시련 속의 어려움을 겪지 아니하고 그 물을 얻을 수 있음이니라.
19 그 물이 나오는 곳을 모르고 땅은 똑같은 땅이라 하여 파고들어 가는 자는

고통과 시련만 있으며 그 물을 얻을
수 없음이니라.
20 지금 너희들이 진정한 하늘에 오르는
그 믿음의 길을 바로 가지 아니한다면,
21 너희들은 고통과 시련의 세월 속에서
정녕 구원의 길을 보지 못하며 구원을
받을 수 없는 것이 너희들이 가는 길
임을 알아야 할 것이니라.
22 너희들이 바로 생수가 나올 수 있는
곳을 골라 땅을 파는 것은
23 나의 십계명을 지키고 사는 것이 바로
그와 같이 생수를 얻을 곳을 알아 너
희들이 파는 것임을 알아야 할 것이
니라.
24 이제 나의 법전을 읽고 깨우친 만백성
이요, 나의 아들의 제자라 일컫는 너
희들은 너희 형제들에게 바로 물이 나
올 수 있는 그곳을 가르쳐 주어 그들
과 더불어 손수 파는,
25 그리하여 생명수를 얻어 그들을 구원
하는 그 역사를 이루어야 할 것이니,
그것이 바로 너희들이 어떠한 것이
지름길이던가?
26 나의 법전을 읽도록 전해 주며 그들의
가슴에 나의 법전을 주어 그들이 깨우
치고 변하여 그들이 생명수가 나오는
곳을 곧바로 골라 파는 그와 같은 깨
달음을 얻도록 그리해야 할 것이니라.
27 내가 다시 한 번 너희들에게 전함이
니, 같은 땅이라 하여 아무리 너희가
파고들어 간다 해도 너희들이 그 귀
한 생명수를 얻을 수 없으니, 그와 같
은 허무한 짓을 하지 말라 그리 이르
라.
28 너희들이 진정한 물이 나올 수 있는
간단한 곳을 파 수고롭지 아니하며 아
주 귀하고 귀한 생수를 얻을 수 있는
것은
29 곧 십계명을 지키며 나의 법전을 접하
고 깨달아 변하는 것이 바로 물이 나
오는 곳을 골라 파는 자와 같음이니,
30 너희들이 물이 나오지 않는 곳을 파는
그와 같은 곳에서 이제 모든 망치와
장비를 집어던지고, 그 깊고도 긴 굴
속에서 너희들이 이제 더 이상 허덕이
지 말며 나와,
31 그저 너희들이 몇 삽만 뜨면 물이 나
올 수 있는 그와 같은 나의 법전과 십
계명대로 살아가는 그 변화의 역사를
이루도록 하며,
32 이제 부드럽고 유하게 너희들이 변하
는 곳에서 생명수를 얻도록 그리 전하
라, 사랑하는 나의 아들아!
33 너의 제자들과 만백성에게 그리 전하
도록 하라.

4,176 번째 하나님 말씀

2002년 12월 10일 08시 26분

1 사랑하는 나의 아들아!
2 지금의 나의 모든 백성들과 종교 집
단의 지도자요, 믿음의 길을 가는 그
백성은 어찌 살아가는가?
3 내가 너희들을 세상에 인간으로 내보
낼 때 너희들은 누구도 따를 수 없는
그 지혜로움을 주어 세상에 내보내 그
지혜로움 속에 세상을 보며 살아갈 수
있도록 그리 내가 너희들을 세상에 내
보냈으나,
4 너희들은 세상에 나와 그 지혜를 깨

우치고 터득하며 사는 것이 아니요,
그 지혜를 활용하는 것이 아니니라.
5 그저 인간 세상에 살아가는 너희들이
말하는 그 지식을 쌓기 위하여, 지식
층만이 너희들이 살아가는 길이며,
6 인간 세속에 가르치는 그 문자적인 계
산의 지식을 너희들이 많이 갖고 배우
는 자만이 성공하는 자요,
7 세속에서 아름답게 살아가며 남에게
뒤지지 않는 삶을 산다 하여 너희들은
그 지식만을 위하여 모든 것을 바치고
살아가는 것이 지금 나의 백성들이
가는 길이니라.
8 그러나 너희들은 이를 깨우쳐 주어야
할 것이니라.
9 너희들이 그리도 인간 세상에서 갈구
하며 그를 존재함으로써 부귀와 영화
를 누리며 남에게 지지 않는 삶을 산
다 생각하는 너희들의 그 지식보다도
더 소중한 것이 있음이니,
10 너희들이 나로부터 받아 나간 생각할
수 있는 지혜이며, 너희들이 너그럽고
유한 생각을 가지고 있으며 현명한
삶을 갈 수 있는 너희들이 스스로 지
니고 있는 그 지혜를 활용하며 그 지
혜가 더 얼마나 소중한가를 너희들은
알아야 할 것이니라.
11 너희들은 인간의 지식에만 연연하여,
나로부터 받아 나간 그 무한대의 지
식은 이제 서서히 퇴보되었으며,
12 너희들 인간 세속의 지식만이 너희들
을 지배하며, 그러니 너희들의 마음이
삭막하며 부드럽고 유함이 없는 것이
너희들이니라.
13 내가 내려 준 그 순수하고 아름다운
지식은 너희들 인간 세속의 머릿속에
서 퇴색될 대로 퇴색되어 이제는 찾
아볼 수 없는 그와 같은 형국이 되어
있음이니,
14 퇴색되어 가고 있는 지혜로써 너희들
은 이 지혜를 활용하는 것을 들여다보
며 지혜의 소중함을 알아야 할 것이
니라.
15 너희들이 인간 세속의 지혜로써 아무
리 성서를 들여다보고 아무리 성서를
연구해도 그를 얻을 수 없으니,
16 너희들이 나의 십계명을 놓고 아무리
암송하고 지킨다 해도 그를 지킬 수
있는 것은 인간 세속의 너희들의 지
혜로써는 알 수 없으며 그를 들여다
볼 수 없음이니라.
17 내가 지금 내리는 160권의 법전 또한
그러니라.
18 너희들 인간의 상식이요, 인간의 지식
으로써 그를 보고 평가하고 그를 다
루고자 한다면 너희들은 아무것도 알
수 없음이니라.
19 내가 너희들에게 내려 준 그 부드러운
지혜로써 너희들이 성경을 들여다보
며 나의 십계명을 들여다보며 나의 법
전을 들여다봐야 함을 잊지 말라.
20 그리했을 때 너희들이 그 모든 뜻을
알 수 있으며 그 행하고자 하는 것이
무엇인가를 알 수 있음이니,
21 너희들의 지혜로써 세상을 보는 그와
같은 마음 자세로 바꿔야 할 것이지,
인간 세상에서 얻은 너희들의 그 지식
만으로써 모두를 지배하며 그것으로
써 구원을 받는 데 가장 위대한 것이
라 생각한다는 것은 너희들은 영영 진

정한 그 의미요, 뜻을 모르고 살다 말
게 되어 있음을 알아야 할 것이니라.
22 이를 깊이 깨우쳐 전하도록 그리하라.

4,177 번째 하나님 말씀

2002년 12월 10일 08시 35분

1 사랑하는 나의 아들아!
2 내가 너를 통하여 사랑하는 너의 제자
들과 나의 법전을 읽는 만백성들에게
전하도록 나의 법전에 수없이 기록하
여 전하였느니라.
3 너희들에게 나 여호와가 어찌 명하였
는가?
4 너희들이 나를 만나고자 하며 나를 보
고자 하며 나의 음성을 듣고자 한다면,
5 너희들이 나에게 드리는 기도를 간단
하게 너희들의 맑은 정신으로 경건한
마음으로 나에게 짧게 기도하는 것이
나를 기쁘게 하는 것이라 하였음이니
라.
6 '저의 죄를 용서해 주시고, 여호와 하
나님의 뜻에 살아갈 수 있는 그와 같
은 용기를 주옵소서.' 하는 그와 같은
짧은 기도로써 모두가 다 된다 하였
음이니라.
7 그러나 지금 나의 피조물 만백성이요,
종교 지도자요, 종교 집단 속에서 구
원을 받는다는 그들이 하는 기도는
어찌하는가?
8 내가 기도를 왜 짧게 하라 하였는지
너희들은 알아야 할 것이니라.
9 이는 너희들이 하고 싶은 말을 다 만
들어 너희들의 길고도 긴 기도로써
세상 것을 다 이루는 것처럼 하는 기
도는
10 나 여호와의 뜻을 받아 너희들이 나의
뜻에 따라 깨우쳐 변하는 그와 같은
삶을 사는 것이 아니요,
11 너희들의 기도 소리를 가만히 들어 경
청해 보라.
12 너희들은 나로부터 은혜를 받으며 나
로부터 영광을 받으며 나로부터 지혜
를 받으며 내가 원하는 그 뜻을 따라
너희들이 깨우쳐 하늘에 오르는 것이
아니라,
13 나 여호와를 깨우쳐 주며 나 여호와를
가르치며 나 여호와를 세상물정 아무
것도 모르는 자에게 세상물정을 가르
쳐 주는 것처럼 그리하는 것이 지금
너희들의 기도가 아니던가?
14 너희들이 그 유창한 말로써 다 전하
는 것은 아무것도 모르는 나 여호와라
하여 너희들이 나를 깨우쳐 주고 나에
게 가르쳐 주며 세상물정을 전해 주
는, 부모가 자식을 가르치는 그와 같
은 형국의 기도를 드리고 있음이니,
15 그것이 너희들이 나를 얼마나 욕되게
하는 것인가?
16 나 여호와가 존재하지 아니하며 나를
의식하지 않는 사악한 자가 하는 짓이
니라.
17 감히 너희들이 어찌하여 나로부터 배
워 깨달아 변하고자 하는 것이 아니
요, 너희들이 나를 깨우치고 나를 가
르치고자 하는 그와 같은 기도를 드림
이니,
18 얼마나 너희들이 우매한 짓이며 어리
석은 짓을 지금 하고 있는 것인가?
19 이러이러한 것을 너희들은 구원해 달

라, 이러이러한 것을 이루어 달라, 그
리고 이것을 하게 해 달라, 그리고 이
것은 할 수 있는 것이라 그리하며 창
조주 나에게 너희들이 달라는 협박의
의미가 거기에 있는 것이니라.
20 너희들은 나를 깨우치고자 하니, '내
가 당신 하나님을 깨우침이니, 당신은
나에게 이러이러한 것을 이루어 주고
이러한 것을 주어야 될 것이다.' 하는
그와 같은 협박의 행위를 하고 있는
것이 지금 너희들이 나에게 드리는 기
도인 것이니라.
21 그와 같은 의미를 이제 너희들은 깨달
아야 할 것이니라.
22 너의 제자들이 먼저 깨달아야 할 것
이며, 나의 법전을 읽은 백성들이 깨
달아야 할 것이며,
23 지금 아무것도 모르는 불쌍한 믿음의
길을 가는 신도라 하는 그 백성들이
깨우쳐야 될 것이니라.
24 너희들이 수없이 중언부언하며 세상
의 아름다운 말귀와 글귀는 다 갖다
붙여 나에게 전하는 기도는 그를 듣
고 나보고 배우라 하는 형국임을 알
아야 될 것이니라.
25 너희들은 나로부터 배우고자 하는 기
도를 드리며 나에게 회개하고자 하는
기도를 드려야 할 것이지,
26 너희들이 나를 깨우치며 나를 다스리
고자 하는 기도를 드리지 말라.
27 그러하니 너희들이 내 자리를 밀어붙
이며 너희들이 앉고자 하며 너희들이
신이 되고자 하는 그와 같은 사악한
자들이라 말하였음이니라.
28 너희들이 정해진 시간에 너희들의 생
각을 나에게 그와 같이 드리며, 내가
내리는 영원한 참진리를 들으려 하지
아니하는 것이 너희들인 것이니라.
29 이제는 너희들이 나의 참진리를 듣도
록 하며 나의 뜻을 깨우치도록 하며,
내가 내리는 가르침을 받아 너희들이
천사로 변하는 그와 같은 삶이요, 그
와 같은 기도를 드리도록 하라.
30 너희가 나에게 하는 그 가르침보다 내
뜻이 너희들 것보다 더 소중하기 때문
에,
31 너희들이 나를 가르치고자 너희들의
모든 말을 다 꾸며, 모든 아름다운 언
어를 다 집어넣어 너희들이 나에게 들
으라 나를 훈계하는 그와 같은 것이
아니라,
32 그보다 더 중요한 것이 나 여호와의
뜻이요, 내가 너희들에게 내리는 뜻이
더 위대하고 소중하며 참진리이기 때
문이니,
33 그러기에 너희들은 진리의 뜻을 들으
려 하는 것이 아니라 너희들이 가르치
려 하는 그와 같은 행위를 하지 말라.
34 너희들 인간 세상에도 학생이 스승에
게 배우러 감이니, 그 스승의 가르침
을 배워 하나하나 너희 것으로 만드는
그 속에서 성장하는 것이요,
35 너희들이 스승을 가르친다 하여 나서
서 천방지축으로 날뛴다 하면 과연 너
희들이 그 무엇을 가지고 스승을 가르
치며 무엇으로써 스승이 너희들에게
배운다 생각하는가?
36 배우러 가는 학생이 스승을 가르치고
자 설치고 설친다 하면 이는 어떠한
것인가?

37 지나가는 짐승도 웃는 형국이 될 것이
니, 바로 너희들의 종교 집단이요, 수
천 년 동안 흘러오며 만백성을 구한다
하여 금화와 은화를 거둬들이며 그들
을 지옥으로 인도한 종교 지도자가 바
로 그와 같은 형국이니라.
38 창조주인 나 여호와의 뜻을 따라 너희
들이 그 소중함을 받아 만백성에게 전
하는 것이 아니라,
39 너희들이 나를 가르치고자 하며 나를
다스리고자 하며, 그리하여 만백성이
감히 너희들에게 근접하지 못하도록
그리하니,
40 너희들은 신의 역할을 하며 백성들로
부터 고개 숙여 너희들에게 순종하게
하며,
41 너희들이 필요한 금화와 은화를 수없
이 바치는 데 그들을 기계처럼 이용하
는 사악한 것이 너희들의 집단이요,
지금 수천 년 동안 흘러온 행위이니라.
42 이제는 깨달을 때가 되었음이니라.
43 이제는 너희들이 그 종교 집단의 썩고
부패한 것을 보아야 될 것이니라.
44 너희들 말로써 썩고 또 썩었음이니,
그리 말하면서 너희들이 인간이기 때
문에 그럴 수밖에 없다, 종교 지도자
는 인간이기 때문에 그럴 수밖에 없다
그런 말을 하지 말라.
45 그것이 너희들이 썩은 곳에 썩은 먹이
를 주는 그와 같은 행위를 하고 있음
이니, 이제 그들을 단죄할 때가 되었
으며 그들의 뿌리를 거둘 때가 되었음
이니라.
46 너희들이 뿌린 것은 너희들이 거두어
야 될 것이니라.
47 너희들이 지은 죄는 너희들이 대가를
치르듯이, 너희들이 썩게 만든, 나의
피조물 만백성 너희들이 이제 썩어져
가는 그 종교 집단에서 더 이상 썩어
져 가는 먹이를 던져 줄 것이 아니라,
48 너희들이 스스로 이루어지고 너희들
이 만들어 놓은 지금의 잘못된 형국을
너희 스스로 단죄하여,
49 너희들이 그리도 평생 조상 때부터
재물을 바쳐 그 피보다도 더 귀한 것
을 빨아들여 너희들이 이룬 그 성전의
문을 닫게 하며 그곳에 거미줄을 치게
하며,
50 그곳에서 지금도 나의 뜻을 들어 깨
우쳐 만백성을 구하는 것이 아니라 나
를 가르치려 하는 그 사악한 자들을
단죄할 때가 되었음이니,
51 이제는 단죄하는 자만이 너희가 지은
죄를 용서받는 기회임을 알라.
52 내가 이제 나의 아들을 통하여 너희들
이 지은 죄의 면죄부를 한 번 주기 위
하여 내가 너희들에게 전함이니,
53 이제 나의 뜻을 따라 하늘에 오르는
것을 깨우침이 아니요, 나를 가르치며
나를 훈계하며 나에게 무엇인가를 바
로 가라는 것처럼 나를 밀어내고 내
자리를 앉으려 하는 그 종교 집단들을
너희들이 지금까지 커 오도록 하며 그
들이 팽창하도록 하였으며,
54 지금의 그 많은 물질과 그 많은 재산
과 그 많은 집단을 이룬 것은 너희들
백성이 스스로 만들어 주었으며 너희
들 손에서 그리 이루어졌으니,
55 이제 너희들 스스로 그를 단죄하고 그
를 다스려 너희들이 나에게 용서를 받

는 그 기회를 내려 줌이니,
56 이와 같이 단죄하지 아니하는 자, 너희들은 영영 구원을 받을 수 없음이니라.
57 너희들이 지은 죄에 너희들이 대가를 치르듯이, 너희들이 지금 사악한 종교 집단을 만든 것을 너희들 손으로 단죄하라.
58 지금이라도 그리 단죄하는 백성, 그를 구원할 것이며 그의 조상까지도 내가 구원해 줄 것이니,
59 이 무서운 나 여호와의 뜻을 거역지 말고 행하도록 그리하라.
60 그것만이 너희들이 구원을 받을 수 있는 길이며, 너희들의 죽어 간 조상까지도 다 구원을 받을 수 있을 것이며,
61 너희들의 이름을 기억하고 있는 자, 너희들이 부르는 자, 그 모든 영혼을 내가 구원해 줄 것이니,
62 이 무섭고도 영광된 길을 스스로 가도록 그리하라.

4,178 번째 하나님 말씀

2002년 12월 10일 08시 44분

1 사랑하는 나의 아들아!
2 "네, 아버님! 말씀하옵소서."
3 나의 법전을 읽으며 접하며 나의 성령을 직접 듣는 너희들이 얼마나 소중하게 선택되었으며 얼마나 크나큰 영광을 받은 것인지 아는가?
4 나의 아들을 통하여 내리는 강론을 직접 듣는 선택된 백성 너희들은 지금 만백성을 구함에 있어서 시간이 없음이니라.
5 그리고 너희들이 두려워하지 말아야 될 것이니라.
6 너희들은 이 세상 살아가면서 수영이라는 것을 할 줄 모르는 사람이 깊고 깊은 물에 뛰어들어 빠졌다 하면 그는 어찌 되는가?
7 그는 거기에서 정녕 구원을 받지 못하며 그 고통 속에서 죽어 가는 것이 당연한 것이니라.
8 깊고 깊은 물 속에 뛰어든 자가 수영을 하지 못하면, 그 깊은 물에 빠진 자는 그저 죽음뿐이며 고통 속에 죽어 감이니라.
9 지금 바로 너희들이 어떻게 가고 있는가?
10 지금의 믿음의 길을 가고 있는 모든 백성이 정녕 저희들이 어떠한 것이 구원의 길인 줄 모르며 그저 수영도 할 줄 모르는 자들이 깊은 물 속에 뛰어드는 그와 같은 형국으로써 지금 살아가고 있는 것이니라.
11 그저 그들이 뛰어드는 그 순간에 수영할 줄 모르는 자가 깊은 물에 빠지는 것과 같음이니라.
12 잘못된 이 세상의 모든 종교 집단 속에 너희들이 몸을 던지며 그곳에 가 찬송하며 경배하며 '할렐루야!, 아멘!'을 찾는 그 순간에
13 너희들은 지푸라기 하나 잡을 수 없는 깊고도 깊은 물 속에 뛰어드는 것이 너희들의 형제요, 지금의 백성들이니라.
14 수영할 줄 모르면서 물속에 뛰어드는 그 백성을 너희들은 그냥 보아야 되는가?

15 물속으로 수없이 뛰어들어가는 그 백
성들에게 너희들이 나의 아들로부터
들은 그 강론으로써, 나의 법전으로써
그들을 막아야 될 것이며,
16 깊고 깊은 물 속에 뛰어들어 빠져 살
고자 발버둥치며 허우적거리는 그 백
성 또한 너희들이 구하여야 될 것이
니, 그 누구도 그들을 구할 수 없음을
알아야 될 것이니라.
17 지금 수영할 줄 모르면서 수없이 깊
은 물 속으로 뛰어드는 그 백성을 보
면서 너희들이 지금 잠이 오며 너희들
이 오늘 하루를 편히 쉴 수 있으며 너
희들이 과연 음식을 먹고 살아갈 수
있다 생각하는가?
18 사랑하는 나의 아들의 제자요, 나로부
터 선택된 백성 너희들은 생각해 보
라, 수영할 줄 모르는 너희 형제들이
그저 깊은 물로 뛰어드는 그와 같은
모습을.
19 그들이 그 깊은 물로 수없이 뛰어들어
가고 있으며, 뛰어들어가는 자, 지푸
라기 하나 없는 곳에서 허우적거리며
지금 죽어 가니,
20 그들이 영원히 구원받지 못하는 지옥
으로 가는 것이니라.
21 그를 구하는 데 너희들의 재산이 무엇
이 아까우며 너희들이 어디 시간이
있으며 너희들이 잠잘 시간이 있으며
너희들이 먹고 놀 시간이 있는가?
22 만백성, 물속으로 뛰어들어가는 그 백
성을 구하라.
23 모든 지금의 종파에 그저 빠져들어
가는 그 순간에 그들은 죽어 가는 것
이니, 그 마음을 돌이킬 수가 없으며
아무도 돌이킬 자가 없음이니라.
24 오로지 나의 법전을 전해 주며 너희들
이 나의 아들로부터 들은 구원이요,
그 성령의 뜻만이 그들을 구원할 수
있음을 너희들은 알 것이니라.
25 물속에 뛰어드는 백성을 막으라.
26 물속에서 허우적거리는 그 백성을 구
원하라.
27 그것이 너희들이 해야 할 일이며 너희
들이 가야 할 길임을 알아야 될 것이
니라.
28 내가 너희들에게 전하여 말하지 아니
하였던가?
29 이제 그들을 구원하는 것이, 그들을
구원하여 그들이 나의 법전을 보며 나
의 성령을 들을 때,
30 그들이 바로 저희들이 지금까지 구원
의 길이요, 하늘에 오르는 길이라 하
여 그리 달려가며 죄짓고 살아 그 썩
고 썩어 부패하게 만들었던 그 성전
을 그들이 단죄할 것이며 그들이 무너
트릴 것이니라.
31 그리하여 그들에게 죄를 면할 수 있는
그 면죄부를 주어야 될 것이니라.
32 너희들이 물속에 들어가는 자를 막았
으며 물속에서 죽어 가 허우적거리는
자를 구원하였으니,
33 그들이 스스로 지금까지 어리석게 잘
못 왔으며 잘못 믿어 온 그 종파의 문
을 닫게 하며 거미줄을 칠 것이며,
34 그 사악한 종교 집단들을 그들이 단
죄할 것이니, 바로 그들이 전사가 되
는 것이니라.
35 너희들은 그들을 육성하며 그들을 깨
우쳐 주며 그들을 바로 볼 수 있도록

하는 것이 너희들의 대명이며 너희들
이 해야 할 일이며 너희들이 가야 할
길이니,
36 이 길을 감에 있어서 너희들이 잠시도
주저해서는 아니 됨을 알아야 될 것
이니라.
37 너희들이 물속에 허우적거리는 그 백
성을 구원하는 것은 바로 그들을 잘
못 가는 그 종교 집단에서 구원함이니,
38 그들이 스스로 그 죄를 뉘우치며 그
죄의 대가요, 그들이 나로부터 면죄를
받을 수 있으며 면죄부를 받을 수 있
는 그 기회를 그들에게 주라.
39 이제 만백성에게 다시 전함이니라.
40 너희들이 조상 대대로 재물과 금화와
은화를 바쳐 지금 죄의 온상이요, 썩
어져 가는 것을 부패하게 만들었으며
중독자를 중독되도록 만든 그 죄를
용서받는 것은
41 너희들이 지금 배우고 있는 그 성전이
요, 너희들이 구원의 길이라 하여 기
도하는 그 성전의 문을 닫게 하는 자,
42 그 문을 닫게 하는 역사의 앞에 선 자,
그가 이름을 대면 너희들의 조상이요,
너희들의 형제요, 너희들의 이웃을 다
나 여호와가 구해 주는 그와 같은 역
사를 이룰 것이니,
43 한 명의 생명을 구하는 것도 너희들이
받을 수 없는 은혜이거늘, 너희들이
아는 만백성을 구할 수 있는 은혜를
나 여호와가 너희들에게 줌이니,
44 이제 그 사악한 무리를 이 세상에서
쫓아내 뿌리를 뽑는 데 앞장서는 자,
너희들이 영원히 구원을 얻을 것이니
라.
45 물속에 빠져 허우적거리는 그 백성들
을 너희들이 구원해 주지 아니하면 아
니 되며, 그들을 막지 아니하면 아니
될 것이니라.
46 너희들이 물속에 빠져 허우적거리는
백성, 물속으로 그저 뛰어드는 백성을
구원하여
47 그들로 하여금 지금 저희들이 간 길이
얼마나 잘못된 것인가를 깨닫고 그들
이 그 손으로 지은 성전이요, 저희들
이 재물을 바쳐 지은 성전을 스스로
문을 닫게 하며 그곳에 거미줄을 치게
할 때, 그리고 그 종교 지도자들을 단
죄할 때 그들을 구원할 것이며,
48 그들의 조상이요, 그들이 이름을 대는
자, 그리고 그들이 마음으로 구원을
바라는 모든 백성들을 내가 구원해
줄 것을 그들에게 명함이니,
49 그들의 죄를 사할 수 있는 이 기회를
놓치지 아니하도록 만백성을 너희들
이 깨우쳐 바로 다스리도록 그리하는
것이 너희들의 가장 소중한 대명임을
알라.

4,179 번째 하나님 말씀

2002년 12월 10일 11시 59분

(강론을 마치며)

1 사랑하는 나의 아들아!
2 **"네, 아버님! 말씀하옵소서."**
3 내가 오늘 나의 성령을 통하여 너희들
에게 일깨워 주기를, 정녕 나의 법전
을 접하였으며 깨우친 백성, 너희들이
바로 서지 못할 때, 바로 가지 못할 때,
4 너희들의 그 죄가 더 무섭다 하였으

며 내가 너희들을 더 엄히 다스린다
하였음이니라.
5 너희들은 그 대목에서 깊이 깨우쳐야
될 것이니라.
6 어찌하여 나의 성령을 듣고 깨우치며
나의 법전을 들어 공부하는 너희들이
잘못했을 때, 이를 배우지 아니하며
거부하는 백성보다 더 무서운 가혹한
벌로써 너희들을 다스리는가 하여 나
여호와를 원망할 것이니라.
7 그러나 너희들이 여기서 깨달아 생각
해 보라.
8 너희들이 배고파 지금 밥 한 끼가 절
실히 요구되는 사람이 한 끼 배가 고
파 허덕이는 것을 알면서 그에게 밥
한 그릇을 사 주지 아니하는 사람과,
9 그가 배고픈지 배고프지 아니한지 그
것을 모르기 때문에 그에게 사 주지
않는 사람 중에
10 과연 누가 더 사악한 자고 누가 간악
한 자던가?
11 추워 옷이 필요한 자, 배가 고파 밥 한
끼가 필요한 자, 그것을 알면서도 그
에게 가진 자가 대접하지 않는다면,
12 그가 얼마나 사악한 자며 그로 하여금
얼마나 고통을 주는 것인가?
13 그 이치를 너희들이 깨닫는다면, 오늘
너희들이 나의 아들을 통하여 나의 성
령을 들으며 나의 법전으로써 너희들
이 공부하고 깨우치나,
14 그와 같은 너희들이 남들과 차별화되
지 못하여 남들보다 앞에 가지 못하며
변화되지 못할 때,
15 너희들이 그 가혹한 죄의 대가를 받
으며 나로부터 그 대가를 치르는 것은
당연한 그 이치가 거기 있음을 오늘
깊이 깨우쳐,
16 나 여호와를 원망하는 그와 같은 내
사랑하는 아들딸로 너희들이 서서는
아니 될 것이니라.
17 너희들이 세상에 이보다 더 소중한 것
이 없으며 더 귀한 것이 없음이니,
18 세상에 가장 소중한 것을 너희들의
손에 쥐고 있음이니, 이를 놓아서는
아니 될 것이니라.
19 그 소중한 것을 내가 너희들 손에 쥐
여 주었으며 내가 너희들에게 그리 일
깨워 주어 구원을 받으라 하였음이니,
20 오늘의 너희들이 춥고 더우며 배고픔
을 너희들이 그것으로써 생각하지 말
며,
21 그 모두는 다 너희들이 일순간에 잊을
수 있으며 얻을 수 있으며 또한 버릴
수도 있는 것이 그와 같은 인간의 삶
의 세상이나,
22 영원히 하늘에 오르는 천국의 문을
여는 열쇠는 아무나 가질 수 없음이니
라.
23 너희들이 나의 법전을 들고 있는 그
것이 하늘에 오르는 열쇠이니라.
24 이와 같이 깨닫지 못하는 자, 이 법전
의 열쇠를 뜨거워 그가 들지 못함이니,
25 그를 저버리고 던지고 보지 못하는 자
가 봐서는 안 되기 때문에 그 뜨거운
천국의 문을 여는 소중한 열쇠를 받
을 자격이 없는 자가 그를 놓게 되어
있음이니라.
26 그를 던지는 자, 그를 저버리는 자가
얼마나 오만한 것인가를, 그가 그 육
신의 삶을 마칠 날이 머지않았음이니,

그때 가서 그걸 알게 될 것이니라.
27 너희들은 모르느니라.
28 그리하여 미래요, 앞으로 이루어질 것
을 모르는 너희들이 미래를 예측하고
생각하는 것이 오만이요, 착각이라 하
였음이니,
29 오로지 나의 법전을 손에 드는 것이
천국의 문을 여는 그 열쇠임을 너희
들은 알아야 될 것이며,
30 오늘 내가 너희들에게 잘못되었을 때,
너희들이 등을 돌리고 떠났을 때, 너
희들이 얼마나 무섭고 무서운 벌을
받는지 그 이치를 알았을 것이니, 그
리 행하도록 그리하라.

4,180 번째 하나님 말씀

2002년 12월 11일 08시 11분

1 사랑하는 나의 아들아!
2 "네, 아버님! 말씀하옵소서."
3 너희들이 살아가는 그 세상에 너희
집 앞에 하나의 아름다운 과일나무가
있으니,
4 그 과일이 다른 과일보다 훨씬 더 맛
이 있으며 그 과일이 가지고 있는 향
기가 독특하여 남에게 자랑할 만한
그와 같은 과일이라 할 때,
5 너희들 주인은 그 과일을 먹으니 그
과일의 맛을 알며 그 향기를 아느니라.
6 그리하여 남들에게 그를 자랑하고 아
무리 그 과일이 좋다 하여도, 그 과일
을 먹어 보지 아니하며 그 과일을 접
하지 않은 사람은 그를 이해할 수 없
음이니라.
7 정녕 너희들의 집안에 있는 그 과일이
요, 그 과일의 특성을 그들은 먹어 봐
야 될 것이며,
8 먹지 않으면 아무리 말로 이해시키고
깨우치려 해도 그를 알 수 없듯이,
9 나의 법전이 너희들을 구하는 참진리
요, 하늘에 오르는 길이요, 나 여호와
의 성령이라 그리 말해도,
10 수천 년 동안 굳어진 지금의 그 믿음
의 틀 속에서 벗어나지 못하는 그들이
그를 이해하지 못하며 그를 보지 못하
는 것은 당연한 것이니,
11 그들의 손에 나의 법전을 쥐여 주어
그들이 그 법전의 뚜껑을 열어 그 내
용을 읽도록 하는 것이 너희들이 해
야 할 일이며 대명임을 알아야 될 것
이니라.
12 말로써 나의 법전이 세상에 나오며 말
로써 나의 법전이 하늘의 참진리요,
창조주인 나 여호와가 세상에 내리는
글이라 그리하여도 그들은 그를 보지
아니하며 읽지 아니함이니,
13 그들이 정녕 그 속을 들여다볼 수 있
도록 그리하는 것이 너희들이 해야 할
일이고, 그 어려운 고비요, 어려운 싸
움을 너희들이 견디고 이겨야만 됨을
알아야 할 것이니라.
14 오로지 그와 같은 모든 모습을 보이
는 것은 바로 너와 너의 제자들이 바
로 서는 그 삶의 행동에 그들과의 차
별화를 그들이 느낄 수 있도록 그리하
는 것만이
15 너희들이 그들을 깨우치는 가장 중요
한 길임을 잊어서는 아니 됨을 다시
한 번 기억하도록 그리하라.

4,181 번째 하나님 말씀

2002년 12월 11일 08시 19분

1 사랑하는 나의 아들아!
2 "네, 아버님! 말씀하옵소서."
3 너희들은 이방인이라 말하며, 너희들
의 종교 집단과 같은 그 길을 가지 않
는 자를 이방인이라며 경원시하며,
4 나 여호와와도 아무런 관계가 없는
그와 같은 백성이라고 생각하며 지금
가고 있는 것이 너희들의 믿음의 길
을 가고 있는 자들이니라.
5 그러나 그와 같은 믿음 속에서 스스로
착각에 젖어 있으며 저희들은 구원받
았다 믿고 사는 자,
6 그와 같은 지금 종교 집단의 백성 너
희들이 바로 이방인이라 내가 말하였
음이니라.
7 말로써는 나 여호와를 찾으나 행동함
은 너희들이 그리하지 못하며,
8 그와 같이 너희들이 죄짓는 것을 모르
며 스스로 너희들이 추한 행위를 하는
것을 부끄러워하지 아니하고 사는 그
와 같은 나의 이름을 파는 너희들이
바로 정녕 이방인이요,
9 진정으로 나를 찾지 아니하고 내가
존재함을 의식하지 아니하나, 계명에
따라 그와 같은 아름다운 삶을 살고자
하는 그와 같은 자들이 정녕 이방인이
아니며,
10 우리 부자의 이름을 팔아 살면서 바로
가지 못하는 그와 같은 너희들이 바로
이방인이라 하였음이니라.
11 그러기에 너희들이 나의 성령이요, 나
의 참뜻이요, 내가 직접 세상에 내려
보내는 만백성을 구하고자 하는 나의
법전까지도 사탄이요, 이단이라 그리
말하는 것이니라.
12 너희들이 정녕 이방인이 아니라면 내
가 직접 만백성을 구하고자 내리는 나
의 법전을 사탄이요, 이단이라 하여
그를 태워 버리고 찢어 버리는 그와
같은 사악한 행위는 할 수 없으며 하
지 아니할 것이니라.
13 이 세상의 그 모두는 나 여호와 창조
주의 주관하에 세상에 존재한다 말은
그리하면서 행동은 그리하지 아니하
고 구별하며 선별하는 그와 같은 어
리석은 삶을 사는 것이 너희들이기에,
14 바로 너희들이 가장 으뜸의 이방인이
라는 것을 내가 일찍이 깨우쳐 주었음
이니라.
15 그러니 너희들이 정녕 이단이요, 사탄
이라 하는 나의 법전의 뚜껑을 열어
읽어 보며, 이 또한 나의 뜻에 의하여
세상에 나왔음이니, 나 여호와의 창조
물이라 생각하여 들여다보는 그와 같
은 것까지도 행하지 않는 어리석은
것이 너희들이니라.
16 이제는 너희들 스스로 들여다봐야 될
것이니라.
17 창조주인 나 여호와의 믿음의 길이라
며 가는 자들이 바로 그대로 행하지
않는 것이 이방인이라 하였으니,
18 너희들 자신과 너희들의 생활을 들여
다보며 진단할 때가 왔음을 너희들은
알아야 될 것이니라.
19 나 여호와가 존재한다 믿으며 나의 아
들 예수가 너희들의 죄를 대속하여
그 피로 구원을 받았다고 말하는 너희

들이
20 과연 그와 같은 고통과 시련의 은혜
와 감사함을 알며 한 점의 부끄러움이
없는 삶을 살고 있는가 너희들 자신을
돌아다보라.
21 오로지 너희들은 정녕 나 여호와요,
창조주가 존재함을 믿는 백성이요, 지
도자라 말하면서,
22 하늘을 향하여 한 점의 부끄러움이 없
는 백성으로서 종교 지도자로서 지금
살아가며,
23 만백성을 하늘에 오르는 길로 인도한
다며 너희들이 말로 부르짖는 것처럼
행동이 일치하는가?
24 그러나 너희들이 더 잘 알 것이니라.
25 너희들의 속내를 스스로 더 잘 알 것
이며, 남들이 바라보며 지금의 종교
집단이 잘못 갔다 비평하고 평하는
것보다도 너희들 스스로 너무나도 잘
알고 있을 것이니라.
26 하늘의 목자요, 나 여호와로부터 명받
은 지도자요, 만백성을 구하는 자, 유
리보다 더 맑고 깨끗한 마음으로 살아
가야 하는 너희들이요, 그 모든 각종
종교 집단들이
27 너희들이 말로 다 담을 수 없는 추하
고 더러운 그 비리를 속속들이 너희
들은 알고 있을 것이며,
28 진정한 종교 지도자라는 성직자의 탈
선하는 행위요, 부적절하고 부정한 행
위를 정녕 나 여호와가 잠시도 쉬지
않고 하나도 놓침이 없이 내려다보고
있다고 생각하는 백성이요, 종교 지도
자 너희들이 과연 그리 생각하고 사
는가?
29 너희들은 이를 모르느니라.
30 내가 너희들이 움직이고 행동하는 걸,
하나하나 번갯불보다 더 빨리 스쳐 가
는 그 행동도 내가 보지 못함이 없으
며 기억하지 아니함이 없다 하였거늘,
31 너희들이 과연 어찌 살아가는가?
32 너희들은 어떠한 행동으로써 살아가
는가?
33 너희들은 정녕 하나하나 내가 다 내려
다보고 있다 하였거늘,
34 창조주 나에게 너희들은 정녕 부끄러
운 일을 하지 않고 살고 있는가?
35 너희들은 나의 품이요, 나의 자식으로
서 벗어나는 행위를 하면서도 너희 스
스로 부끄러움이 없이 그를 자행하고
있는 것이 종교 지도자요,
36 믿음의 세월을 많이 가 천사와 같이
변하여 있어야 할 나의 백성 너희들이
지금 하고 있는 행동이니라.
37 그를 들여다볼 때 너희들이 과연 이
방인이 아니며, 나로부터 선택된 백성
이며 너희들이 나의 아들이 그 고통
스러움으로써 너희들을 구원하고자
흘렸던 그 피로써 죄의 사함을 받았
다 과연 말할 수 있는가?
38 그러고도 너희가 지도자요, 참믿음을
가는 자라 말할 수 있다 하면, 너희들
은 당당히 나에게 그 뜻을 전하라.
39 그러나 너희들 스스로 그와 같이 당당
한 모습으로 살 수 없다 하면,
40 너희들이 곧 이방인이요, 죄를 짓는
자들이요, 죄의 온상으로서 지금 존재
한다는 것을 잊어서는 아니 될 것이니
그리 알라.

4,182 번째 하나님 말씀

2002년 12월 11일 08시 27분

1 사랑하는 나의 아들아!
2 "네, 아버님! 말씀하옵소서."
3 지금의 모든 집단의 그 행동들이 가
르치는 자나 배우는 자나 너희들이 입
으로써 말로써만 믿음을 존중하며 부
르짖으며,
4 세상 그 무엇과도 바꿀 수 없는 소중
하고 소중한 것이 나 여호와를 경배하
며 기도하는 것이라 너희들은 그리 부
르짖으며 그리 생각하면서 살아가고
있음이니라.
5 그리하여 나 여호와로부터 구원을 받
는 길이요, 하늘에 오르는 길이요, 나
여호와를 찬양하며 나의 아들 예수를
부르짖으며 찬양하는 것이
6 그 무엇과도 바꿀 수 없다 하며, 그보
다 더 소중한 것이 없다 생각하며, 너
희들의 생명보다도 더 소중하다 부르
짖고 그와 같은 것으로써 너희들이 지
금 그 광란의 짓을 하고 있는 것이니
라.
7 너희들은 세상에 어느 것과도 바꿀 수
없는 소중한 것이 나 여호와가 존재
함을 알며, 나의 아들 예수의 보혈로
써 죄 사함을 받았다 하는 그와 같은
것보다 더 소중한 것이 없다 그리함이
니,
8 너희들은 행동으로써 그를 실천하는
것이 아니요, 말로써만 그리 생각하며
머릿속에 생각으로써만 그리 생각함
이니라.
9 그리하여 너희들은 잃는 것이 없으며
버리는 것이 없기에 그저 광란의 형태
로써 찬송을 부르며 그와 같이 가고
있는 것이 지금의 믿음의 길이니,
10 그와 같은 행위로써 너희들은 몸으로
실천하는 것이 아니요, 마음과 생각뿐
이며 입으로만 그리 가는 것이 지금
의 너희들의 깊은 믿음의 형태이니라.
11 그 깊고 깊은 속을 들여다보는 그와
같은 계기를 너희들이 가져야 될 것
이니라.
12 너희들은 직접 세상에 살아가면서 실
질적인 생활에서 베풀고 사는 것이 구
원의 길이거늘,
13 너희들의 내면의 생활 속에는 사랑을
정녕 모르며, 나 여호와 창조주가 어
디에 존재하는지 그것까지도 모르고
사는 것이니라.
14 사랑을 베푼다 말하지 아니하며, 나
여호와가 존재한다 말하지 아니하며,
나 여호와를 찾고 경배하는 것이 무엇
보다도 소중하다고 생각하지 아니하
고 살아가는 그 백성보다도 너희들이
더 간교한 자들이니라.
15 세상사 너희들이 살며 비관하는 자,
술에 취하여 제 이성을 잃으면서, '하
나님이 계시기는 어디 계시냐?' 하며
솔직히 그리 말하고 부르짖는 그 술
취한 나의 백성만도 못한 것이 너희
들임을 알아야 될 것이니라.
16 그 술 취한 자가 세상을 저주하며 삶
을 저주하며 후회하며 나 여호와에게
과연 하나님은 어디에 존재하며 창조
주는 어디에 존재하느냐 반박하는 자
보다도 더 추한 행동으로써 추태를 부
리며 살아가는 것이 지금의 너희들의

생활 태도임을 너희들은 알아야 될 것
이니라.
17 나 여호와의 존재함을 헌신짝처럼 버
려두고 사는 것이 지금의 믿음을 가
고 있는 너희들의 실질적인 내면의
믿음이니라.
18 행함으로써 사랑을 실천함이 아니요,
말로써만 너희들이 믿음에 젖어 있으
며,
19 생각과 마음만이 너희들의 믿음이요,
실질적인 사랑을 베푸는 행동을 하지
못하기 때문이니라.
20 너희들이 그와 같이 살아가는 생활에
하나의 방편으로써 너희들 자신을 기
만하며 살아가기 위하여,
21 너희들이 때로는 스스로 위안을 얻기
위하여, 인생의 육의 삶의 위장 전술
로써, 위장하는 도구로써 사용되는 것
과 같은 이와 같은 믿음으로 너희들
이 가고 있음이니라.
22 우리 부자의 이름을 사용하며 우리 부
자의 이름을 팔아 나 여호와의 뜻에
따라 나의 계명을 위하여 산다고 너희
들이 입으로만 말하니,
23 그 모두는 너희들의 같은 민족이요,
같은 동족이요, 같은 형제라는 그 인
간의 이웃에까지, 너희 부모에까지 너
희들이 위장하며 그를 속여 가기 위
한 방편으로써 너희들이 살아가는 것
이며,
24 너희들은 이와 같은 믿음을 가며 이와
같은 깨달음을 아는 백성이라는,
25 너희들 자신을 내보이기 위한 그와 같
은 생활 속에서 믿음의 길을 가고 있
음이니라.
26 그러니 너희들이 얼마나 착각 속에서
살고 있는 백성들인가를 알아야 될
것이며 깨달을 때가 되었음을 알아야
될 것이니라.

4,183 번째 하나님 말씀

2002년 12월 11일 08시 33분

1 사랑하는 나의 아들아!
2 "네, 아버님! 말씀하옵소서."
3 나의 피조물 만백성들이요, 구원의 길
을 달려간다는 그 백성들이 나 여호
와는 정의의 하나님이요, 사랑의 아버
지요, 공의로운 하나님이라 그리 말함
이니,
4 정녕 정의로운 하나님이요, 사랑의 아
버지라 부를 자격이 없는 자가 지금
모든 종파에 속하여 구원을 받는다 울
부짖으며 믿음의 길을 달려가고 있는
너희들이 바로 그와 같이 나를 그리
부를 자격이 없음을 알아야 될 것이
니라.
5 너희들은 이 세상 모두를 나 여호와가
창조하였으며 나 여호와가 모두를 주
관하여 움직이며 나 여호와가 이 세상
의 모든 생명체요, 그 모두를 다 창조
하였다 그리 말하느니라.
6 그러면서 나 여호와는 공의의 하나님
이요, 모두를 다 사랑하는 자라 그리
말하며, 사랑으로 너희들을 다스려 가
는 하나님이라 그리 말하느니라.
7 너희들은 나 여호와를 그리 말하면서
어찌하여 너희들이 속해 있는 극소수
의 적은 인원만을 사랑한다 생각하며,
8 너희들의 집단에 속해 있지 아니하는

자들은 나 여호와가 사랑하지 아니하
며 구원을 받을 수 없다 그리 말하고
있는가?
9 이 얼마나 너희들이 어리석으며, 나
여호와를 욕되게 하고 있는 삶을 사
는 것인가?
10 믿음이라는 길을 가는 자들이 대표적
으로 이 세상에 나 여호와를 저주하
며 나를 욕되게 하며 나 어버이의 마
음을 아프게 하는 자들이라는 것을
알고 있는가?
11 몇 명이 되지 않는 적은 그 집단만이,
그러한 믿음만이, 너희들을 따라가는
자만이, 너희들의 집단을 따라가는 자
만이 위대한 백성이요, 선택된 백성이
요, 구원을 받을 수 있는 백성이라는
그 착각에서 너희들이 언제 벗어날 수
있겠는가?
12 너희들의 집단만이 위대하며 구원을
받는다는 그와 같은 어리석은 생각을
하는 것이 얼마나 큰 욕심이요, 얼마
나 우매한 것인가?
13 하나밖에 모르며 둘도 모르는 백성이
하고 있는 것이 지금 너희들의 믿음이
니라.
14 하나 더하기 하나는 둘이라는 그 이
치도 모르며 그저 하나를 붙잡고 매
달리는 것이 너희들이 지금 가고 있는
믿음임을 알아야 될 것이니라.
15 너희들만이 구원을 받을 수 있고 구원
을 받는다는 그와 같은 환상이요, 착
각을 이제는 깰 때가 되었음을 알아야
될 것이니라.
16 나 여호와는 세상의 그 모두를 창조
하였으며, 그 모두는 다 나의 주관하
에 움직이며 내가 주관하지 아니하는
것이 없거늘,
17 나 여호와에게 소중하지 않은 것이
없음이니, 모든 백성들이 다 소중하며
나의 아들딸임을 너희들은 알아야 될
것이니라.
18 나 여호와는 만백성을 다 사랑함이니
라.
19 너희들은 이 이치부터 깨우치라.
20 너희는 저만이 옳다는 그 믿음이 얼
마나 어리석고 우매한 것인가?
21 너희들이 그를 타파하지 아니하며 그
곳에서 벗어나지 못한다면 너희들은
정녕 구원의 길을 갈 수가 없음이니라.
22 어찌하여 몇 명이 되지 않는 너희들
의 집단 속에서만 구원을 받는 것처럼
착각하며 너희들만이 구원을 받았다
그리 말하는가?
23 너희들은 이제 봐야 될 것이니라.
24 내가 나의 아들을 통하여 160권의 대
법전이요, 나의 성령의 뜻을 세상에
내려보내 너희들을 심판하고자 하는
새로운 역사가 있음을 알라.
25 너희들은 고여 있는 그 물속에서 썩
지 않기를 바라나, 고인 물은 썩음이
니라.
26 너희들은 나의 성서를 가지고 재탕하
고 또 재탕하며 너희들이 이 지구가
멸망하는 날까지 그리 가고자 하나,
27 이 세상은 변하며 이 지상의 낙원은
내가 하늘의 낙원처럼 아름답게 이루
고자 하는 그 변화의 소용돌이가 시작
되었음이니,
28 그러니 그를 다스리고 통제할 수 있고
그와 같은 역사를 할 수 있는 나의 백

성들의 삶의 자세요, 그 지표가 세상
에 내려오는 것은 당연함이니,
29 나의 법전이 너희들을 심판하며, 또한
그에 앞서 너희들이 바르게 살아 구
원을 받을 수 있는 지침이요, 가르침
이요, 교훈이 여기에 있음을 너희들은
잊어서는 아니 될 것이니,
30 나의 법전을 접하는 자만이 구원의 빛
을 볼 수 있다 함이 여기 있음을 알라.

4,184 번째 하나님 말씀

2002년 12월 11일 08시 38분

1 사랑하는 나의 아들아!
2 모든 백성 너희들이 살아가는 이 세상
에서 너희들은 완벽할 수가 없으며 완
벽한 삶을 살 수가 없는 것이라, 인간
의 형체를 가지고 있는 백성은 신이
아니라 말하였음이니,
3 형체를 가지고 있는 너희들이 완벽할
수는 없는 것이니라.
4 그러나 내가 너희들에게 바라고 원하
는 것이 무엇이던가?
5 너희들은 신이 아니요, 인간의 형체를
가진 백성이기에 너희들은 신과 같이
완벽할 수는 없다 하였음이니라.
6 그러나 너희들이 너희들 자신의 변화
를 위하여 중단하지 아니하고 포기하
지 아니하고 노력하는 그 속에서 너희
들이 그와 같이 변해져 갈 수 있다는
것을 내가 너희들에게 수없이 가르쳐
주었음이니,
7 너희들은 여기서 포기하며 중단하는
일이 있어서는 아니 되는 것이 너희들
이 살아가는 길임을 알아야 될 것이니
라.
8 인간인 너희들은 형체요, 육을 가지고
사는 백성이기에 세상사 모두를 부딪
치고 얽히고설킨 그 속에서 너희들은
단점과 부족함과 시기와 질투와 그와
같은 마음이 너희들에게 있음이니,
9 그를 너희들이 하나하나 털어 버리며
장점으로써, 아름다운 마음 쪽으로,
사랑하는 마음으로 변화시키는 데 어
렵고 힘들다 하여 너희들이 좌절해서
는 아니 되는 것이며,
10 그것을 부단히 노력할 때 너희들이 지
금 가지고 있는 그 많은 모든 단점들
이 장점으로 서서히 변해져 가며 너희
들이 장점으로 마음이 이어질 때,
11 곧 너희들의 가슴속에 나의 성령이
너희들을 지배하게 되는 것이니,
12 나의 백성이요, 너희들은 그와 같은
너희들이 변할 수 있는 자격과 너희들
이 변하여 갈 수 있는 은혜 속에 세상
에 살아감을 알아야 될 것이니라.
13 너희들이 부단히 장점을 위하여 노력
하며 장점을 너희들 가슴속에 이루도
록 그와 같이 노력하고 또 노력하는
속에서 너희들이 발전되어 감을 알아
야 될 것이니라.
14 장점을 너희들 스스로 노력하여 단점
보다 더 많이 너희들의 가슴에 안을
수 있도록 최선을 다할 때,
15 나 여호와가 너희들의 그 마음의 아름
다움을 알게 되며, 내가 너희들을 기
억하게 되며, 내가 너희들을 구원의
길로 인도하게 된다는 것을 잊어서는
아니 될 것이니라.
16 너희들은 신이 아니라 내가 말하였음

이니라.
17 그리하여 너희들은 형체의 모형을 가
지고 있는 백성이기에 완벽할 수는 없
음이니라.
18 단점과 장점의 그 갈림길에서 너희들
이 스스로 장점을 살리며 단점을 하나
하나 버리는 그와 같은 피나는 노력
속에서 너희들이 천사요, 나의 심성을
닮아 가는 변화되는 인간으로서 너희
들이 스스로 다시 태어남이니,
19 이게 너희들이 새로운 생명으로 태어
남이요, 새 생명을 얻게 됨이니, 그리
하여 너희들이 하늘에 오르는 나의 품
에 올 수 있는 그와 같은 대역사의 변
화이니,
20 그것이 영원히 사는 생명의 빛을 갖
게 됨이며 구원을 받게 되는 것임을
너희들은 알아야 될 것이니라.

4,185 번째 하나님 말씀

2002년 12월 11일 08시 44분

1 사랑하는 나의 아들아!
2 너희들이 인간 세상에서 살아가면서
'선무당이 사람을 잡는다.'는 그와 같
은 말을 하고 사느니라.
3 제대로 알지도 못하며 완전치 못한 자
가 아는 체하며, 고칠 수 없는 병자 앞
에 제가 고칠 수 있다고 말로만 그리
장담하는 자이니,
4 그리하며 선부른 자가 사람을 잡는다
는 그 말의 뜻이 여기에 있음이니,
5 제대로 알지도 못하는 자가 아는 체하
여 정녕 사람의 생명을 잃게 하며 세
상사의 모든 일을 망가트리고 무너트
리게 할 때 너희들이 그와 같은 말을
하고 있느니라.
6 지금 너희들의 모든 종교 집단이요,
지도자들이요, 그 가르치는 자들이 가
고 있는 길이 바로 어떠한 형국인지
아는가?
7 너희들의 모든 종교 집단들이 지금
선무당이 사람 잡는 그 무당의 행위를
하고 있으며 그와 같은 짓을 하고 있
다는 것을 너희들이 알아야 될 것이니
라.
8 지금의 지도자요, 또한 가르치는 모든
종교 집단들이요, 그들이 제대로 알지
못하며 나의 피조물 만백성을 구원한
다 함이니,
9 그리고 성서의 깊은 뜻을 알지도 못하
며 내가 원하는 뜻을 모르면서 저희
들이 하늘에 오르는 참빛이요, 천국의
문을 들어갈 수 있는 티켓을 주며 그
를 인도하는 자격이 있는 것처럼 지금
그리 가르치고 있음이니,
10 사람 잡는 그 선무당 앞에 가 구원을
받겠다 모여드는 나의 사랑하는 백성
들, 너희들이 말하는 신도라는 그 백
성들이 얼마나 억울하고 지금 잘못
가고 있는가를 너희들은 알아야 할 것
이니라.
11 지금 너희들이 제대로 알지 못하는 자
가 가르치는 것이 선무당이 사람 잡는
것이요,
12 그곳에서 배웠다 하는, 또 신도라 하
는 백성들이 몇 년, 몇십 년씩 너희들
이 손으로 지은 성전이요, 그 선무당
앞에 가서 그 선무당의 가르침을 들었
다는 백성들이

13 세상에 나와 나의 사랑하는 피조물
만백성들을 구원하며 그들을 구제한
다 하여 전도라 하여 지금 하고 다니
는 그 행위가 바로 무엇이던가?
14 선무당이 사람 잡는 종교 지도자 앞에
서 배운 선무당이 또 사람 잡는 짓을
하고 있는 것이 그 속에서 깨달은 그
형제들이요, 그 백성이 하고 있는 짓
임을 알고 있어야 될 것이니라.
15 잘 모르니 저희들의 부모요, 형제요,
이웃에 있는 백성들까지도 지옥으로
끌고 가는 그와 같은 짓을 하고 있는
것이 지금 너희들의 종교 집단임을 알
아야 될 것이니라.
16 그리하여 너희들이 믿지 않는 자는 정
녕 영원히 돌이킬 수 없는 적과 같은,
그리고 영원히 용서할 수 없는 원수와
같은 생각을 하며 살아가는 것이니,
17 너희들이 지금 얼마나 무서운 죄를 짓
고 있는지를 알아야 될 것이니라.
18 선무당이 사람을 잡는다 하였으니, 제
대로 알지도 못하는 자들이 구원의 길
로 인도하며 이끌어 간다고 너희들이
지금 하고 있는 짓이 얼마나 무섭고,
무서운 죄를 짓고 있는 것인가를 알
아야 될 것이니라.
19 제대로 알지도 못하는 선무당 앞에 가
그 선무당이 하는 짓을 배워 너희들
이 나의 피조물 만백성을 구하는 전사
라 우쭐대고 다니는 그 모양이 바로
너희들이 얼마나 부끄러운 자세인가
를 알아야 될 것이니라.
20 그와 같이 우쭐대며 나의 피조물 만
백성들을 구원한다며 전도라 하여 전
하는 너희들이 울부짖는 그 형국이
바로 선무당으로서 사람을 잡는 자들
이니,
21 너희들이 의사로서 사람의 병을 진단
하지 못하며 그저 아프다는 자에게 수
술부터 하는 형국임을 깨우쳐야 될 것
이니라.
22 그때가 지금 되어 있음이니, 그 뜻을
내가 깨우쳐 주며, 바로 보지 못하는
너희들을 바로잡기 위하여 밤과 낮을
가리지 않고 나의 아들을 통하여 160
권의 법전을 세상에 내려보냄이니,
23 내가 이 법전을 읽는 자가 성서의 내
용을 알 수 있다 하였으며 그 비밀을
알 수 있다 하였음이니,
24 너희들이 법전을 먼저 읽고 깨우치는
그와 같은 변화의 역사를 가져 스스로
바르고 옳은 길을 알게 될 것이며,
25 선무당으로서 사람 잡는 그와 같은
무모한 행위를 너희들이 부끄러워서
하지 아니할 수 있는 깨우침을 얻게
될 것이니, 그리 알라.

4,186 번째 하나님 말씀

2002년 12월 11일 09시 10분

1 사랑하는 나의 아들아!
2 너희들이 아무리 겉모양을 치장하고
또 가꾼다 하여도 그 모양이 과연 바
뀌던가?
3 너희들이 까마귀가 아무리 치장을 하
고 바꾼다 해도 그가 영원히 백로가
될 수 없듯이,
4 돼지에게 너희들이 구슬을 달아 주며
화장을 시키며 온갖 패물을 주렁주렁
그 목에다 걸어 준다 하여도 그는 돼

지로서 변할 수가 없는 것이며 인간
이 될 수는 없는 것이니라.
5 그와 같이 아무리 겉치장을 한다 해도
너희들은 바꿀 수 없는 것이니라.
6 모든 그 모습의 형태는 그대로 지탱하
게 되어 있음이니, 아무리 겉치장을
한다 해도 변화되지 못하는 것이 이와
같은 형국이니라.
7 지금 나의 피조물 만백성들이 구원을
한다 하며 그 구원의 길을 가는 것이
며, 나 여호와를 경배하며 나의 뜻에
따라간다는 모든 종교 집단들, 또 그
들을 이끌어 가는 지도자들의 그 속내
를 너희들은 모를 것이니라.
8 그러나 나는 그들의 그 모두를 다 알
고 있음이니, 아무리 꾸미고 또 꾸며
도 변화될 수 없는 것이 그들이 지금
가고 있는 믿음의 형국인 것을 알아야
될 것이니라.
9 저희들이 지금까지 내려온, 수천 년
동안에 흘러온 그 믿음의 역사가 정
녕 하늘에 오르는 길이며 참진리라
말하나,
10 그들은 그 믿음의 방법으로써는 절대
로 구원을 받을 수 없다는 것을 그들
에게 깨우쳐 주기 위하여 오늘 내가
나의 법전에 기록하고 있음이니라.
11 그들은 지금 진정한 나의 뜻이요, 성
령의 그 깊이요, 내가 원하는 것이며
새로운 역사를 이루고자 하는 그 자체
를 모르며,
12 오로지 겉만을 치장하여 모두를 감추
려 하는 그와 같은 믿음에 있는 것이
나 마찬가지이니라.
13 치장한다 하여 까마귀가 백로가 될
수 없듯이, 그들은 치장하고 다스리면
까마귀가 백로가 될 수 있다는 그와
같은 착각 속에서 지금 가고 있는 것
이 그들의 믿음의 길임을 알라.
14 그리하여 그들을 내가 바로 깨우쳐 주
고자 나의 법전에 이리 기록하여 전함
이니,
15 이를 만백성 그들의 손에 너희들이 쥐
여 주는 그 일에 게을리해서는 아니
됨을 알라.
16 너희들이 게으른 행위를 할 수 없으며
그리하여 너희들이 시간이 없다 하는
것이니라.
17 지금의 그들이 가고 있는 그 믿음의
방법으로써는 절대 나에게 오를 수 없
음이니, 그들에게 전하라.
18 오로지 그들이 지키고 하늘에 오를 수
있는 것은 나의 십계명을 생명처럼 지
키고 따르며 나의 법전을 공부하며 그
를 깨우쳐 그들이 눈을 뜨도록 그리하
는 것만이 구원을 받을 수 있다 그리
말하라.
19 지금 그들이 나의 피조물 만백성을 구
원한다 하면서 저희들 자신도 모르고
있음이니,
20 저희들이 까마귀가 백로가 되겠다 하
여 치장하고 또 바르고 분단장하는
그와 같은 어리석음 속에서 헤매고 허
덕이다 그들이 나에게 와 심판을 받음
이니,
21 과연 까마귀가 백로가 되고자 노력하
는 것이 그들의 믿음이요, 나에게 축
복을 받을 수 있는 길이며 내가 그들
을 기억할 수 있는 길이라 하는 것인
가?

22 그들은 그 길을 위하여 분장하고 또
분장하고 모든 금은보석을 몸에 치렁
치렁 감는 것이 저희들이 까마귀가 백
로가 되는 줄 알고 있으나,
23 그는 그들이 지옥으로 가는 훈련을 쌓
고 또 쌓는다는 것을 이제 그들에게
깨우쳐 주어 그들이 바로 설 수 있도
록 그리해야 될 것이니라.
24 사랑하는 나의 아들아!
25 지금의 모든 종파가 가는 길이 무엇인
줄 알겠는가?
26 그들은 구원의 길이 아니요, 죽음이
요, 지옥의 길로 인도하고 있으며 스
스로 그리 빠져 가고 있음이니라.
27 앞장서 '나를 따르라!' 말하며 천국의
문으로 간다는 그들이 지옥의 문으로
지금 달려가고 있으며, 그걸 천국의
문으로 알고 따라가는 것이 나의 사랑
하는 백성들이니, 그들을 막고 구원해
야 됨을 알아야 될 것이니라.
28 외형적인 치장을 한다 하여 사람을
바꿔 놓을 수는 없음을 알라.
29 너희들이 외형적인 치장으로써는 인
간의 본성의 마음을 바꿀 수가 없으며
구원의 길을 볼 수 없음을 알아야 될
것이니라.
30 지금의 믿음이 외형에만 의존하며 외
형의 변화에만 너희들이 지금 달려가
고 있으니,
31 진정한 성령으로써 충만된 자, 진정으
로 나의 성령을 받아들일 수 있는 마
음의 비움의 역사가 이루어져야 됨을
알아야 될 것이니라.
32 진정한 나 창조주의 성령으로써 충만
된 자는 영원히 넘어지지 아니하며 지
탱하여 하늘에 올 수 있으나, 그렇지
못한 자는 항상 넘어질 수 있기 때문
이니,
33 지금 너희들이 가는 그 믿음이 외형에
치중하며 외형에만 매달려 가는 그와
같은 형국으로 가니, 너희들이 항상
넘어지게 되어 있으며 너희들이 바로
설 수 없는 것이 바로 지금의 가고 있
는 믿음이라는 것을 잊어서는 아니 될
것이니라.

4,187 번째 하나님 말씀

2002년 12월 11일 09시 15분

1 사랑하는 나의 아들아!
2 나의 백성 너희들이 살아가면서 세상
사 삶에 얽히는 그 생활의 현장이 세
상에 부모로부터 나오니, 그리하여 어
린 시절을 보내며 유년의 시절을 보내
청년이요, 장년이요, 노년의 세월로
감이니,
3 너희들은 나이가 들어 노년이 되어
늙어지느니라.
4 그리하여 너희들은 뭐라 생각하는가?
5 세상사에 연륜을 쌓았으며 인간사의
쓴맛 단맛을 알며 인간 세상사에 경륜
을 쌓았다, 그리하여 노년이라 그리
말하느니라.
6 그러나 너희들이 늙었다 말하는 그 노
년이 나 여호와가 바라보는 것은 항상
어린아이와 같은 것이 너희들이니라.
7 이것이 나의 마음이니라.
8 그리하여 내가 너희들을 사랑함이 끝
이 없으며, 인간의 나이 든 노인이나
아이나 똑같이 내가 너희들을 어린아

이로 보며 그와 같은 사랑으로써 너희
들을 거느리고 다스리고자 하는 것이
나 여호와의 뜻이니라.
9 너희들은 어찌하여 너희가 깨우치고
안다 하여 몇 가지 계명을 지킬 수 없
다 말하는가?
10 내가 너희들에게 뭐라 말하느냐?
11 그리 어리고 어린아이처럼 내가 너희
들을 사랑하거늘,
12 나이를 먹었든 나이를 먹지 않았든
내가 너희들에게 지키고 살라 내린 그
몇 가지의 계명을 지키고 너희들은 살
수 없다 그리 말함이니,
13 얼마나 나 여호와가 그를 바라보는 마
음이 아프고 저려 오는지 너희들은
알겠느냐?
14 나의 계명과 나의 법전대로 지키고 살
고 그리 살려고 노력하는 것만이 나
여호와가 너희들을 기억하게 되며 너
희들이 하늘나라의 영광을 얻게 됨이
니,
15 그 길을 버려두고 다른 길로 가는 너
희들의 모습을 볼 때 나 여호와의 마
음이 얼마나 아픈가를 너희들은 과연
생각해 보았는가?
16 너희들은 사랑을 베풀며 살라.
17 너희들이 아무리 나이가 많이 먹어 늙
어 죽음 직전에 임박한 자라도 나는
너희들을 어린아이들처럼 보고 그 마
음이 변함이 없으며 그와 같이 사랑하
는 것이니라.
18 내가 너희들을 얼마나 사랑하면 나는
못난 자, 잘난 자 구분하지 아니하며,
너희들 인간 세상에 갖고 안 갖고에
따라 사랑함이 아니라 하였음이니라.
19 오죽하면 내가 너희들에게 나의 법전
에 기록하여 이제 나의 법전을 읽고
깨우치는 백성에게 그들에게 맞는 그
연장을 쥐여 주어 그들이 아름다운 조
각품을 만들 수 있는 그 임무를 다하
도록 그리 가르치라 하였음이니, 그
뜻이 무엇이던가?
20 너희들을 따르는 백성, 나의 법전을
읽고 깨우치는 백성, 어렵고 힘든 자,
그가 가지고 있는 능력과 개성과 특성
을 살려주는 데 너희들의 모든 힘을
다 바쳐 돕고 도와 가며 그에게 정녕
그 손에 맞는 연장을 주어, 아름다운
작품을 만들어 낼 수 있는 조각가가
이루듯이 너희들에게 그 특성을 하나
씩 주었음이니,
21 그 특성을 계발하지 못하여 어렵고 힘
들며 의식주를 해결하지 못하는 나의
백성들에게 그 의식주를 해결할 수
있는 능력을 심어 주라 함이 그들에게
연장을 주라 함이니라.
22 그들의 의식주를 해결해 주며 그의 특
성을 살려 그가 편안하게 살아갈 때
그는 천사와 같은 자가 될 것이며,
23 그 천사와 같은 마음으로 살아가는 백
성을 보며 많은 백성들이 그를 보고
따를 것이니,
24 그들의 손에 맞는 연장을 쥐여 주라
함은 그들이 역사를 이루며 개인이 다
스려 나갈 수 있는 그 특성을 살려 줄
때,
25 너희들이 돕고 도와줌에 있어서 계산
치 말며 그저 도운 것으로 끝나며, 그
를 바로잡아 주는 것으로 끝나며, 그
가 바로 살아갈 수 있도록 만들어 줌

으로써 너희들이 즐거움을 갖는 그와
같은 마음으로 달란트의 사업을 역사
하라는 것이 바로 그와 같은 뜻이 있
음이니,
26 내가 나의 뜻을 기록하여 너희들에게
전하니, 이 뜻을 깊이 깨우쳐 그 일을
행하는 데 주저하지 말라, 사랑하는
나의 아들딸들아!

4,188 번째 하나님 말씀

2002년 12월 11일 20시 40분

(강론을 마치며)

1 사랑하는 나의 아들아!
2 "네, 아버님! 말씀하옵소서."
3 아무것도 모르며 믿음이 무엇인지도
모르는 너 하나를 내가 세상에 심어
나의 법전 160권의 그 대장정의 역사
를 이루며,
4 열여섯 권의 기본이요, 기초인 이 법
전이 나와 나의 백성들을 깨우쳐 하늘
에 오르는 그 눈을 뜨도록 하는 역사
를 너 스스로 지금 이루어 가고 있음
이니,
5 지금 너희들은 너무 조급히 생각하지
말며 불안한 마음을 갖지 말라.
6 이 세상의 모두는 너희들이 승자라 내
가 말하였으며 나의 법전은 세상을 덮
을 것이라 내가 그리 말하였음이니라.
7 내가 너희들에게 오늘의 이 시간을 갖
는 것은, 너희들이 나의 법전을 읽고
정독하는 그 속에서 너희들이 성서에
눈을 뜨게 하고자 함이니라.
8 지금 구약과 신약이요, 그 세월이 흘
렀으며 신약의 2천 년의 역사가 흘러
오는 그동안에 성서에서 원하는 것이
며 내가 원하는 그 뜻을 모르며 그 가
르침을 모르고 지금 2천 년까지 덮어
지며 사장되어 온 그 세월을 너희들은
어찌 보는가?
9 그것을 지금 너희들이 풀어서 하나하
나 그 참진리의 뜻을 깨달음이니,
10 너희들이 이제는 성서를 보아 참진리
의 뜻을 깨달을 수 있는, 그와 같이 너
희들이 변화되는 그 훈련을 내가 시키
고 있음이니, 너희들이 너무 그리 급
하며 조급하며 불안해하지 말라.
11 너희들은 세월이 필요한 것이니라.
12 세월이 흐르고 흐르는 그 속에서 모든
역사가 이루어지는 것이며 모두는 나
의 주관하에 너희들에게 이루어짐이
니,
13 너희들이 이제 성서에 잘못된 부분과
성서에 잘못된 기록의 뜻을 알기 시작
함이니,
14 이제 너희들이 좀 더 훈련을 받고 쌓
았을 때 너희들이 원하는 그 역사를
이룰 것이니라.
15 너희들이 완벽하게 서는 것은 바로 성
서를 들여다볼 줄 알며,
16 모든 백성이요, 믿음의 길을 가는 백
성들이 너희들에게 와서 나의 법전을
놓고 갑론을박하며 너희들의 뜻을 들
으려 하지 아니함이니라.
17 그들은 저희들이 수없이 빨간 줄, 파
란 줄을 그어 놓았으며 그들이 암송한
다는 성서를 펴놓고 너희들에게 대적
하고자 하며 너희들과 갑론을박을 하
자는 것이 종교 지도자들의 그 뜻이니,
18 너희들이 그들보다 성서의 참뜻이요,

나의 진리를 알아야 됨이니, 이제 너
희들이 그를 깨우치는 훈련이 마쳐졌
을 때 새로운 역사의 변화는 태풍이
불어오는 것처럼 이루어질 것이니, 두
려워하지 말라.
19 너희들이 성서의 그 들여다보는 안목
이 없으며 그를 이해하는 능력이 없을
때,
20 그들이 수없이 그어 놓은 성서를 펴놓
고 대적할 때 너희들이 대답을 못 함
이니, 그들은 나의 법전을 보려 하지
아니할 것이니라.
21 나의 법전을 들여다보며 나의 법전을
읽고 이를 가지고 갑론을박한다 하면,
지금도 너희들이 그들을 다스려 깨우
칠 수 있으나, 그들은 이를 보지 아니
하느니라.
22 한 자도 빼서도 더해서도 안 된다는
그 성서요, 저희들이 닳도록 읽고 깨
우친 그것을 가지고 대화하고자 함이
니,
23 그 갑론을박의 싸움에서 너희들이 그
들을 깨우치고 다스릴 수 있는 그와
같은 훈련이 필요함이니,
24 지금서부터 성서에 대한 훈련을 내가
너희들에게 시키며 들어가고 있음을
너희들은 알아야 될 것이니라.
25 두려워하지 말며 기다리리라.
26 세월이 흐르고 흐르는 속에 모든 역사
는 이루어짐을 너희들은 알아야 될 것
이니 그리 알라.

4,189 번째 하나님 말씀

2002년 12월 12일 09시 16분

1 사랑하는 나의 아들아!
2 "네, 아버님! 말씀하옵소서."
3 너희들이 말하는 성서에는 한 자도 빼
지도 더하지도 말며 너희들의 임의대
로 생각을 해서도 아니 된다 그리 말
하였음이니라.
4 그 진정한 의미를 내가 너희들에게 깨
우쳐 주었음이니,
5 내가 직접 선택된 백성에게 명을 내릴
때 그를 받은 자가 그를 하나도 더 빼
지도 말며 더하지도 말며 그대로 만백
성에게 전하라는 것이니라.
6 나의 아들 네가 나의 성령을 받아 기
록하여 책으로 만들어 만백성을 구하
는 이 역사를 이룸이니,
7 네가 움직이고 행동하는 것 하나하나
를 묵상과 기도로써 받아 움직이라 함
이니라.
8 내가 명하는 것을 묵상이요, 기도로써
받아서 네가 행하지 아니하며 네 임의
대로 행한다 할 때,
9 그리고 내가 너에게 명한 것을 네가
그대로 생각하지 아니하고 집행하지
아니하며 네 생각으로써 어떠한 것을
결정지어 행할 때,
10 그것은 너무나도 엄청난 차이가 있음
을 알아야 될 것이니라.
11 너희들이 내 뜻에 의하여 움직이는 것
은 참진리요, 창조주의 뜻을 전하는
것이나,
12 네가 나의 뜻을 받으면서 네 생각으로
한두 자를 기록하여 방법을 바꿔 놓으

며 내용을 바꾸어 놓는다 하면,
13 그것은 사탄이요, 사악한 것이 되며, 너는 만백성을 속이며 우롱하는 거짓하는 사기꾼과 같은 형국이 되는 것이니라.
14 네가 마음 하나를 잘못 먹어 내가 전하는 것을 그대로 기록하지 아니하였을 때, 그 모두는 사기성을 띄게 되며,
15 내가 전하는 것을 그대로 전하는 것은 참진리며 하늘에 오르는 길인 것이니라.
16 그리하여 내가 너희들에게 성서를 한 자도 빼지도 말고 더하지도 말라 기록된 것은,
17 바로 너희들이 사기꾼이 되는 것이냐 참진리를 전하는 것이냐 하는 것은 너희들이 말 한마디를 너희들 임의대로 하는 것이냐 나의 뜻대로 따라 행하는 것이냐 여기에 차이가 있음이니라.
18 그러니 160권의 법전을 기록하여 만백성을 구하는 제3의 시대에 새로운 역사를 여는 너는 바로 그와 같은 것을 지켜야 되기 때문에
19 오늘에 너희들을 다스리기 위하여 내가 성서에 기록된 그 내용이라 말하였음이니, 그 뜻을 이제 알겠는가?
20 나의 법전이요, 나의 성령을 받아 기록하는 네가 네 생각을 넣었을 때는 그것이 사기극이 되는 것이며, 나의 뜻대로 하는 것은 참진리이니, 너의 제자들 또한 그러하니라.
21 나의 성령을 들으며 나의 법전을 읽고 깨우쳐 너희들이 나의 법전대로 행하는 것은 나의 진리를 전하는 것이며,
22 그곳에 너희들의 생각과 너희들의 계산을 넣어서 너희들이 다른 백성이요, 너희 형제를 깨우치고 가르치고자 한다면, 그것이 곧 너희들은 사기극으로 변함이니, 사탄과 마귀로 너희들이 돌변하는 것이니라.
23 이 이치를 너의 제자들에게 엄히 깨우쳐 그들을 가르치도록 그리하라.

4,190 번째 하나님 말씀

2002년 12월 12일 09시 24분

1 사랑하는 나의 아들아!
2 "네, 아버님! 말씀하옵소서."
3 나 여호와의 뜻은 사랑이니라.
4 그리하여 너희들에게 가르치기를 '이웃을 네 몸과 같이 사랑하라.'는 변할 수 없는 나의 뜻을 전하였으며 하늘에 오르는 그 기초를 내가 너희들에게 그리 가르치라 강조하였거늘,
5 지금 너희들이 살아가는 형국은 어찌하던가?
6 사랑을 베풀며 산다는, 몇천 년 동안 이끌어 온 종교 집단들은 그 사랑을 실천한다 저희들이 울부짖으며 기도하나, 과연 그 종교 집단들이 어찌 살아가는가?
7 그들은 저희들과 뜻이 다르다는 그 믿음을 가는 자, 저희들의 믿음을 따라오지 않는 그 백성들을 어찌 생각하는가?
8 사랑을 베풀면서 영원히 사랑 속에 산다 말하는 그들이 저희들과 뜻이 같지 아니하며 믿음의 길이 다르다 하여 유혈의 형태를 이루어 가면서까지 이단이요, 사탄이라 하여 그를 제거하고자

하는 것이 지금의 종교 집단의 그들이
가지고 있는 성격이 아니던가?
9 그게 정녕 사랑을 실천하여 나의 뜻에
순종하는 백성인가?
10 너희들이 믿음이 다르며 생각이 다르
다 하며 유혈의 사태까지, 그 목숨을
끊어서까지도 그를 제거하려는 그와
같은 무서운 사악한 마음을 가지고 사
는 것이 지금의 종교 집단의 물리적인
그 힘이요,
11 너희들의 오만방자한 행위이니, 그러
고도 너희들이 나의 뜻에 순종하며 정
녕 사랑을 따라 살아가는 백성들이라
말할 수 있는가?
12 이제 너의 제자들은 알아야 할 것이니
라.
13 폭력이나 유혈 혁명을 이루고자 하는
것이 하늘의 나의 뜻이 아니며 이 또
한 용서받지 못함을 너희들은 알아야
될 것이니라.
14 사랑으로 다스리는 세상, 사랑으로 실
천하는 세상, 사랑을 이루고 사랑을
실천하는 그 세상을 만들고자 함이 나
여호와의 뜻임을 너희들은 알아야 될
것이니라.
15 지금 믿음의 작태를 너희들이 한번 들
여다보라.
16 지배와 착취와 횡포요, 군림하고자 하
는 것이 종교 지도자들이며 종교 집단
이며, 그와 같은 형국으로 살아가는
것이 너희들의 형국이니라.
17 종의 신분으로서, 받드는 자의 신분으
로서 지도자가 변하는 그와 같은 역사
의 변화가 있지 아니한다면,
18 지금의 형국으로써 너희들은 영원히
구원의 빛을 볼 수도 없으며 구원의
길을 볼 수도 없으며 그리 갈 수 없는
것임을 알아야 될 것이니라.
19 수천 년 동안 말로만 사랑을 베풀며
이웃을 네 몸과 같이 사랑하는 것이
하늘에 오르는 길이라 수천수만 번 부
르짖고 울며 기도하는 너희들이 '사
랑, 사랑' 그 모든 찬송 속에도 사랑이
라는 것을 말하니,
20 너희들은 '사랑, 사랑' 하면서 평생 모
두가 다 사랑이요, 너희들이 눈물을
흘리며 부르는 그 찬송도 모두가 사랑
이니라.
21 그리고 세상에 제일 으뜸은 사랑이라
말하는 너희들이 정녕 그 사랑을 말
로써는 부르짖으나 실천은 아니 함이
니,
22 너희들과 뜻이 다르다 하여 그와 같은
유혈의 사태며 정녕 너희들이 죽고 사
는 그와 같은 사악한 행위를 하는 것
이 지금의 너희들이 가고 있는 형국이
니,
23 그러면서 너희들이 말로는 사랑이며
뒤로는 그 사악하고 험악한 짓을 하는
것이 너희들의 종교 집단이며,
24 지금 너희들이 가지고 있는 물리적인
힘이요, 그 오만함이 하늘을 덮을 기
세로 추하게 그와 같이 되어 있음을
너희들은 알아야 될 것이니라.
25 이제 너희들이 나의 사랑하는 백성들
로부터 착취와 횡포요, 군림하고자 하
는 것을 내가 제거하고자 함이니,
26 그게 두렵고 무서워 나의 법전을 찢어
버리며 나의 성령을 받아 이 뜻을 전
하는 나의 아들을 세상에서 제거하고

자 하는 그와 같은 사악한 무리들이 세상을 덮고 지배하고자 할 것이니,

27 그러고도 너희들이 과연 사랑이라는 것을 실천할 수 있는 자들인가?

28 너희들이 어리석고 잘못하여 나의 백성들을 지옥으로 이끌어 가기에 그를 바로잡으려 하는 나의 뜻을 거역함이니,

29 그 죄가 얼마나 무서운가를 너희들이 알 날이 있을 것이니 그리 알라.

4,191 번째 하나님 말씀

2002년 12월 12일 12시 06분

(강론을 마치며)

1 사랑하는 나의 아들아!

2 "네, 아버님! 말씀하옵소서."

3 너희들이 구약과 신약을 보관하는 그 성서를 놓고 보면 거기에 '성경'이라 쓰여 있느니라.

4 그러나 내가 너희에게 뭐라 말하였느냐?

5 같은 성경이요, 성서의 그 뜻을 갖다가 너희들에게 가장 불리한 쪽으로 이해하고 해석해서 너희 것으로 만들 때는 그곳에 어렵고 힘들며 지키고 가야 할 것이 있음이니라.

6 그리하는 자, 그 성서의 깊은 뜻을 알게 되며 그 의미를 알게 되어 있다 하였음이니라.

7 그러나 똑같이 기록되어 있는 그 내용을 저희들이 편안한 쪽으로 저희들에게 유리한 쪽으로 해석해서 갖다 붙이고 그리 행한다면,

8 만백성을 고통과 시련 속으로 이끄는 그와 같은 사탄의 가르침이 된다 내가 너희들에게 깨우쳐 줌을 알아야 될 것이니라.

9 내가 너를 통하여 나의 성령이요, 법전의 160권을 내려보내되 네가 단 한 가지라도 내 뜻에 의하여 그대로 기록하지 아니하며 네 뜻을 기록한다면,

10 그는 사기꾼이요, 사기의 역사가 이루어지는 길이 된다 하였음이니라.

11 내가 성서에 기록하여 어렵고 힘든 쪽으로 이해하여 어렵고 힘든 것을 네 것으로 만들라 하였으나,

12 똑같은 것을 생각하는 방법이 저희들에게 유리한 쪽으로 만든다면, 그는 한두 자를 더 넣는 것보다도 더 무섭게 변하여 가지 않더냐?

13 이것을 너희들은 깨우쳐야 될 것이니라.

14 천릿길을 동행할 때, 그 사람이 가지고 있는 보따리의 금화와 은화에 대해서 그것이 궁금하며 그것을 제 것으로 만들고자 하는 자와 동행하는 것과,

15 그 사람이 천릿길의 목적지까지 잘 갈 수 있도록 즐겁고 아름다운 말로써 동행하고자 하는 사람은 같이 세 사람이 걸어가도 그 생각과 뜻이 다름을 너희들은 알아야 될 것이니라.

16 지금 모든 종파요, 종교 지도자들이 가는 것이 어떠한 것인 줄 알겠는가?

17 천릿길을 걸어갈 때 한 발을 디딜 때부터 그 사람이 한 발을 디딘 대가를 받아들이며 그것을 거둬들이고자 하는 것이며,

18 한 발을 디딜 때마다 그가 가지고 있는 재물을 탐하고자 하는 그와 같은

생각과 연구요, 거기에만 몰두하고 있음이니,

19 그것이 바로 지금 종교 지도자들이 가는 형태이며 가르치고 있는 길임을 알라.

20 나의 법전을 읽은 백성들은 그가 천릿길의 그 목적지를 갈 때, 그가 바로 갈 수 있도록 그 길을 쓸어 주며 그가 바로 갈 수 있도록 인도해 주며 그 길을 바로 가르쳐 주는 것임이니, 그를 알아야 될 것이니라.

21 한 발짝 한 발짝 디딜 때마다 그가 멀고도 먼 천릿길을 가는 것은 생각지도 아니하며, 그가 지고 있는 그 짐이 무거우니 하나씩 덜어 놓고 가는 것이 쉽다 하여 그에게 금화와 은화를 거둬들임이니,

22 그가 천릿길을 갈 때 무엇으로 먹고 무엇으로 지탱하여 갈 수 있다 말할 수 있겠느냐?

23 그는 지금 당장 벗어 놓는 그 짐을 하나씩 금화와 은화를 한 발짝을 뗄 때마다 요구하는 그에게 주는 것이 짐은 가벼울지 모르나,

24 그는 그 생명의 원천을 지탱할 수 없어 그 스스로 쓰러져 가니, 너희들이 사막에 쓰러져 가는 짐승의 형국과 같이 되는 것이니라.

25 그러나 너희는 그에게 그 짐이 지금은 무거우나, 너희들이 이를 지고 감으로 멀고도 먼 천릿길을 비바람을 막으며 음식을 취하며 양분을 취하며 그 재물로 하여금 너희들을 보호할 수 있는 길이라 그리 가르침이니,

26 오늘에 무겁고 힘든 그 길을 선택하여 짐을 버리지 아니하고 가는 것이 타당하다 가르치는 것이 너희들이니, 이 얼마나 무서운 차이가 있느냐?

27 이게 바로 세상 나의 피조물 만백성들이 가는 형국이니,

28 지금 나의 피조물 만백성들을 구원하여 하늘로 인도한다는 그 종교 지도자들이 멀리 가는 그가 가지고 있는 재물이요, 짐이 다 필요하지 않으니, 그를 하나하나 그에게 벗어 놓고 가는 것이 편하다 하여 제가 대신 그를 착취하고 거둬들이는 그와 같은 믿음의 형국으로 가고 있음이니, 그것이 너희들의 형국이니라.

29 너희들이 지금 출발하는 것은 봄과 같이 따뜻한 날이나, 가는 곳에 눈보라가 치며 비바람이 몰아치는 그와 같은 형국일 때 너희들이 어찌 견딜 수 있는가?

30 그를 너희들이 다 준비하여 가지고 출발하면 그 짐은 무거우나, 그와 같은 비바람이 몰아치는 것이 있으니 그때 가서 필요한 것이니 어렵고 힘든 이 길을 참고 인내하고 가라 그리 가르치는 것이 그가 천릿길의 목적지를 달성할 수 있으니,

31 하늘에 오르는 길을 인도하는 자들이 너희들이며, 중간에 그리 가르치는 자들이 사악한 마귀들의 행위이니, 이를 너희들은 만백성에게 전하고 깨우쳐 주라.

32 그리하여 오늘의 너희들이 성서를 읽으며 나의 법전을 읽으며 그 속에 고통스럽고 어려운 그 모든 내용들이 너희들이 멀고도 어려우며 만백성이 그

리 갈구하는 하늘에 오를 수 있는 기
초를 다지며 그 준비에 짐을 지고 감
이니,
33 모두를 너희들이 어렵고 힘든 쪽으로
분류하여 해석하도록 그리 보면 성서
의 내용을 너희들이 알 수 있는 것이
니, 그 뜻을 깊이 깨우쳐 행하도록 그
리해야 될 것임을 알라.

부 록

【하나님께서 가르쳐 주신 운동】

천재지변이 일어날 때, 동물이나 미물들은 미리 알고 대피하지만, 인간은 알지 못하고 큰 화를 당합니다. 하나님께서 인간에게 가장 높은 지혜를 주시고 완벽하게 창조해 주셨기에 동물들보다 더 잘 알 수 있지만, 욕심으로 마음이 혼탁해져서 한 치 앞을 보지 못하는 것입니다.

마찬가지로, 인간은 누구나 스스로 필요한 운동을 해서 건강을 지킬 수 있도록 하나님께서 만들어 주셨습니다. 우리의 머리에서 우리 몸에 필요한 동작을 해 달라고 끊임없이 신호를 보내지만, 인간이 혼탁하게 살아서 그 신호를 알아채지 못합니다. 그러니 자연스럽게 자기 몸이 원하는 그 신호를 따라서 운동하는 것이 하나님께서 가르쳐 주신 운동 방법입니다. 바로, 우리의 영이 육을 이끄는 운동입니다.

▶ 하나님 운동법

1. 눈을 감고, 발을 어깨너비로 벌리고 바르게 선다.
2. 몸에 힘을 풀고, 허리를 숙이면서 손과 머리를 아래로 내린다.
3. 허리를 펴고 싶을 때, 천천히 펴면서 하고 싶은 동작을 하면 운동이 시작된다. (사람마다 다르다.)
4. 멈추지 말고, 어떤 동작이든지 자기 몸의 느낌대로 계속 이어서 한다.

▶ 참고 사항

① 눈을 감은 상태로 아무 생각 하지 않고, 자기 몸의 느낌대로 움직입니다.
② 마음을 비우고, 욕심을 버리고, 지난날의 잘못을 반성하면서 몇 차례 시도하다 보면, 자기도 모르게 하고 싶은 동작이 끊임없이 생깁니다.
③ 운동 장소는 방 안이든 운동장이든 관계없으며, 걷거나 달리고 싶을 때는 눈을 떠도 됩니다.
④ 매일 40분 이상, 주 4회 이상, 3개월 이상 하면 음식 조절에 들어갑니다.
- 음식으로 생긴 병은 음식으로 치료하게 되며, 어떤 음식을 먹어야 하는지 스스로 알게 됩니다.
(자기 몸에 필요한 음식만 먹고 싶어집니다.)
⑤ 사랑하는 사람과 함께 운동하면 서로 치료해 주기도 합니다.
⑥ 운동을 하다가 몸의 어느 한 부분을 계속 손으로 자극한다면 그쪽에 이상이 있는 것이니, 의사에게 상담을 받고 적절한 치료를 받으면 됩니다.
⑦ 다이어트 및 기타 건강관리에 효과적입니다.
⑧ 꾸준히 운동하여 영이 맑아지면, 자신의 과거와 미래를 스스로 보게 됩니다.

누구나 스스로 하실 수 있습니다.

간행사

《새로운 성경》은:

· 새로운 성경은, 하나님께서 선량하고 선한 자를 선택하여 십계명을 암송하도록 하시고, 십계명을 암송한 다음에 음성으로써 들려주시는 말씀을 듣고 그대로 카세트테이프에 녹음해서 받아쓴 책입니다.

· 90분짜리 녹음테이프 700여 개에 달하는 말씀으로, 1999년 8월부터 2004년 7월까지 총 160권(권당 288쪽)을 완성하였으며, 그 이후에도 현재까지 계속 말씀을 내려 주고 계십니다.

· 새로운 성경은 "하늘을 두루마리 삼고 바닷물을 먹물 삼아 쓰고 써도 다 못 쓴다"는, 끝없이 방대한 하나님의 말씀이 두루마리로 직접 내려오는 것입니다. 이러한 새로운 성경은 구약과 신약을 폐하려는 것이 아니라 "인봉된 성서의 비유의 뜻"을 상세히 설명하여 완성하고자 하나님께서 직접 내려 주신 말씀입니다.

《새로운 성경》의 구성:

· 제 목: 2013년, 160권 모음집을 발간하면서, 본 도서의 제목을 "하나님! 말씀하옵소서"에서 《새로운 성경》 으로 명해 주셨습니다.

· 단행본: 각 권당 288쪽(신국판) 책이 160권까지 시리즈로 출판됩니다.
(모음집은 단행본을 16권씩 묶어서, 총 10부로 구성됩니다.)

《새로운 성경》의 성경적 근거:

· 신약 성경 [요한복음] 16장 13절에 "진리의 성령이 오시면 그가 너희를 모든 진리 가운데로 인도하시리니 그가 자의로 말하지 않고, 오직 듣는 것만을 말하며" 하신 말씀처럼 하나님의 음성을 들은 것만 기록하였으며,

· "장래 일을 너희에게 알리시리라" 하신 말씀과 같이 개인, 나라, 인류의 "장래"일을 하나님께서 알려 주시는 것만 기록하여 책으로 만들었습니다.

《새로운 성경》의 기록 방법:

· 1999년 8월부터 하나님께서 저에게 들려주시는 음성을 기록하였습니다. 처음에는 제가 들은 말씀을 불러 주면 저의 아내가 기록하여, 2000년 1월 29일에 1권 초판이 세상에 나왔습니다. 2000년 4월부터는 주시는 말씀을 받아 녹음기에 기록하여 시리즈로 출간하기 시작하였습니다.

· 녹음을 시작하면서 하나님의 말씀을 받는 데 가속도가 붙었고, 2001년 5월 3일에 1부(1~16권까지)를 인쇄하여 출판하였으며, 2004년 7월까지 총160권 분량의 말씀을 받아 기록하였습니다.

하나님께서 저에게 주신 것은:

· 첫째, 만백성을 상대로 내려 주시는 "기도", 둘째, 수시로 내려 주시는 "묵상", 셋째, 개인의 과거, 현재, 미래를 알려 주시는 "개인 기도", 넷째, 개인의 건강을 위해서 내려 주시는 "음식 처방", 다섯째, 하나님께서 가르쳐 주신 "운동"등이 있습니다. 이 중에 첫 번째, "기도"를 책으로 편찬하였습니다. 사람의 생사, 개인의 미래에 관한 천기는 수록하지 말라 하셨습니다.

강론 안내:

· 하나님께서는 지금도 매일 저에게 새로운 하늘의 비밀의 말씀을 내려 주고 계십니다. 수시로 내려 주시는 말씀을 정리해서 제자를 육성하라는 말씀에 따라 매주 강론을 하고 있습니다. 누구나 무료로 들으실 수 있습니다. (book160.com)

《새로운 성경》을 읽는 분들에게 드리는 선물:

· 개인 기도: 개인의 과거, 현재, 미래에 관하여 말씀을 내려 주십니다.

· 음식 처방: 사람은 음식을 먹고살다가 건강을 잃으니, 음식과 운동으로 건강을 되찾는 방법을 알려 드립니다. 단, 하나님이 계심을 믿고, 십계명을 지키겠다고 진실로 서약하는 분들께 알려드립니다.

《새로운 성경》의 은혜와 기적:

· 새로운 성경 전160권은 16권씩 묶어서 총 10부의 모음집으로 구성됩니다. 모음집 한 부를 읽고 깨우치는 자에게 하나님께서 다음과 같은 기적이 있다고 하셨습니다.

· “첫째, 그가 죽어 하늘에 갔을 때 그의 죄를 묻지 아니하며, 구원을 받는 위대한 은혜가 있으며, 둘째, 그의 소원과 소망이 이루어지고, 셋째, 죽은 자(부모, 형제, 자식, 사랑하고 은혜 입은 분)의 이름으로 구입한 책을 읽고 누군가 한 사람이 깨우칠 때, 그 죽은 자가 지옥에서 천국으로 구원을 받게 되며, 넷째, 유산, 중절 수술 등으로 태어나지 못한 아이를 위하여 구입한 책을 보고 한 명이 깨우쳤을 때, 그 아이가 사람으로 다시 한 번 태어나는 은혜를 받는다.”

· “새로운 성경”을 3회 이상 정성을 다해 정독하는 자, 성서의 비밀을 알게 되고, 세상의 이치를 알게 되며, 세상을 지배하고 통제할 수 있는 지혜를 다 얻게 된다고 하셨습니다. 이 책은 만백성이 정독하고 이웃에게 전하여, 평생 가슴에 묻은 슬픔과 고통의 짐을 벗고 미래를 위한 힘찬 삶을 살아가도록 하는 책입니다.

끝으로

· 하나님께서는 흰 눈이 세상을 덮듯이 새로운 성경을 온 세상에 전하라고 하셨습니다. 《새로운 성경》을 각국어로 번역해서 온 인류에게 구원의 길을 깨우쳐 주고, 그 수익으로 가난하고 어려운 백성을 구제하여, 만백성의 영과 육을 함께 구원하는 선지자의 임무를 수행하라고 저에게 명하셨습니다.

· 하늘에서 내려 주신 말씀의 보화를 만백성에게 나누어 주는 것이 선지자의 임무라고 하셨습니다. 새로운 성경을 통해서 얻는 재물을 사용할 곳도 하나님께서 일일이 명해 주십니다. 모든 재물은 저의 자의로 쓸 수 없고, 하나님께서 명하시는 대로만 쓰여집니다.

· 어떤 명분으로든 십일조나 각종 헌금을 거두어들이지 말라 하셨으며, 국내뿐 아니라 각국에 성전과 단독 서점을 운영하며, 한국의 많은 젊은이들을 전 세계에 지도자로 내보내라고 하셨습니다.

· 우리는 세계적으로 새로운 성경을 보급하며 어려운 이들을 돕는 역사를 해 나갈 것입니다. 지금까지 비록 몇 명 안 되는 제자들과 함께 이러한 일을 역사했지만, 앞으로도 계속 하나님께서 기뻐하시는 일들을 해 나갈 것입니다. 부족한 저희에게 여러분들의 지혜와 성원을 보내 주시기를 바랍니다. 많은 분들의 참여와 도움을 간절히 기다립니다. 감사합니다.

한국어로 내려온 《새로운 성경》 단행본을 출간하며
2016년 4월 10일

발행인 **김 용 철**

한국어로 내려온

새로운 **성 경** · 4부 · 제56권

지은이 하나님 말씀
대역자 김용철

초판인쇄 1쇄 2017년 4월 3일

펴낸 곳 도서출판 하얀마음
등록번호 제 10-2107호 (2001년 2월 14일)
주소 서울시 노원구 덕릉로86길5, 2층
전화번호 02) 313-1114
팩스 02) 393-5554
전자우편 book160@hanmail.net
편집위원 조나영 김미향 이석교
제작지원 김서영 이상빈 김정기 이병우 이순남 서성자 이규숙

도서상담 1600-7527
ISBN 978-89-5875-156-4 (04230)
978-89-5875-100-7 (세 트)

값 10,000원
잘못된 책은 구입하신 곳에서 바꾸어 드립니다.

※이 책은 10부로 제작되며, 각 부 16권씩 총160권으로 구성됩니다.※

1부	2부	3부	**4부**	5부	6부	7부	8부	9부	10부
1권	17권	33권	49권	65권	81권	97권	113권	129권	145권
2권	18권	34권	50권	66권	82권	98권	114권	130권	146권
3권	19권	35권	51권	67권	83권	99권	115권	131권	147권
4권	20권	36권	52권	68권	84권	100권	116권	132권	148권
5권	21권	37권	53권	69권	85권	101권	117권	133권	149권
6권	22권	38권	54권	70권	86권	102권	118권	134권	150권
7권	23권	39권	55권	71권	87권	103권	119권	135권	151권
8권	24권	40권	**56권**	72권	88권	104권	120권	136권	152권
9권	25권	41권	57권	73권	89권	105권	121권	137권	153권
10권	26권	42권	58권	74권	90권	106권	122권	138권	154권
11권	27권	43권	59권	75권	91권	107권	123권	139권	155권
12권	28권	44권	60권	76권	92권	108권	124권	140권	156권
13권	29권	45권	61권	77권	93권	109권	125권	141권	157권
14권	30권	46권	62권	78권	94권	110권	126권	142권	158권
15권	31권	47권	63권	79권	95권	111권	127권	143권	159권
16권	32권	48권	64권	80권	96권	112권	128권	144권	160권